"十四五"职业教育国家规划教材

高职高专财务会计类专业精品教材

成本核算与管理

（第二版）

于海琳 主编

清华大学出版社

北京

内 容 简 介

本书是"十四五"职业教育国家规划教材,是浙江省精品在线开放课程及浙江省第一批省级课程思政示范立项课程"成本会计实务"配套教材,是浙江省普通高校"十三五"新形态教材,同时为中国大学慕课"成本会计实务"课程配套教材。读者可扫描书中二维码学习相关知识,也可登录中国大学慕课平台系统学习"成本会计实务"课程。

本书以立德树人为根本,以成本核算与管理知识为切入点,按照"分析岗位需求→确定育人目标(知识、能力、思政目标)→项目任务设计→形成项目模块"的思路,有机融入课程思政元素。书中案例选用同一家制造企业的一个会计期间产品成本资料,根据所选企业生产管理流程设计教学内容,具体分为成本核算与管理概述、产品成本核算方法、成本报表编制与分析和现代成本管理制度 4 个模块,包括 10 个项目的 37 个任务。本书同时配有《成本核算与管理知识点练习与全真实操(第二版)》,力求体现实践性、针对性,全面培养学生的成本会计岗位职业能力。

本书可作为高等职业院校财务会计类专业学生的教材,也可以作为在职财务会计人员岗位培训和岗位职称考试的教材或参考书。

本书封面贴有清华大学出版社防伪标签,无标签者不得销售。
版权所有,侵权必究。举报:010-62782989,beiqinquan@tup.tsinghua.edu.cn。

图书在版编目(CIP)数据

成本核算与管理/于海琳主编. —2 版. —北京:清华大学出版社,2020.7(2025.1重印)
高职高专财务会计类专业精品教材
ISBN 978-7-302-54303-9

Ⅰ.①成… Ⅱ.①于… Ⅲ.①成本核算-高等职业教育-教材 Ⅳ.①F231.2

中国版本图书馆 CIP 数据核字(2019)第 259184 号

责任编辑:左卫霞
封面设计:傅瑞学
责任校对:刘 静
责任印制:沈 露

出版发行:清华大学出版社
网　　址:https://www.tup.com.cn,https://www.wqxuetang.com
地　　址:北京清华大学学研大厦 A 座　　邮　编:100084
社 总 机:010-83470000　　　　　　　　邮　购:010-62786544
投稿与读者服务:010-62776969,c-service@tup.tsinghua.edu.cn
质 量 反 馈:010-62772015,zhiliang@tup.tsinghua.edu.cn
课件下载:https://www.tup.com.cn,010-83470410

印 装 者:三河市人民印务有限公司
经　　销:全国新华书店
开　　本:185mm×260mm　　印　张:17.5　　字　数:403 千字
版　　次:2014 年 8 月第 1 版　2020 年 7 月第 2 版　印　次:2025 年 1 月第11次印刷
定　　价:48.00 元

产品编号:086551-01

前言

本书是"十四五"职业教育国家规划教材,是浙江省精品在线开放课程及浙江省第一批省级课程思政示范立项课程"成本会计实务"配套教材,是浙江省普通高校"十三五"新形态教材。

成本核算与管理是大数据与会计、大数据与财务管理等财经类专业的核心课程。本书全面贯彻党的二十大新时代中国特色社会主义思想,以立德树人为根本,以培养熟练掌握成本核算与管理基本原理和基本方法,具有较高实践操作技能,具有良好职业道德的新时代成本核算与管理人员为使命,按照"分析岗位需求→确定育人目标(知识、能力、思政目标)→项目任务设计→形成项目模块"的思路,有机融入课程思政元素。本书具有以下特点。

1. 以党的二十大精神为引领,注重服务于中国式现代化建设

成本可以反映国家和企业经济活动中投入和产出的关系,是衡量企业生产经营管理水平的一项综合指标。成本下降,利润提高,企业经济效益增加,相对的社会积累增加,为逐步降低物价和提高人民生活水平创造条件。本书通过成本核算与管理知识的讲解,帮助学生深入理解和把握中国式现代化的本质要求。

2. 以培养新时代成本管理人员为使命,注重课程思政元素融入

本书以成本核算与管理知识为切入点,将课程思政元素融入每个项目中,助力教师顺利开展课程思政发挥课程育人的作用,帮助学生确立正确的人生观、价值观和发展目标,增强学生励志成为会计专业优秀人才的信心,将个人理想追求与党和国家事业发展目标即实现中华民族伟大复兴的中国梦高度契合。

3. 以成本会计岗位发展需求为目标,注重完整性和实用性

随着经济的快速发展,企业对成本管理的需求不断提高,成本会计正发挥着越来越重要的作用,成本会计内容已成为企业管理人员必备的知识。因此,不论是高等职业院校财经类专业学生的学习,还是企业会计实务操作,都需要一本内容体系完整、表述通俗易懂、理论联系实际的教材。本书以此为目标,系统地介绍了工业企业的产品成本核算与管理的基本原理和基本方法。

4. 以成本会计岗位任务划分项目,注重职业性和操作性

本书根据工业企业成本会计岗位任务,对实际工作中成本会计岗位的职业能力进行分析,本着"以项目为导向,理论实践同步,融教、学、做一体"的教学模式,确定以培养学生成本会计岗位能力为重点、有利于教师教学和学生学习的原则,合理组织编写教学内容。

5. 以现实案例为基础选取内容,注重规范性和通俗性

本书按照"引言、知识目标、能力目标、思政目标、关键术语→课前案例→正文→项目总结→思考与练习"的体例,在保证严谨性的前提下,追求贴近现实和形式活泼;以选取现实的课前案例为引导,激发兴趣,提示学习线索;配套实训教材的案例也选自实务,在规范性的基础上追求通俗简洁。

另外,本书还配有《成本核算与管理知识点练习与全真实操(第二版)》,配套教材充分考虑课程同步和全真实训,全真实训部分模拟了一个制造企业的真实成本核算业务流程,涵盖了单项业务和综合业务处理实训,并对相关业务涉及的主要知识点给予提示,以情景再现的形式培养学生的实际操作能力、职业判断能力和综合处理问题的能力,为学生的职业发展奠定坚实的基础。

本书中的重要概念及部分文字以表格和图的形式完成,重点、难点部分用不同字体或用小提示、注意等形式呈现,图文并茂,通俗易懂,条理清晰。本书配有教学课件及课后练习题参考答案,如有需要可登录清华大学出版社网站(http://www.tup.com.cn)下载。本书为浙江省精品在线开放课程配套教材,该课程在中国大学慕课平台开放,扫描本页下方二维码也可登录该课程。

本书由浙江商业职业技术学院教授、注册会计师、高级会计师于海琳主编,杭州杭氧透平机械有限公司财务总监、浙江省会计领军人才、高级会计师卞现红为行业专家并参与编写,温州科技职业技术学院钟小娜老师参与编写。本书的具体编写分工如下:于海琳编写项目1~项目4、项目6、项目8~项目10,卞现红编写项目5,钟小娜编写项目7。于海琳负责全书的修改、补充和最后的统稿。

在本书的撰写和修订过程中,我们得到了很多企业和行业专家的热情指导,同时参考了有关专家、学者编写的教材和专著,在此表示衷心的感谢!

由于编者水平有限,如有疏漏和不当之处,敬请批评、指正,以便今后修订完善。

编 者
2022 年 12 月

成本核算与管理
在线开放课程

目录

模块1 成本核算与管理概述

项目1 导论

任务1.1 成本与成本会计的含义 …………………………………………… 4
    1.1.1 成本的经济含义 ………………………………………………… 4
    1.1.2 成本的作用 ……………………………………………………… 5
    1.1.3 成本会计的职能和任务 ………………………………………… 6

任务1.2 成本核算的原理 …………………………………………………… 8
    1.2.1 明确费用的分类 ………………………………………………… 8
    1.2.2 成本归集与分配的基本思路 …………………………………… 12

任务1.3 产品成本核算的要求和程序 ……………………………………… 12
    1.3.1 产品成本核算的要求 …………………………………………… 13
    1.3.2 成本核算的一般程序 …………………………………………… 15
    1.3.3 成本核算的主要会计账户 ……………………………………… 16

任务1.4 成本管理的要求与环节 …………………………………………… 18
    1.4.1 成本管理的对象 ………………………………………………… 18
    1.4.2 成本管理的要求 ………………………………………………… 18
    1.4.3 成本管理的环节 ………………………………………………… 19

任务1.5 成本会计与管理的新发展 ………………………………………… 20
    1.5.1 标准成本法 ……………………………………………………… 20
    1.5.2 作业成本法 ……………………………………………………… 21
    1.5.3 阿米巴经营管理模式 …………………………………………… 21
    1.5.4 战略成本管理 …………………………………………………… 22

项目总结 成本核算与管理概述 …………………………………………… 22
思考与练习 …………………………………………………………………… 23

模块 2 产品成本核算方法

项目 2 成本的归集与分配

任务 2.1 材料费用的归集与分配 …… 32
- 2.1.1 材料费用核算的内容 …… 33
- 2.1.2 材料费用的归集 …… 33
- 2.1.3 材料费用的分配 …… 33

任务 2.2 职工薪酬的归集与分配 …… 37
- 2.2.1 职工薪酬的内容 …… 37
- 2.2.2 最基本的工资制度 …… 38
- 2.2.3 职工薪酬的归集 …… 41
- 2.2.4 职工薪酬的分配 …… 41

任务 2.3 燃料动力及其他费用的归集与分配 …… 44
- 2.3.1 外购动力费用的归集与分配 …… 44
- 2.3.2 折旧费用的归集与分配 …… 46
- 2.3.3 其他费用的归集与分配 …… 47

任务 2.4 辅助生产费用的归集与分配 …… 48
- 2.4.1 辅助生产部门与辅助生产费用 …… 48
- 2.4.2 辅助生产费用的归集 …… 49
- 2.4.3 辅助生产费用的分配原则 …… 50
- 2.4.4 辅助生产费用的分配方法及账务处理 …… 50

任务 2.5 制造费用的归集与分配 …… 57
- 2.5.1 制造费用核算的内容 …… 58
- 2.5.2 制造费用的归集 …… 58
- 2.5.3 制造费用的分配和账务处理 …… 59

任务 2.6 生产损失的核算 …… 64
- 2.6.1 废品损失的核算 …… 64
- 2.6.2 停工损失的核算 …… 68

任务 2.7 计算完工产品与在产品的成本 …… 69
- 2.7.1 完工产品和在产品成本核算的内容 …… 70
- 2.7.2 在产品数量的确定 …… 71
- 2.7.3 生产费用在完工产品和在产品之间的分配方法 …… 72

项目总结 一般制造业产品成本构成要素的归集和分配流程 …… 82
思考与练习 …… 83

项目 3 产品成本核算的基本方法

任务 3.1 成本核算方法概述 …… 91
    3.1.1 企业生产类型 …… 92
    3.1.2 生产特点和成本管理要求对产品成本核算的影响 …… 93
    3.1.3 产品成本核算方法 …… 95

任务 3.2 品种法的原理与核算 …… 96
    3.2.1 品种法的概念及分类 …… 96
    3.2.2 品种法的特点 …… 96
    3.2.3 品种法的适用范围 …… 97
    3.2.4 品种法成本核算的一般程序 …… 97
    3.2.5 品种法实例 …… 98

任务 3.3 分步法的原理与核算 …… 107
    3.3.1 分步法的概念及适用范围 …… 107
    3.3.2 分步法的特点 …… 108
    3.3.3 分步法的种类 …… 108
    3.3.4 逐步结转分步法 …… 109
    3.3.5 平行结转分步法 …… 122
    3.3.6 逐步结转分步法与平行结转分步法的比较 …… 128

任务 3.4 分批法的原理与核算 …… 129
    3.4.1 分批法的特点和适用范围 …… 129
    3.4.2 分批法核算程序举例 …… 130
    3.4.3 简化的分批法 …… 132

项目总结 成本核算基本方法的特点及适用范围 …… 137
思考与练习 …… 137

项目 4 产品成本核算的辅助方法

任务 4.1 分类法的原理与核算 …… 144
    4.1.1 分类法的特点及适用范围 …… 144
    4.1.2 分类法的成本核算程序 …… 145
    4.1.3 类内产品成本的分配方法 …… 145
    4.1.4 实际应用分类法时应注意的事项 …… 151
    4.1.5 联产品、副产品、等级品成本核算 …… 152

任务 4.2 产品成本核算的定额法 …… 158
    4.2.1 定额成本与计划成本的比较 …… 159
    4.2.2 产品定额成本的制定方式 …… 159
    4.2.3 脱离定额差异的核算 …… 160
    4.2.4 脱离定额差异核算应注意的问题 …… 164

4.2.5　定额变动差异的核算 ………………………………………………… 164
　　　4.2.6　产品成本核算方法的综合运用 ……………………………………… 168
项目总结　成本核算辅助方法的特点及适用范围 ………………………………… 170
思考与练习 ……………………………………………………………………………… 170

模块 3　成本报表编制与分析

项目 5　成本报表编制

任务 5.1　成本报表编制概述 …………………………………………………………… 175
　　　5.1.1　成本报表的概念 ………………………………………………………… 175
　　　5.1.2　成本报表的作用 ………………………………………………………… 176
　　　5.1.3　成本报表的分类 ………………………………………………………… 177
　　　5.1.4　成本报表的编制要求 …………………………………………………… 177
任务 5.2　产品生产成本表的编制 …………………………………………………… 178
　　　5.2.1　按产品种类反映的产品生产成本表的编制 ………………………… 178
　　　5.2.2　按成本项目反映的产品生产成本表的编制 ………………………… 181
任务 5.3　主要产品单位成本表的编制 ……………………………………………… 182
　　　5.3.1　主要产品单位成本表的格式 ………………………………………… 182
　　　5.3.2　主要产品单位成本表各栏目的填列方法 …………………………… 182
任务 5.4　其他成本报表的编制 ……………………………………………………… 183
　　　5.4.1　制造费用明细表的编制 ……………………………………………… 183
　　　5.4.2　期间费用明细表的编制 ……………………………………………… 184
　　　5.4.3　其他成本报表 ………………………………………………………… 186
项目总结　成本报表的内容 ……………………………………………………………… 187
思考与练习 ……………………………………………………………………………… 187

项目 6　成本报表分析

任务 6.1　成本分析的基本方法及成本分析报告 …………………………………… 190
　　　6.1.1　成本分析的基本方法 ………………………………………………… 191
　　　6.1.2　成本分析报告 ………………………………………………………… 194
任务 6.2　产品总成本分析 …………………………………………………………… 194
　　　6.2.1　按产品种类反映的产品生产成本表的分析 ………………………… 194
　　　6.2.2　按成本项目反映的产品生产成本表的分析 ………………………… 197
任务 6.3　主要产品单位成本分析 …………………………………………………… 199
　　　6.3.1　主要产品单位成本增减变动情况分析 ……………………………… 199
　　　6.3.2　各成本项目增减变动情况分析 ……………………………………… 201

任务 6.4　制造费用明细表和期间费用明细表分析 ·········· 204
　　6.4.1　制造费用明细表的分析 ·········· 204
　　6.4.2　期间费用明细表的分析 ·········· 205
项目总结　成本报表分析方法 ·········· 206
思考与练习 ·········· 206

模块 4　现代成本管理制度

项目 7　标准成本法

任务 7.1　标准成本法的原理 ·········· 213
　　7.1.1　标准成本法的含义 ·········· 213
　　7.1.2　标准成本法的内容 ·········· 214
　　7.1.3　标准成本法的主要特点 ·········· 214
　　7.1.4　标准成本的分类 ·········· 214
　　7.1.5　标准成本核算的一般程序 ·········· 215
任务 7.2　标准成本的制定方法 ·········· 215
　　7.2.1　直接材料的标准成本制定 ·········· 215
　　7.2.2　直接人工的标准成本制定 ·········· 216
　　7.2.3　制造费用的标准成本制定 ·········· 217
任务 7.3　标准成本差异分析 ·········· 218
　　7.3.1　直接材料成本差异分析 ·········· 218
　　7.3.2　直接人工成本差异分析 ·········· 219
　　7.3.3　制造费用差异分析 ·········· 220
任务 7.4　标准成本法的账务处理 ·········· 222
　　7.4.1　标准成本系统账务处理的特点 ·········· 222
　　7.4.2　期末成本差异核算方法 ·········· 226
项目总结　标准成本差异分析与账务处理方法 ·········· 227
思考与练习 ·········· 228

项目 8　作业成本法

任务 8.1　作业成本法的原理 ·········· 232
　　8.1.1　作业成本法的含义 ·········· 232
　　8.1.2　作业成本法的核心概念 ·········· 233
　　8.1.3　作业成本法的主要特点 ·········· 234
任务 8.2　作业成本法的核算 ·········· 236
　　8.2.1　作业成本法核算的基本程序 ·········· 236
　　8.2.2　作业成本法举例 ·········· 240

8.2.3　作业成本法的优点 …………………………………………… 242
　　　8.2.4　作业成本法的应用 …………………………………………… 243
　项目总结　作业成本法的原理 …………………………………………… 244
　思考与练习 ……………………………………………………………… 244

项目9　目标成本法

　任务9.1　目标成本法的含义 …………………………………………… 249
　任务9.2　目标成本法的应用程序及优缺点 …………………………… 249
　　　9.2.1　目标成本法的应用程序 ……………………………………… 249
　　　9.2.2　目标成本法的优缺点及适用行业 …………………………… 254
　项目总结　目标成本法的概念及应用程序 ……………………………… 254
　思考与练习 ……………………………………………………………… 254

项目10　变动成本法

　任务10.1　变动成本法的含义 ………………………………………… 259
　　　10.1.1　成本按成本性态分类 ……………………………………… 259
　　　10.1.2　成本性态分析方法 ………………………………………… 260
　任务10.2　变动成本法下利润的计算 ………………………………… 262
　任务10.3　完全成本法与变动成本法下利润的比较 ………………… 263
　　　10.3.1　产品成本与期间成本的构成内容的比较 ………………… 263
　　　10.3.2　销售成本及存货成本水平的比较 ………………………… 263
　　　10.3.3　按两种方法编制的利润表比较 …………………………… 264
　　　10.3.4　两种方法税前利润产生差异的原因 ……………………… 266
　　　10.3.5　变动成本法的优缺点 ……………………………………… 266
　项目总结　成本性态分析方法与变动成本法的概念和利润
　　　　　　计算过程 ……………………………………………………… 267
　思考与练习 ……………………………………………………………… 267

参考文献

模块 1

成本核算与管理概述

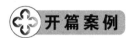 开篇案例

康师傅矿泉水为什么比较便宜

不知道你有没有发现,康师傅矿泉水是市场上较为便宜的矿泉水。为什么呢?在解决这个问题之前,先引入成本这个概念,那么成本对产品有什么样的影响呢?

矿泉水对大家来说并不陌生,矿泉水中成本最大的是哪部分?很多人会想当然地认为是水。这就大错特错了。

图1所示为一瓶矿泉水的成本构成,可以清楚地发现,售价为1.5元一瓶的矿泉水,水的成本仅为1分钱,甚至可以忽略不计,想想某矿泉水品牌的广告词"我们是大自然的搬运工",的确表达得很贴切。

图1 一瓶矿泉水的成本构成

那么一瓶矿泉水的最大成本在哪儿呢?通过数据分析不难发现,零售店费用高达33.3%,而次之的是经销商(批发商)的经销费用为26.7%,再接下来是营运和广告费用为14.7%,作为矿泉水主要组成部分的瓶子、盖子等包装费用为11.3%,而最主要的水则几乎不占成本。

这样看来，一瓶矿泉水的主要成本在于将其销售出去的销售渠道费用，就是说普通消费者喝的一瓶矿泉水，一半以上的钱是付给了经销商和零售店。经销商占26.7%，零售店占33.3%，这也就解释了为什么同样一瓶水便利店卖得贵，而大超市成箱卖更便宜。一瓶水的渠道费用占去了总费用的一半。

除此之外，成本较多的是营运和广告费用，这也就说明了为什么大品牌的矿泉水经常打广告。再接下来就是包装成本。其实与其说喝的是水，不如说喝的是经销商和零售店的渠道服务加上广告和瓶子，这么说或许有些不妥，但事实如此。零售店和经销商的费用属于销售成本（销售费用），广告费用也属于销售费用，营运费用属于管理费用，所以一瓶水的最大成本来自营运和销售这瓶水的所有费用。

相对而言，一瓶水的生产成本则非常低，约为总成本的12%。企业管理者都希望最大限度地压缩生产成本。那么矿泉水的生产成本是否还可以降低？可能空间很小，对利润的影响也很低，而瓶子则是削减生产成本最重要的部分，瓶子减少1分钱是可能的，而水减少1分钱是不可能的。

不难发现，康师傅矿泉水的瓶子几乎是市场上最薄的，开瓶时，握瓶的手用力稍大一点，瓶子打开后，水就可能会溢出来，也可能是压力问题。而且，康师傅的瓶盖也几乎是所有瓶盖中最轻、最薄的。另外一个数据是从10家废品回收站获得的，普通矿泉水瓶子的回收价格是1角钱，而康师傅矿泉水瓶子的回收价格最低为5分钱，最高为8分钱。出于好奇，咨询废品回收站的工作人员，告知回收价格低的最主要原因是瓶子薄。薄的背后就是成本低。据了解，康师傅矿泉水的瓶盖比普通矿泉水的瓶盖便宜1分钱左右，成本约降低1%，而瓶身比其他矿泉水瓶身略低2分钱，那么总体情况下，生产成本就会比其他矿泉水低3分钱，从生产成本的角度考虑，利润就提高了3%。

而从营运和渠道商的管理来看，康师傅矿泉水没有做广告，广告成本降低，从而在价格上取得了竞争性优势。此外，康师傅方便面的销售渠道可以帮助康师傅矿泉水的销售，这些渠道重复利用大大降低了康师傅矿泉水销售渠道的建设费用。康师傅矿泉水比其他矿泉水品牌大大节约广告成本，也节约不少销售费用。生产成本、销售成本上的节约让康师傅矿泉水有了较大的降价空间，因此康师傅矿泉水几乎是市场上价格最便宜的矿泉水，平均售价低于同行业10%以上，曾经最低售价每瓶0.69元。正是由于低价的成功营销，康师傅矿泉水低调成为市场上销量排名第一的矿泉水。

可见，是否能够成为"龙头老大"，成本永远是最关键的！

资料来源：东奥会计在线。

导 论

项目1

【引言】

随着经济的迅速发展,企业为增强市场竞争力,对成本会计提出了更高的要求,要求成本会计提供更相关和更可靠的成本管理信息。今天的成本会计知识比以往任何时候都更能帮助企业增值。本项目作为教材的导论,将主要阐述成本的经济含义、产品成本核算的原理及成本核算制度类型等基本理论。

【知识目标】

1. 理解成本、成本会计、成本管理的概念。
2. 熟悉成本核算的基本原理与一般程序、成本管理的要求与环节。
3. 了解成本会计与管理的新发展。

【能力目标】

1. 掌握支出、费用和成本的关系。
2. 掌握各种费用的划分界限以及生产费用按经济内容和经济用途的分类。

【思政目标】

明确新时代成本会计人员的素质要求。

【关键术语】

理论成本(theoretical cost)　现实成本(current cost)

成本会计(cost accounting)　成本管理(cost management)

费用要素(element of expenditure)　成本项目(cost item)

课前案例

F-16"猎鹰"战斗机起死回生

2000年,F-16"猎鹰"战斗机面临75%的需求下滑时,企业面临困境积极应对,使用精简型生产技术来确保它的生存,并创建一种包括变化、新技术和持续改进在内的新企业文化。企业从三方面来改进管理,效果非常显著。这三方面分别是提高供应能力、进行供应链管理和增强工作团队活力。经过努力,其生产成本减少了38%,存货比前三年降低了50%,每架飞机的故障率降低到3.4个部件,生产一架飞机所花的时间减少了50%,飞机的交货速度非常及时，人工成本自1992年以来降低了69.7%。成本管理的措施帮助F-16"猎鹰"战斗机走出了困境。

思考：什么是成本？一架战斗机的成本如何构成？成本信息如何为管理提供有用的决策参考和持续改进意见？在现代竞争环境下，企业应如何利用成本管理来提高核心竞争力？

任务1.1 成本与成本会计的含义

成本可以反映国家和企业经济活动中"投入"和"产出"的关系，是衡量企业生产经营管理水平的一项综合指标。在产品价格不变的情况下，成本下降，利润就可以提高，企业的净资产就随之增加，相对国家来讲，社会的积累就可以扩大，为逐步降低物价和提高人民生活水平创造条件。因此，认识成本、核算成本、分析成本和管理成本，在现今经济高质量发展的社会主义新时代就更为重要。

3分钟理解成本的经济含义

1.1.1 成本的经济含义

成本是为取得物质资源而付出的经济价值。企业为进行生产经营活动，购置各种生产资料或采购商品，而支付的价款和费用，就是购置成本或采购成本。随着生产经营活动的不断进行，这些成本就转化为生产成本和销售成本。在理论界，对成本这一概念的理解有理论成本与现实成本之分。

1. 理论成本

商品的价值（W）是由产品生产中劳动对象、劳动手段的物质消耗（C），与企业员工必要的活劳动耗费（V），以及企业员工的剩余劳动所创造的剩余价值利润构成的。

商品的价值（W）中，C+V部分构成了产品成本，即理论成本（theory cost），是以货币表现的企业在一定时期内生产和销售一定产品的生产耗费，是商品价值中的成本价值。其主要包括原材料、辅助材料、燃料和动力等物资消耗，按期计提的固定资产转移价值折旧费用，生产工人工资及提取的福利费用等。

提示：在现实经济活动中，一般很难确定纯粹的C+V这种理论成本，实际成本与理论成本常常不一致。

2. 现实成本

现实成本（real cost）是理论成本的具体化，也称实际成本，是按照现行制度规定的成本开支范围，以正常生产经营活动为前提，在生产过程中实际消耗的物化劳动的转移价值和活劳动所创造价值中应纳入成本范围的那部分价值的货币表现。

在实际工作中，为了促使企业厉行节约、减少生产损失、加强企业的经济责任，对于一些不形成产品价值的损失性支出也列入产品成本之内，包括废品损失、停工损失等。此外，工业企业行政管理部门为组织和管理生产经营活动而发生的管理费用、为筹集生产经营资金而发生的财务费用、为销售产品而发生的营业费用,由于在发生时难以按产品归集,为了简化核算工作,都作为期间费用处理,直接计入当期损益,冲减利润,而不计入产品成本。因此,现实中的产品成本,是指产品的生产成本,不是指产品所耗费的全部成本。

现实成本是在理论成本的指导下具体实践的成本,它的确认以理论成本为基础,同时又是检验理论成本的成本,是丰富和发展理论成本的实践性成本。

2014年开始执行的《企业产品成本核算制度(试行)》规定:"**产品成本,是指企业在生产产品过程中所发生的材料费用、职工薪酬等,以及不能直接计入而按一定标准分配计入的各种间接费用。**"

1.1.2 成本的作用

成本的经济含义决定了成本在经济管理工作中具有十分重要的作用。

1. 成本是补偿生产耗费的尺度

企业在取得营业收入后,必须把相当于成本的数额划分出来,用以补偿生产经营中的资金耗费。否则企业正常生产所需资金就会短缺,正常运转就会受到威胁。而且,企业不仅要用商品销售的收入补偿生产耗费,还必须有盈余,这样才能满足企业扩大再生产的需要,使企业不断发展壮大。可见,成本起着衡量生产耗费的作用,对经济发展具有重要的影响。

2. 成本是制定产品价格的重要因素

在商品经济中,产品价格是产品价值的货币表现。在制定产品价格时,无论是企业还是国家,都应遵循价值规律的基本要求。产品的价值不能直接计算,只能计算产品成本,通过成本间接地估算产品的价值。在制定产品的销售价格时,应考虑的因素很多,如国家的价格政策及其他经济政策、各种产品的比价关系、产品在市场上的供求关系等,但必须考虑企业的实际承受能力,即产品的实际成本,成本是产品价格制定的最低经济界限。如果商品的价格低于其成本,企业生产经营费用就不能全部从商品销售收入中补偿。所以,成本是制定产品价格的重要因素。

3. 成本是企业进行决策的重要依据

市场经济条件下,企业间的竞争异常激烈,努力提高在市场上的竞争能力和经济效益,是对企业的客观要求。企业要在市场中立于不败之地,首先必须要做好战略安排,进行正确的生产经营决策。在市场价格一定的条件下,企业在市场上的竞争实质上是成本费用的竞争。因此,任何企业在进行重大经营决策时,都要运用有关成本数据来分析和比较决策方案的经济效益,以便选择最优方案。成本是进行生产经营决策需要考虑的主要因素之一。在制定决策过程中,过去的成本信息是进行决策分析的重要工具或依据。没有过去的准确的成本信息,是无法进行正确决策的。

4. 成本是综合考核企业工作质量的重要指标

成本是一项综合性的经济指标,可以直接或间接反映企业经营管理中各方面的工作业绩。如产品设计是否合理、生产工艺是否先进、劳动生产率水平的高低、原材料的利用

程度、费用开支是节约还是浪费、管理工作和生产组织的水平,以及供、产、销各个环节的衔接协调情况等,最终都会在成本中反映出来。成本是综合反映企业工作质量的指标,因而可以通过对成本的计划、控制、监督、考核和分析等来促使企业及企业内各单位加强经济核算,努力改进管理、降低成本、提高经济效益。

1.1.3 成本会计的职能和任务

成本会计是运用会计的基本原理和一般原则,采用一定的技术方法,对企业生产经营过程中发生的各项费用和产品(劳务)成本进行连续、系统、全面、综合的核算和监督的一种管理活动。成本会计是现代会计的一个重要分支,是会计学的基础,也是管理会计的基础,遵循会计的基本原理和一般原则对成本进行核算,为企业的管理提供基础数据。成本会计属于会计专业,具备会计的基本特征,即以货币为主要计量单位;对其对象的核算和监督具有连续性、系统性、全面性和综合性。

1. 成本会计的职能

成本会计的职能是指成本会计在经济管理中的功能。作为会计的一个重要分支,成本会计的职能同会计一样,具有反映和监督两大基本职能,随着社会经济的发展和管理水平的提高在不断地扩大。

(1) 反映职能。从成本会计产生和发展的历史来考察,反映职能是成本会计的首要职能。成本会计的反映职能是从价值补偿的角度出发,对企业生产经营过程中发生的一切耗费,运用专门的会计方法进行计量、记录、归集、分配、汇总,从而计算出各成本对象的总成本和单位成本。成本会计的反映职能是以已经发生或已经完成的经济业务为依据,对实际发生的生产经营耗费进行反映,为经营管理提供客观真实、可验证的成本信息。通俗地讲,这项职能就是进行实际成本的计算,把生产经营过程的实际耗费如实地反映出来,达到积聚成本的目的,并用积累的成本资料反映企业的实际生产耗费和价值补偿情况,从而判断企业经营效果的好坏。

(2) 监督职能。成本会计的监督职能是指按照一定的目的和要求,通过控制、分析、评价、考核等手段,监督企业各项生产经营耗费发生的合理性、合法性和有效性,借以达到预期的成本管理目标的功能。

成本会计的监督职能包括事前、事中、事后监督。事前监督是从经济管理对降低成本、提高经济效益的要求出发,对企业未来的经济活动的方案或计划进行审查,并提出合理化建议,从而发挥对经济活动的指导作用。即在反映企业各种生产经营耗费的同时,以国家的有关方针政策、制度、规定和企业的计划、预算等为依据,对企业有关经济活动的合理性、合法性和有效性进行审查,限制或制止违反政策、制度、规定和计划、预算等经济活动,支持和促进增产节约、增收节支等经济活动,以实现提高企业经济效益的目的。事中监督和事后监督是通过对所提供的成本信息资料的检查、分析、控制、评价和考核等有关经济活动,从中及时发现问题、总结经验、提出建议,促使有关方面采取措施,调整经济活动,使其按照规定的要求和预期的目的进行。

成本会计的反映和监督这两项基本职能是辩证统一、相辅相成的。没有正确、全面、及时的反映,监督就失去了存在的基础,就无法在成本管理工作中发挥控制、分析、评价和考核等作用;反过来,没有有效、及时的监督,反映职能就得不到充分的发挥,也就无法使成本会计为管理提供真实可靠的信息资料。由此可见,只有把反映和监督这两项基本职能有机结合起来,才能更好地发挥成本会计在管理工作中的作用。

2. 成本会计的任务

作为会计的一个重要分支,成本会计是企业经营管理的一个重要组成部分,因此,成本会计的任务由企业经营管理的要求所决定。但是,成本会计不可能全面地满足企业经营管理各个方面的要求,而只能在成本会计对象的范围内,为企业经营管理提供所需要的数据和信息,并参与经营管理,以达到降低成本、费用,提高经济效益的目的。因此,成本会计的任务还受成本会计的对象所制约。

根据我国社会主义现代化建设的客观要求,成本会计的根本任务是促进企业尽可能节约产品生产经营过程中活劳动和物化劳动的消耗,不断提高经济效益。其具体任务归纳如下。

(1) 进行成本预测和决策,编制成本计划和费用预算。企业作为独立经营、自负盈亏的法人实体,应生产出更多的质优价廉的产品,以满足社会不断增长的物质和文化生活的需要,增强企业自身的竞争能力。因而企业的成本会计工作必须实施事前的成本控制。根据企业生产技术、财务状况和产品成本的历史资料,结合市场调查,运用科学的方法预测未来的产品成本水平,拟订各种预测方案,通过比较分析作出决策并根据确定的目标成本或预测成本资料编制年度、季度、月份的成本计划和生产费用预算。

(2) 正确核算产品成本,及时提供成本信息。成本核算是成本会计的基本职能,也是成本会计的核心工作,正因为这样,成本核算资料的真实性就显得特别重要。所以成本会计首先必须要正确核算出产品的总成本与单位成本,提供准确的数字资料以满足管理的需要。如果实际成本资料不正确,不能反映产品成本的实际水平,则不仅难以考核成本计划的完成情况,不能据以进行成本决策,还会影响利润的正确计算和有关资产的正确估价,从而歪曲企业财务状况。

企业的成本会计工作必须及时地并按规定的时限编报成本报表,使企业的职工和决策者及有关部门及时了解成本变化情况及动态,便于进行正确的产销决策和成本管理工作的考核。

此外,成本会计工作在平时还可根据管理的需要编制必要的内部成本报表,如成本日报表、成本周报表等,为企业内部提供有关成本管理的日常信息。

(3) 加强成本控制,定期进行成本分析,考核企业的经营成果。加强成本控制,首先是进行目标成本控制,其次要严格按照成本开支范围和成本管理条例有效地控制各项费用的发生。

为及时了解经营成果,企业应在成本核算提供的系统成本资料的基础上进行成本分析工作,以肯定成绩,寻找差距,针对存在的问题提出改进的措施,进一步完善成本管理工作。

企业的经营活动是部门有组织的相互配合的活动,因而整个计划的完成情况是受多种因素综合作用的结果,既有数量的、质量的、实物量的因素,也有主观的、客观的因素;既有有利的因素,也有不利的因素。通过分析可以揭示影响成本的各种因素及影响程度,并作出相应的对策,力求以尽可能少的人力、物力、财力生产出更多、更好的产品,进一步提高企业的经济效益。

(4) 建立和发展企业成本责任制,加强成本考核。当今市场的竞争是企业的竞争,企业的竞争实质是产品的竞争、人力的竞争、成本的竞争。成本责任制是对企业各部门、各层次和执行人在成本方面的职责所作的规定,是加强职工降低成本的责任心并发挥他们在成本管理中的主动性、积极性和创造性的有效方法。建立成本责任制,要把成本责任指标分解落实,使企业生产经营各部门、各层次和每个人都承担一定的责任成本,并把责权利相结合,以增强企业活力。

3. 成本会计的工作组织

(1) 设置成本会计机构。成本会计机构是处理成本会计工作的职能单位,是企业正规会计工作的组成部分,成本会计机构也是企业会计机构的一个分支,是专门从事成本会计工作的职能部门。它是根据企业的生产工艺规模和成本管理要求考虑,在专设的会计机构中是单独设置成本会计科、室或组等,还是只配备成本核算人员来专门处理成本会计工作。

成本会计工作的组织形式有两种方式:集中工作方式和分散工作方式。

① 集中工作方式也称厂部一级核算体制,该组织形式下企业的全部成本核算工作都集中在企业的会计部门统一进行。

② 分散工作方式也称厂部、车间二级核算体制,该组织形式下厂部的会计部门只进行综合的成本核算与分析,成本的明细核算则分散在车间进行。

(2) 配备成本会计人员。成本会计人员是指在会计机构或专设成本会计机构中从事成本工作的专业技术人员,对企业日常的成本工作进行处理,如成本计划、费用预算、成本预测、决策、实际成本核算和成本分析、考核等。成本核算是企业会计核算工作的核心,成本指标是企业一切工作质量的综合表现,为保证成本信息质量,对成本会计人员业务素质要求比较高。首先要具有良好的职业道德;其次是要会计知识面广,对成本理论和实践有较好的基础;最后还要熟悉企业生产经营流程(工艺过程)。

任务1.2 成本核算的原理

课程思政:成本会计的概念及成本会计人员的素质要求

成本核算是成本管理工作的重要组成部分,是将企业在生产经营过程中发生的各种耗费按照一定的对象进行分配和归集,以计算总成本和单位成本。成本核算的正确与否,直接影响企业的成本预测、计划、分析、考核和改进等控制工作,同时也对企业的成本决策和经营决策的正确与否产生重大影响。

1.2.1 明确费用的分类

要为企业管理提供正确的成本数据和发挥成本核算的作用,首先要明确费用的分类,然后把一定时期内企业生产经营过程中所发生的费用,按其性质和发生地点分类归集、汇总,核算出该时期内生产经营费用的发生总额,并分别计算出每种产品的实际成本和单位成本。

1. 费用的形成

费用是指企业在日常活动中发生的,会导致所有者权益减少的,与向所有者分配利润无关的经济利益总流出。企业在日常生产经营过程中所耗费的各项经济利益的支出,可分为生产经营支出和非生产经营支出,生产经营支出主要是资本性支出和收益性支出,所得税支出、营业外支出和利润分配性支出属于非生产经营支出。这些支出并不都形成企业的费用。

生产经营费用中的资本性支出是指取得的财产或劳务的效益可以基于多个会计期间所发生的那些支出,这类支出在发生时予以资本化计入资产的初始成本,在资产的使用寿命内分期按所取得的效益,分摊转入受益期间的适当的费用科目。例如,固定资产、无形资产等都要作为资本性支出,即先将其资本化,形成固定资产、无形资产等。而后随着它们为企业提供的效益,在各个会计期间转销为费用,如固定资产的折旧、无形资产的摊销等。收益性支出在发生时,记入发生当期有关成本费用科目。

所得税支出是指企业按照国家税法的规定,从企业利润总额中扣除的一项费用支出,其实质不是费用,只是表现为费用。营业外支出是指企业发生的与其生产经营无直接关系的各项支出,如固定资产盘亏、处置固定资产净损失、出售无形资产净损失、罚款支出、非常损失等。利润分配性支出是指在利润分配环节发生的支出,如股利分配支出等。

由此可见,企业所有支出中的营业性支出最终转化形成了费用,资本性支出逐期分摊转化为费用,收益性支出当期就计入费用。

2. 费用与成本的关系

成本是指企业为生产产品、提供劳务而发生的各种耗费。费用和成本是两个既互相联系又相互区别的概念。工业企业的费用是工业企业在生产经营管理活动中所发生的用货币表现的各种耗费,与一定的会计期间相联系。费用按其经济用途可分为生产费用和经营管理费用两部分。生产费用是为了生产产品而在一定时期(如一个月)内发生的用货币表现的耗费。经营管理费用包括管理费用、销售费用和财务费用,即期间费用。

工业企业生产费用的发生是形成产品成本的基础,而产品成本则是对象化的生产费用。但是,生产费用通常是指某一时期内实际发生的生产费用,而产品成本反映的是某一时期某种完工产品所应负担的费用。企业某一时期实际发生的各产品生产费用总和,不一定等于该期产品成本的总和。某一时期完工产品的成本可能包括几个时期的生产费用,某一时期的生产费用也可能分期计入各期完工产品成本。

工业企业生产经营过程中的耗费是多种多样的,为了科学地进行成本管理,正确计算产品成本和期间费用,需要对各类繁多的费用进行合理分类。费用可以按不同的标准分类,其中最基本的是按费用的经济内容和经济用途分类。

3. 费用的分类

1) 按经济内容分类

企业的生产经营过程也是物化劳动(劳动对象、劳动手段)和活劳动的耗费过程。因此,生产经营成本按其经济性质可以分为劳动对象的耗费、劳动手段的耗费和活劳动的耗费三大类。前两类是物化劳动耗费,后一类是活劳动耗费,它们构成了生产经营成本的三大要素。主要的要素费用:外购材料,含购入的原料及主要材料、半成品、辅助材料、包装物、修理用备件、低值易耗品和外购商品等;外购的各种燃料;外购各种动力;职工工资(包括奖金、津贴和补贴)及按规定计提的福利费等各项归属于职工薪酬的费用;折旧费;利息支出(指企业借入款项的利息支出减利息收入后的净额);以及邮电通信费、差旅费、租赁费、外部加工费等不属于以上各要素的其他耗费。

按照费用要素分类反映的成本信息,可以反映企业在一定时期内发生了哪些生产经营耗费、数额各是多少,用以分析企业耗费的结构与水平,还可以反映物质消耗和非物质消耗的结构与水平,有助于统计工业净产值和国民收入。但这种分类不能说明各项费用的用途,因此不便于分析各种费用的支出是否节约、合理。

2) 按经济用途分类

将费用按经济性质确定为具体的要素费用后,根据费用要素在工业企业生产经营中发生的地点,即按费用的去向,用于产品生产的确定为生产费用,用于日常经营管理的确定为计入当期损益的期间费用。

(1) 生产费用按经济用途的分类。生产费用在产品生产过程中,有的直接用于产品生产,有的间接用于产品生产。为具体反映生产费用的各种用途,准确核算产品成本和提供产品成本构成情况的资料,应将生产费用进一步划分为若干个项目,即构成产品成本的各生产成本项目。工业企业必须设置的成本项目如下。

① 直接材料是指直接用于产品生产、构成产品实体的原料及主要材料、外购半成品、有助于产品形成的辅助材料及其他直接材料。

② 直接人工是指参加产品生产的工人工资及按生产工人工资总额和规定的比例计算提取的职工福利费。

③ 制造费用是指为生产产品和提供劳务所发生的各项间接费用,以及虽直接用于产品生产,但不便于直接计入产品成本,因而没有专设成本项目的费用(如机器设备的折旧费用等)。

为使生产成本项目能够反映企业生产的特点,满足成本管理的要求,允许企业根据自己的特点和管理要求增设成本项目。如果直接用于产品生产的外购半成品成本比重较大,可以将"外购半成品"单独列为一个成本项目;外部加工费比较多的产品,可以将"外部加工费"单独列为一个成本项目;如直接用于产品生产的外购和自制的燃料及动力费,可以设置"燃料和动力"成本项目,若产品成本中燃料和动力费所占比重很小,可以将其并入"制造费用"成本项目中。

(2) 期间费用按经济用途的分类。

① 财务费用是指企业为筹集生产经营所需资金等而发生的费用,包括应作为期间费用的利息支出(减利息收入)、汇兑损失(减汇兑收益)及相关的手续费等。

② 销售费用是指企业在产品销售过程中发生的费用,以及为销售本企业产品而专设的销售机构的各项经费,包括企业销售商品过程中发生的运输费、装卸费、包装费、保险费、展览费和广告费,以及为销售本企业商品而专设的销售机构(含销售网点、售后服务网点等)的职工工资及福利费、类似工资性质的费用、业务费等经营费用。

③ 管理费用是指企业为组织和管理生产经营发生的各项费用,包括企业在筹建期间内发生的开办费、董事会和行政管理部门在企业的经营过程中发生的及应由企业统一负担的公司经费、工会经费、待业保险费、劳动保险费、董事会会费、聘请中介机构费、咨询费(含顾问费)、诉讼费、业务招待费、技术转让费、矿产资源补偿费、研究费、排污费、企业生产车间和行政管理部门发生的固定资产修理费等。

成本按经济用途的分类反映了企业不同职能的耗费,也叫成本按职能的分类。这种分类有利于成本的计划、控制和考核。

3) 生产费用在成本核算中的其他分类

(1) 生产费用按计入产品成本的方法分类。按计入产品成本的方法,各项生产费用可以分为直接计入费用(一般称为直接费用)和间接计入费用(一般称为间接费用)。

① 直接费用是指直接用于产品生产并能直接计入产品成本或按一定比例分配后计入产品成本的生产费用,如直接材料、直接人工。有些直接材料或直接人工是用于两种以上产品的生产,因而还需按一定比例分配后计入各种产品成本。

② 间接费用是指生产车间为组织和管理生产的各种物化劳动和活劳动的耗费及固定资产折旧等,包括间接材料、其他制造费用。必须指出的是,直接用于产品生产的机器设备折旧费按其用途应属于直接生产费用,但这项费用没有专设的成本项目反映,在成本核算过程中,一般是作为制造费用科目下的一个明细科目,与车间的房屋建筑物等固定资产的折旧费一并反映。因此,将其归为间接费用。间接费用需要先按发生的地点等归集记入有关费用账户,然后,再按一定的标准分配计入各种产品的成本中。

这种分类对企业正确计算产品成本具有重要的意义。间接费用的合理分配与否直接影响产品成本的正确性。

(2) 生产费用按与生产工艺的关系分类。按与生产工艺的关系,计入产品成本的各项生产费用可以分为基本费用和一般费用。

① 基本费用是指由生产工艺本身引起的费用,如直接用于加工产品而发生的劳动对象、劳动手段和活劳动中必要劳动的耗费,包括直接材料、直接人工、直接用于产品生产的固定资产折旧费。

② 一般费用是指生产车间为组织和管理生产而发生的各种耗费,它不是由生产工艺本身引起的费用,如间接人工、办公费、差旅费等。

这种分类便于了解企业产品成本的构成情况,分析企业不同时期的管理水平。管理水平越高,成本中一般费用的比重越低。这种分类有利于促使企业提高管理水平,降低一般费用的开支,提高经济效益。

4) 生产费用在成本管理中的分类

企业对成本进行管理,通常将成本按性态分类,分为固定成本、变动成本和混合成本。

成本性态是指成本与业务量之间的相互依存关系。

（1）固定成本是指在一定范围内,其总额不随业务量变动而增减变动,但单位成本随业务量增加而相对减少的成本。

（2）变动成本是指在一定范围内,其总额随业务量变动发生相应的正比例变动,而单位成本保持不变的成本。

（3）混合成本是指总额随业务量变动但不成正比例变动的成本。

1.2.2 成本归集与分配的基本思路

1. 成本归集与分配的含义

从价值形成和补偿的角度出发,相应地可以将成本核算分为两个阶段：①按性质分类和归集成本,如材料、人工、燃料、广告、装运等；②将归集的成本分配给各个成本对象。因此,成本归集就是通过一定的会计制度对成本数据进行有组织的收集,反映为达到这一特定目标所耗费资源的货币价值。成本分配则是按照特定成本对象对资源的使用情况,将第一阶段归集的成本分配到各成本对象中。这里的成本对象可以是任何事物,如产品、顾客、部门、项目、作业等,这些成本对象的成本被计量、归类和分配。例如,如果想确定生产一辆自行车的成本是多少,那么成本对象就是自行车。假如想知道工厂中的一个维修部门的成本是多少,那么成本核算对象就是维修部门。假如想确定开发一件新玩具的成本是多少,那么成本对象就是开发中的新玩具。

2. 成本归集与分配过程

可以利用成本和成本对象的关系来帮助增加成本分配的精确性。成本与成本对象直接或间接相关,间接成本是不容易精确地追溯到成本对象的成本,直接成本是易于精确地追溯到成本对象的成本。易追溯成本意味着这些成本可以以一种经济合理的方式来进行分配。可精确追溯成本意味着这些成本可以以因果关系进行分配。可追溯性是指仅用一种通过因果关系以经济合理的方式直接向成本对象分配成本的能力。可追溯到成本对象的成本越多,成本分配的精确度也越高。建立追溯性是构建精确成本分配方式的关键因素。另外需要强调一点,成本管理一般要处理许多的成本对象,某项成本才可能既被归为直接成本又被归为间接成本,关键要看所指的是哪一个成本对象。

提示：直接成本不需要分配,间接成本才需要分配。

任务 1.3 产品成本核算的要求和程序

企业在产品生产过程中,会发生各种各样的费用支出,为了保证企业产品成本核算的相关性、及时性和准确性,必须严格执行成本开支范围的相关规定,对生产经营过程中实际发生的各种劳动耗费进行计算,并进行相应的账务处理,提供真实、有用的成本信息。

1.3.1 产品成本核算的要求

为做好成本核算工作,应符合以下各项要求。

1. 成本核算与管理相结合,成本核算为管理提供关键数据

成本核算应该从加强企业管理的要求出发,做到成本核算与加强企业管理相结合,既算又管,算为管用,算管结合。首先必须以国家的有关法规、制度、企业的成本计划和消耗定额为依据,对企业发生的各项费用进行事前、事中审核和控制,并及时进行信息反馈。对于不符合规定的开支、不合理的超支要坚决制止;已无法制止的,要追究责任,并采取措施杜绝以后再次发生。对于费用的发生情况,以及费用脱离定额或计划的差异应进行日常的分析和反馈,以便为产品成本的定期分析和考核,进一步挖掘降低成本的潜力提供数据。在成本核算中,既要防止片面的简单化,导致不能满足成本管理的需要;也要防止为算而算,搞烦琐哲学,不注重核算效益。

2. 正确划分各种费用界限

为正确计算产品成本,要分清以下费用界限。

(1)正确划分生产经营管理费用和非生产经营管理费用的界限。工业企业在其经营活动中会发生各种耗费,只有用于产品的生产和销售、用于组织和管理生产经营活动,以及用于筹集生产经营资金的各种费用,即收益性支出,才应计入生产经营管理费用。而企业的资本性支出或不是由于企业日常生产经营活动而发生的费用支出,如购建固定资产和无形资产等的支出、固定资产盘亏净损失、非常损失、捐赠支出等则属于非生产经营管理费用。正确划分生产经营管理费用和非生产经营管理费用的界限,有利于正确确定各种资产的价值和准确核算产品生产成本。

(2)正确划分收益性支出和资本性支出的界限。划清收益性支出和资本性支出的界限,对于正确计算资产的价值和正确计算各期的产品成本及损益,具有重要的意义,可以防止企业有意混淆收益性支出和资本性支出的界限而任意在有关长期资产价值与当期生产经营管理费用之间进行调节,促使企业正确进行成本核算和损益计算。

(3)正确划分生产费用与期间费用的界限。对于企业所发生的生产经营管理费用,并不是全部计入产品成本,而只是生产费用才计入产品成本,其余的经营管理费用则计入期间费用。正确划分生产费用和期间费用的界限,有助于防止企业混淆二者的界限,影响成本核算的正确性,影响当期损益计算的正确性,出现虚假费用、虚假成本、虚假盈利的现象。同时可以避免企业将两者任意进行相互调节进而达到调节当期产品成本和当期损益的现象发生。

(4)正确划分本期成本费用与其他期间成本费用的界限。为准确计算各个会计期间的成本费用,企业还应当按照权责发生制原则,将应计入生产经营管理费用的费用,在各个会计期间之间进行划分。应由本月产品负担的生产经营管理费用,应全部计入本月的产品成本;不应由本月产品负担的生产经营管理费用,则不应计入本月的产品成本。

为正确划分各会计期间的费用界限,要求企业不能提前结账,将本月费用作为下月费用处理;也不能延后结账,将下月费用作为本月费用处理。

只有这样,才能正确划分各个会计期间的费用界限,正确计算各个会计期间的产品成本。正确划分各个会计期间的费用界限,是保证成本核算正确的重要环节,以免造成人为调节会计期间的损益现象的发生。

(5) 正确划分不同产品的成本的界限。对于生产多种产品的生产企业,还要对计入当期的生产费用在各种产品之间进行划分,以便分析和考核各种产品的成本计划或成本定额的执行情况。凡是能够分清应由哪种产品负担的直接费用,应直接计入该种产品成本;凡是几种产品共同耗用的不能直接计入某种产品成本的间接费用,应由几种产品共同负担,应采用合理的方法进行分配,并保持一贯性,分配后分别计入各种产品成本。在划分各种产品的费用界限时,特别要注意划清盈利产品与亏损产品、可比产品与不可比产品之间的费用界限。要防止在这些产品之间任意增减费用,借以掩盖成本超支,或以盈补亏、弄虚作假的错误做法。

(6) 正确划分完工产品与在产品的成本的界限。月末计算某种产品的生产费用,如果该产品已全部完工,就应全部计入该完工产品成本。如果该产品都未完工,就应全部计入该种在产品成本。如果某种产品一部分已经完工,另一部分尚未完工(在生产线上,不是指半成品),则要将计入这种产品的累计生产费用,采用适当的分配方法在完工产品与在产品之间合理分配,分别计算完工产品成本和月末在产品成本。这种划分的基本要求是:分配的标准要选用适当,分配方法要合理。要防止任意增减在产品数量,提高或降低在产品成本,人为调节完工产品成本的情况。

以上六种费用界限的划分,贯穿在产品成本核算工作的始终。费用的划分过程,就是费用的归集与分配过程,也是产品成本的计算过程。

3. 正确确定财产物资的计价和结转方法

企业中常见的财产物资主要有固定资产、低值易耗品、材料。财产物资计价和价值结转方法是否恰当,会对成本核算的正确性产生重要影响。企业财产物资计价和价值结转方法主要包括固定资产原值的计算方法、折旧方法、折旧率的种类和高低;固定资产与低值易耗品的划分标准;材料成本的组成内容、材料按实际成本进行核算时发出材料单位成本的计算方法、材料按计划成本进行核算时材料成本差异率的种类、采用分类差异时材料类距的大小等;低值易耗品和包装物价值的摊销方法、摊销率的高低及摊销期限的长短等。为了正确地计算成本,对于各种财产物资的计价和价值的结转,都严格执行国家统一会计制度。国家没有统一规定的,根据财产物资特点结合管理要求合理选用,各种方法一经确定,应保持相对稳定,不能随意改变,以保证成本信息的可比性。

4. 做好各项基础工作

为加强成本审核、控制,正确、及时地计算成本,企业应做好以下各项基础工作。

(1) 建立和健全成本核算有关的原始记录和凭证流转程序。原始记录是指按照规定的格式,对企业的生产、技术经济活动的具体事实所做的最初书面记载。它是进行各项核算的前提条件,是编制费用预算、严格控制成本费用支出的重要依据。成本会计有关的原始记录主要包括反映生产经营过程中物化劳动消耗的原始记录,反映活劳动消耗的原始记录,反映在生产经营过程中发生的各种费用支出的原始记录和其他原始记录。原始记录是一切核算的基础,成本核算更是如此。因此,原始记录必须真实正确,内容完整,手续齐全,要素完备,流转规范,以便为成本核算、控制、预测和决策提供客观的依据。

(2) 加强定额管理,做好消耗定额的制定和修订工作。定额是指在一定生产技术组织条件下,对人力、财力、物力的消耗及占用所规定的数量标准。科学先进的定额是对产品成本进行预测、核算、控制和考核的依据。与成本核算有关的消耗定额主要包括工时定额、产量定额、材料、燃料、动力、工具等消耗的定额,有关费用的定额,如制造费用的预算等。消耗定额的制定是作为企业产品生产发生耗费应该掌握的标准。但由于消耗定额服务于不同的成本管理目的,可表现为不同的消耗水平。当企业编制成本计划时,是根据计划期内平均消耗水平所制定的定额。定额制定后,为了保持它的科学性和先进性,还必须根据生产的发展、技术的进步、劳动生产率的提高对其进行不断的修订,使它为成本管理与核算提供客观的依据。

(3) 建立和健全存货物资的计量收发存盘点制度。为保证入库材料物资的数量与质量,必须搞好计量与验收工作,准确的计量和严格的质量检测是保证原始记录可靠性的前提;为保证领、退的材料物资准确无误,还必须及时办好领料和退料凭证手续,使成本中的材料费用相对准确。由于材料物资等存货品种、规格多,进出频繁,尽管严格管理,但由于种种原因,账面不符还经常存在,所以对材料物资还得进行定期或不定期的清查盘点,进行账面调整,以保证库存材料物资的真实性,确保成本中的材料等费用更加准确。

(4) 做好计划价格的制定和修订工作。在生产经营过程中,企业内部各单位之间往往会相互提供半成品、材料、劳务等,为分清企业内部各单位的经济责任,明确各单位工作业绩及总体评价与考核的需要,应制定企业内部结算价格的依据。可以选择市价、协议价、标准价格或计划价格作为制定企业内部结算价格的依据。

5. 按照生产特点和管理要求,选择适当的成本核算方法

企业在进行成本核算时,应根据本企业的具体情况,选择适合于本企业特点的成本核算方法进行成本核算。成本核算方法的选择,应同时考虑企业生产类型的特点和管理的要求两个方面。在同一家企业里,可以采用一种成本核算方法,也可以采用多种成本核算方法,即多种成本核算方法同时使用或多种成本核算方法结合使用。成本核算方法一经选定,一般不得随意变更。具体内容将在项目3讲述。

1.3.2 成本核算的一般程序

工业企业的产品成本核算程序,也就是进行成本核算的工作步骤,具体而言,可以分为以下几个步骤。

1. 确定成本核算对象

所谓成本核算对象,就是费用归集的对象,是成本会计核算和监督的内容,主要是指**产品生产成本。成本核算对象的确定是设置明细账、归集费用、计算产品生产成本的前提**。由于企业的生产特点、管理要求、规模大小、管理水平的不同,企业成本核算对象也不相同。对工业企业而言,产品成本核算的对象主要包括产品品种、产品批别、产品生产步

骤三种。企业应根据自身的生产特点和管理要求，选择合适的产品成本核算对象。

另外，企业发生的财务费用、管理费用和销售费用三项期间费用，是服务于产品生产的，没有这些费用支出的发生，产品生产不可能正常进行。因此，为促使生产者节约这些费用，增加盈利，生产单位把它们连同产品成本，列作成本会计的对象。对生产单位来说，成本会计的对象包括产品的生产成本和经营管理费用。

综上所述，成本会计的对象可以概括为各行业企业的生产经营业务成本和有关的经营管理费用，简称为成本费用。所以，成本会计实际上是成本费用会计。

2. 对发生的费用进行审核、确认和计量

依据国家有关法规和工业企业各项规章制度、成本计划或成本预算、成本定额等，对企业所发生的各种要素费用进行审核和控制，确定费用是否应该开支，开支金额是否合理，是否应该计入生产经营管理费用，是否应该计入产品成本或期间费用。这些工作实际上是前述第一、第二个费用界限的划分工作。然后，确定应计入当期产品成本的生产费用。

3. 归集和分配当期各产品的生产费用

将应该计入当期产品成本的各种要素费用在有关产品之间按产品成本项目进行归集和分配。归集和分配的原则：产品生产直接发生的生产费用直接作为产品成本的构成内容，直接计入该产品成本；为生产服务发生的间接费用计入有关的成本中心，然后将各成本中心的本月成本，依据成本分配基础向下一个成本中心分配，直至最终的成本核算对象。产品成本核算的过程也就是生产费用的分配和汇总过程。这些工作实际上是前述第四个费用界限的划分工作。

4. 期末将各产品的生产费用在完工产品和在产品之间进行分配

对既有完工产品又有月末在产品的产品，应将计入各该产品的生产费用，在其完工产品和月末在产品之间采用适当的方法进行划分，利用恒等式"期初在产品成本＋本期投入生产费用＝完工产品成本＋期末在产品成本"，求得完工产品和月末在产品的成本，将完工产品成本结转至"库存成品"账户。这是生产费用在同种产品的完工产品与月末在产品之间纵向的分配和归集。

5. 结转产品销售成本

期（月）末，企业应根据当期（月）销售各种商品的实际成本，计算应结转的主营业务成本。库存商品采用计划成本核算的，平时的销售成本按计划成本结转，月末，还应结转本月销售商品应分摊的产品成本差异，将计划成本调节为实际成本。

1.3.3 成本核算的主要会计账户

为核算和监督企业生产过程中发生的各项费用，正确计算产品或劳务成本，企业需要设置有关账户，组织生产费用的总分类核算和明细分类核算。不同行业的企业，可以根据本行业生产特点和成本管理的要求，确定成本费用类账户的名称和核算内容。下面介绍工业企业产品成本核算的账户设置。

1. "生产成本"账户

"生产成本"账户用于核算企业进行生产所发生的各项生产费用,计算产品和劳务实际成本。工业企业的生产根据各生产单位任务的不同,可以分为基本生产和辅助生产。基本生产是指为完成企业主要生产任务而进行的产品生产或劳务供应。辅助生产是指为企业基本生产单位或其他部门服务而进行的产品生产或劳务供应,如企业内部的供水、供电、供气、自制材料、自制工具和运输、修理等生产。企业辅助生产单位的产品和劳务,虽然有时也对外销售一部分,但主要任务是服务于企业基本生产单位和管理部门。企业生产分为基本生产和辅助生产,根据企业生产费用核算和产品成本核算的需要,一般可以在"生产成本"这一总分类账户下分设"基本生产成本"和"辅助生产成本"两个二级账户;也可以将"生产成本"这一账户分设为"基本生产成本"和"辅助生产成本"两个总分类账户。

"生产成本——基本生产成本"账户是为了归集基本生产过程中所发生的各种生产费用和计算基本生产产品成本而设立的。该账户借方登记企业为进行基本生产而发生的各种费用;贷方登记转出的完工入库的产品成本;余额在借方,表示基本生产的在产品成本。应按企业所采用的成本核算方法,分别按产品品种、产品批别、生产步骤或产品类别设置"生产成本——基本生产成本"明细账,归集各成本核算对象的费用,计算成本。账内按成本项目分设专栏进行登记,反映该产品各个成本项目月初在产品成本、本月生产费用、本月完工产品成本和月末在产品成本。

"生产成本——辅助生产成本"账户是为了归集辅助生产所发生的各种生产费用和计算辅助生产所提供的产品和劳务的成本而设立的。该账户借方登记为进行辅助生产而发生的各种费用;贷方登记完工入库产品的成本或分配转出的劳务成本;余额在借方,表示辅助生产的在产品成本。应按辅助生产车间及生产的产品或劳务种类设置明细账,账内按辅助生产的成本项目或费用项目分设专栏进行登记。

2. "制造费用"账户

"制造费用"账户用于核算企业各个生产单位(分厂、车间)为组织和管理生产所发生的各项间接费用,如技术管理人员的职工薪酬、折旧费、办公费、水电费、机物料消耗、劳动保护费、季节性停工、大修理停工期间的停工损失等,均应在"制造费用"账户归集,月末按一定的分配方法在各种产品之间进行分配。该账户的借方登记企业各生产单位为生产产品和提供劳务而发生的各项间接费用;贷方登记期末分配结转(转入"生产成本"等账户)的制造费用;除按年度计划分配率分配制造费用的企业外,期末结转以后该账户无余额。应按企业生产单位设置明细账,账内按费用项目分设专栏进行登记。

3. 其他有关账户

企业行政管理部门为组织和管理生产经营活动所发生的各项管理费用,企业在销售过程中发生的各项费用,以及企业为筹集生产经营资金所发生的各项费用,都应作为期间费用,不记入"制造费用"账户,分别记入"管理费用""销售费用"和"财务费用"账户。为单独核算废品损失和停工损失,企业还可以增设"废品损失"和"停工损失"总账账户。这些涉及生产经营管理费用的各类账户的结构和明细账的设立将在以后逐一述及。

任务 1.4 成本管理的要求与环节

现代成本管理定义如下：成本管理是会计管理的组成部分，是根据会计及其他有关资料，采用会计的、数学的和统计的方法，对企业的成本进行预测、决策、预算、核算，以及控制和分析，以达到成本的最优管理的一项综合性管理工作。

1.4.1 成本管理的对象

一般而言，成本管理对象是与企业经营过程相关的所有资金耗费，不仅仅是财务会计中的历史成本，也不仅仅限于企业内部价值链范围的资金耗费，而是为实现企业竞争战略和达到持续性成本改善所涉及的一切资金耗费。既包括财务会计计算的历史成本，也包括内部经营管理需要的现在和未来成本；既包括企业内部价值链范围内的资金耗费，也包括行业价值链整合所涉及的客户和供应商的资金耗费。

但具体到每个企业的成本管理，成本管理的对象还是有所不同的。传统的简单加工型小企业的成本管理仅限于进行简单的成本核算，其成本管理对象也就限定在企业内部所发生的资金耗费。而身处激烈竞争的大型企业为赢得竞争，必须关注企业的竞争对手和潜在的所有利益相关者，因此其成本管理对象也就突破了企业的界限，凡是和企业经营过程相关的资金消耗都属于成本管理的范围。

1.4.2 成本管理的要求

现代化生产技术复杂，生产过程各环节之间、企业与外部协作单位之间的联系日益紧密，这就对成本管理提出了更高的要求。

（1）**要求对成本实行全过程的管理**。成本形成于企业各项生产经营活动中，从新产品的研制到生产、供应、外协、销售的全过程都与成本有关，不能只抓生产而忽视影响成本的某些环节。

（2）**要求对成本实行综合管理**。成本管理的任务是降低成本，但降低到什么程度，要综合考虑企业的经营效果。如果降低成本后影响了质量或销售量，就应进行综合分析，作出最有利的决定。

（3）**要求对成本实行及时而有预见性的管理**。成本管理要及时，及时反映生产经营中的问题，及时采取措施加以解决，避免问题进一步扩大。良好的成本管理必须具有高度的预见性。

（4）**要求对成本实行具体、细致、科学的管理**。成本开支的项目多，发生于不同的时间和不同的生产经营阶段。为保证成本的真实性，必须对形成产品成本的每一个环节实行具体、细致、科学的管理。计划期的目标成本定在什么水平上，不能靠主观臆断，而应根据对大量数据作出的科学分析。

（5）**要求对成本实行全员的管理**。产品成本的形成与企业全体人员有关。成本管理如果只靠少数财会人员，而没有各职能科室人员的配合、没有广大职工的参与，是很难做好的，成本管理的重要任务是不断提高全体职工对降低成本的积极性。

总的来说，成本管理就是通过对成本实行全面的、及时的、科学的管理，促进企业改善生产经营活动，不断地降低产品成本。

1.4.3 成本管理的环节

为圆满完成成本管理的任务，成本管理应该进行成本预测、成本决策、成本计划、成本控制、成本核算、成本分析和成本考核7个方面的工作，成本管理正是通过这7个环节来发挥作用的。

1. 成本预测

成本预测是根据与成本有关的各种数据、可能发生的变化和将要采取的各种措施，采用一定的专门方法，对未来的成本水平及其变化趋势作出的科学测算的过程。成本预测可以减少生产经营管理的盲目性，提高降低成本、费用的自觉性，充分挖掘降低成本、费用的潜力。

成本预测既要在计划期开始以前、成本决策之前进行，还要在成本计划执行过程中经常地进行。在成本决策之前进行成本预测，可以为成本决策提供数据，有助于正确确定目标成本，正确编制成本计划；在成本计划执行过程中经常地进行成本预测（如成本的日测、周测或月测），可以经常地掌握成本、费用变化的趋势，有效地进行成本控制，保证成本计划的执行。

2. 成本决策

成本决策是根据成本预测提供的数据和其他有关资料，在若干个与生产经营和成本有关的方案中，选择最优方案，确定目标成本的过程。

为进行成本决策，应该在成本预测的基础上，拟订各种提高生产、改进技术、改善经营管理和降低成本、费用的方案，并采用一定的专门方法对各方案进行可行性研究和技术经济分析，据以作出最优化的成本决策，确定目标成本。

进行成本决策、确定目标成本是编制成本计划的前提，也是实现成本的事前控制、提高经济效益的重要途径。

3. 成本计划

成本计划是根据成本决策确定的目标成本，具体规定在计划期内为完成生产经营任务所应支出的成本、费用，并提出为达到规定的成本、费用水平所应采取的各项措施的工作。

成本计划是降低成本、费用的具体目标，也是进行成本控制、成本分析和成本考核的依据。成本计划的编制过程，也是进一步挖掘降低成本、费用潜力的过程。

4. 成本控制

成本控制一般是指在生产经营过程中，根据成本计划对各项实际发生或将要发生的

成本、费用进行审核、控制,将其限制在计划成本之内,防止超支、损失的发生,以保证成本计划的执行。

为便于进行成本控制,应该根据成本计划等有关资料,具体制定原材料、燃料、动力和工时等消耗定额和各项费用定额。因此,在实际工作中,成本控制一般是根据这些消耗定额和耗用定额进行的。对于企业或主管企业的上级机构规定有开支范围或开支标准的成本、费用,还应根据这些规定进行控制。

5. 成本核算

成本核算是对生产经营过程中实际发生的成本、费用进行核算,并进行相应的账务处理。成本核算一般是对成本计划执行结果,即成本控制结果的事后反映。

为更加有效地控制成本、费用,有条件的企业还应在各项成本、费用发生的当时,就计算实际成本、脱离定额或计划的差异,进行成本、费用差异的事中核算,以便为成本的事中控制和事后分析提供数据。

6. 成本分析

成本分析应根据成本核算提供的成本数据和其他有关资料,与本期计划成本、上年同期实际成本、本企业历史先进的成本水平,以及国内外先进企业的成本等进行比较,确定成本差异,并且分析产生差异的原因,查明成本超支的责任以便采取措施,改进生产经营管理,降低成本、费用,提高经济效益。

7. 成本考核

成本考核是在成本分析的基础上,定期对成本计划的执行结果进行的评定和考核。在没有上级机构下达的成本计划指标的企业中,成本考核应该自我进行;在有上级机构下达的成本计划指标的企业中,应该首先接受上级机构的考核。在后一种企业中,不论是进行成本预测、决策,还是编制成本计划,都应以上级机构下达的成本计划指标作为制约因素。

综上所述,成本核算和管理的各个环节是互相联系、互相补充的。这些环节一般均应贯穿企业生产经营活动的全过程,在全过程中发挥作用。在成本管理的各个环节中,成本核算是基础,没有成本核算,成本的预测、决策、计划、控制、分析和考核都无法进行。

任务 1.5 成本会计与管理的新发展

21世纪初,全球高科技的蓬勃发展和生产组织的重大变革对企业的现代成本会计与管理提出了更高的要求,适应新经济环境的成本管理方法不断涌现。

1.5.1 标准成本法

标准成本法(standard costing)是在"泰勒制"实行后在美国逐渐形成的。在此之前,传统的成本核算是依靠材料领用记录单和工人工作时间记录单并按一定百分比加上间接费用进行的。材料、人工和间接费用的总额就是产品的实际成本。泰勒的"标准操作方法"的出现,使效率工程师与会计师们渐渐感到,实际成本在确定价格或控制效率等方面作用不大。对于按不同的价格购买的材料应如何分配于产品,加班费如何确定,什么费用应包括在间接费用里,这种费用又该如何分配,这一系列的问题摆在他们面前。另外,确定和保持实际成本要进行大量的工作。实际成本受到许多偶然因素的影响,这样实际成本并不能代表应该支出的成本,由于管理不善造成的开支也混入其中。现实要求人们寻求新的成本核算方法。经过20多年的探索,美国会计师卡特·哈里逊于1920年提出了成本变动分析的第一套公式,这标志着标准成本臻于完善,开始应用于实践。经过近100年的应用完善,标准成本法已广泛应用于企业的成本管理工作中。为了规范标准成本法的应用,2017年我国颁布了《管理会计应用指引第302号——标准成本法》。

1.5.2 作业成本法

作业成本法(activity-based costing,ABC)是以作业为核算对象,通过成本动因确认和计量作业量,将间接费用和辅助费用精确地分配到产品和服务的一种成本核算方法。

依据作业成本法的观念,企业的全部经营活动是由一系列相互关联的作业组成的,企业每进行一项作业都要耗用一定的资源;而企业生产的产品(包括提供的服务)需要通过一系列的作业完成。因而,产品的成本实际上就是企业全部作业所消耗资源的总和。在计算成本时,首先按经营活动中发生的各项作业来归集成本,计算作业成本;然后再按各项作业成本与成本对象(产品或服务)之间的因果关系,将作业成本追溯到成本对象,最终完成成本核算过程。

在作业成本法下,直接成本可以直接计入有关产品,与传统的成本核算方法并无差异,只是直接成本的范围比传统成本核算的要大,凡是可方便追溯到产品的材料、人工和其他成本都可以直接归属于特定产品,尽量减少不准确的分配。不能追溯到产品的成本,则先追溯有关作业或分配到有关作业,计算作业成本,然后再将作业成本分配到有关产品。为了规范作业成本法的应用,2017年我国颁布了《管理会计应用指引第304号——作业成本法》。

1.5.3 阿米巴经营管理模式

阿米巴经营(Amoeba Operates)是一种经营方法,采用精细的部门独立核算管理,将企业分解为既独立又统一的"小集体",遵循"全员参与经营"的理念,发挥每一名员工的作用,凝聚集体的智慧,自行订立计划,完成企业的经营目标。

阿米巴经营就是以各个阿米巴的领导为核心,让其自行制订各自的计划,并依靠全体成员的智慧和努力来完成目标。通过这样一种做法,让第一线的每一位员工都能成为主角,主动参与经营,进而实现"全员参与经营"。目前,我国企业进行借鉴和改良所形成的"三人小组"模式也属于阿米巴经营模式的一种。

阿米巴经营模式的本质就是"量化分权",推行时应该遵循基本的规律,由上到下,由大到小,分层逐步推进。

1.5.4 战略成本管理

战略成本管理(strategic cost management,SCM)是指现代企业在融入经济全球化的进程中,为实现其发展战略,提升内部管理水平,营造持久竞争优势,运用现代成本管理技术,从战略的角度对企业产品研究、开发、设计、生产、销售及售后服务等生产各个环节影响成本和利润的诸因素进行分析,采取降低成本措施,提高企业战略地位的一种现代成本管理方法。

这种方法起源于20世纪80年代的英、美等国,发展至今,对这一思想与相关方法的讨论日趋深入,日本和欧美的企业管理实践也证明了这种方法是获取长期竞争优势的有效方法。

在具体应用中,可以实施的战略成本管理方式有成本领先战略、差异领先战略、目标集聚战略、生命周期战略、整合战略等。

项目总结 成本核算与管理概述

成本、成本会计、成本管理的概念	成本:特定的会计主体为达到一定的目的而发生的可以用货币计量的代价。 成本会计:运用会计的基本原理和一般原则,采用一定的技术方法,对企业生产经营过程中发生的各项费用和产品(劳务)成本进行连续、系统、全面、综合的核算和监督的一种管理活动。 成本管理:成本管理是会计管理的组成部分,是根据会计及其他有关资料,采用会计的、数学的和统计的方法,对企业的成本进行预测、决策、预算、核算,以及控制和分析,以达到成本的最优管理的一项综合性管理工作
支出、费用与成本的关系	支出的含义比费用要宽泛,有些支出在发生时形成费用,有些支出通过摊销形成多个会计期间费用,有些支出则与费用无关。工业企业生产费用的发生是形成产品成本的基础,而产品成本则是对象化的生产费用。 提示:支出涵盖的范围是最广的,包含了费用,费用中的生产费用中属于某一产品的生产费用归集为产品成本
费用的分类	按经济内容分类,即为费用要素。 按经济用途分类,分为生产费用和期间费用。生产费用分为直接材料、直接人工、制造费用等,即构成产品成本的成本项目。成本项目可增设燃料和动力、废品损失、停工损失等。 按成本性态分类,分为固定成本、变动成本和混合成本
产品成本核算程序和主要账户设置	产品成本核算程序:确定成本核算对象→确认和计量费用→归集和分配当期产品的费用→归集和分配完工产品和在产品费用→结转产品销售成本。 主要账户设置: (1)"生产成本"账户:归集各成本核算对象的费用,按成本项目分设专栏进行登记,下设"基本生产成本"和"辅助生产成本"两个二级账户;也可以将"生产成本"这一账户分设为"基本生产成本"和"辅助生产成本"两个总分类账户。为简化核算,"基本生产成本"和"辅助生产成本"也可直接作为一级账户。 (2)"制造费用"账户:用于核算企业各个生产单位(分厂、车间)为组织和管理生产所发生的各项间接费用
成本管理的对象	和企业经营过程相关的资金消耗都属于成本管理的范围

思考与练习

一、思考题

1. 如何理解成本的经济实质及其作用?
2. 简述成本会计的职能。
3. 正确计算产品成本应该正确划分哪些费用的界限?
4. 简述费用按经济内容的分类与按经济用途的分类。
5. 简述成本会计人员的素质要求。
6. 简述成本核算的一般程序。
7. 简述成本核算的主要会计科目。
8. 简述成本管理的要求与环节。

二、选择题

(一) 单项选择题

1. 成本是产品价值中的( )部分。
   A. C+V+M　　　B. C+V　　　C. V+M　　　D. C+M
2. 按产品的理论成本,不应计入产品成本的是( )。
   A. 生产管理人员工资　　　B. 废品损失
   C. 生产用动力　　　　　　C. 材料费用
3. 下列各项中,不计入产品成本的费用是( )。
   A. 直接材料费用　　　　　B. 辅助车间管理人员工资
   C. 车间、厂房折旧费　　　D. 厂部办公楼折旧费
4. 产品成本是相对于( )而言的。
   A. 一定数量和种类的产品　B. 一定的会计期间
   C. 一定的会计主体　　　　D. 一定的生产类型
5. 成本会计的对象是( )。
   A. 产品生产成本的形成
   B. 各项期间费用的支出和归集
   C. 生产费用和期间费用
   D. 各行业企业生产经营业务的成本和有关的期间费用
6. 企业在一定时期内发生的,用货币表现的生产耗费称为( )。
   A. 产品成本　　B. 生产费用　　C. 业务成本　　D. 经营管理费用
7. 集中工作方式和分散工作方式是指( )的分工方式。
   A. 企业内部各级成本会计机构　　B. 企业内部成本会计职能
   C. 企业内部成本会计对象　　　　D. 企业内部成本会计任务
8. 下列各项中,属于直接计入费用的有( )。
   A. 几种产品负担的保险费用

B. 几种产品共同耗用的车间管理人员工资

C. 一种产品耗用的生产工人工资

D. 几种产品共同负担的机器设备折旧

9. 需要在各个成本核算对象之间分配的生产费用数额是指(   )。

   A. 期初在产品成本

   B. 本期发生的生产费用

   C. 期末在产品成本

   D. 期末在产品成本加上本期发生的生产费用

10. 下列各项中,应计入产品成本的是(   )。

   A. 固定资产报废净损失　　　　　　B. 支付的矿产资源补偿费

   C. 预计产品质量保证损失　　　　　D. 基本生产车间设备计提的折旧费

11. "生产成本——基本生产成本"明细账应按(   )设置专栏。

   A. 成本项目　　B. 费用项目　　C. 生产车间　　D. 产品名称

12. 成本会计的各环节中最基础的环节是(   )。

   A. 成本计划　　B. 成本核算　　C. 成本控制　　D. 成本考核

13. 产品成本按其计入成本对象的方式可分为(   )。

   A. 直接成本和间接成本　　　　　　B. 产品成本和期间成本

   C. 生产成本和期间成本　　　　　　D. 外购成本和内部成本

14. 大中型企业的成本会计工作一般采取(   )。

   A. 集中工作方式　　　　　　　　　B. 统一领导方式

   C. 分散工作方式　　　　　　　　　D. 会计岗位责任制

15. 成本会计的任务主要取决于(   )。

   A. 企业经营管理的要求　　　　　　B. 成本核算

   C. 成本控制　　　　　　　　　　　D. 成本决策

16. 产品成本是指企业生产一定种类、一定数量的产品所支出的各项(   )。

   A. 生产费用之和　　　　　　　　　B. 生产经营管理费用总和

   C. 经营管理费用总和　　　　　　　D. 料、工、费及经营费用总和

17. 成本会计最基本的任务和中心环节是(   )。

   A. 进行成本预测,编制成本计划

   B. 审核和控制各项费用的支出

   C. 进行成本核算,提供实际成本的核算资料

   D. 参与企业的生产经营决策

18. 成本预测是(   )的前提。

   A. 成本决策　　B. 成本核算　　C. 成本分析　　D. 成本考核

19. 对生产过程中发生的费用,按一定的对象进行归集和分配,采用适当的方法计算出成本核算对象的总成本和单位成本的过程,称为(   )。

   A. 成本预测　　B. 成本决策　　C. 成本核算　　D. 成本考核

20. 按成本习性或可变性可将成本分为(   )。

A. 直接成本和间接成本 　　　　B. 产品成本和期间成本
C. 可控成本和不可控成本 　　　　D. 变动成本和固定成本

21. 正确计算产品成本,应该做好的基础工作是(　　)。
A. 正确划分各种费用的界限 　　　　B. 确定成本核算对象
C. 建立健全原始记录工作 　　　　D. 各种费用的分配

22. 在实际工作中,下列损失不应计入成本的是(　　)。
A. 固定资产清理损失 　　　　B. 季节性停工损失
C. 废品损失 　　　　D. 修理期间停工损失

23. 下列说法中,属于产品生产成本项目的是(　　)。
A. 折旧费用　　B. 外购动力　　C. 直接人工　　D. 外购燃料

24. 下列属于收益性支出的是(　　)。
A. 支付的水电费 　　　　B. 建造固定资产的支出
C. 固定资产改良支出 　　　　D. 支付的开办费

25. 下列不属于工业企业经营管理费用的项目是(　　)。
A. 销售费用　　B. 管理费用　　C. 财务费用　　D. 制造费用

(二) 多项选择题

1. 下列各项中,属于成本会计核算和监督的内容有(　　)。
A. 营业收入的实现
B. 盈余公积的提取
C. 各项生产费用的支出和产品生产成本的形成
D. 各项期间费用的支出和归集过程

2. 成本会计的职能包括(　　)。
A. 成本预测、决策 　　　　B. 成本核算、分析
D. 成本控制 　　　　C. 成本计划

3. 在制造成本法下,以下各项支出中,可以计入产品成本的有(　　)。
A. 生产车间管理人员的工资
B. 因操作不当造成的废品净损失
C. 存货跌价损失
D. 行政管理部门使用的固定资产计提的折旧

4. 下列各项中属于成本会计职能的有(　　)。
A. 成本计划　　B. 成本核算　　C. 成本控制　　D. 成本分析

5. 企业成本会计工作的组织可以采取(　　)。
A. 集中核算方式
B. 分散核算方式
C. 集中核算与分散核算相结合的方式
D. 有时集中核算,有时分散核算

6. 下列各项费用中,不应计入产品生产成本的有(　　)。
A. 销售费用　　B. 管理费用　　C. 财务费用　　D. 制造费用

7. 为正确计算产品成本,必须正确划分的企业各项正常生产经营成本的界限包括(   )。
   A. 营业外收入和营业外支出的界限   B. 各会计期间成本的界限
   C. 不同产品成本的界限   D. 完工产品与在产品成本的界限

8. 下列各项目中,属于直接生产费用的有(   )。
   A. 生产工人计件工资   B. 生产产品的原材料费用
   C. 生产工人计时工资   D. 管理人员工资

9. 下列各项目中,属于间接生产费用的有(   )。
   A. 生产产品的原材料费用   B. 生产工人工资
   C. 车间机物料消耗   D. 技术人员工资

10. 为进行产品成本的总分类核算,企业可根据具体情况设置不同的总账账户,可以设置(   )。
    A. "生产成本"账户   B. "管理费用"账户
    C. "废品损失"账户   D. "制造费用"账户

11. 下列各项中,应计入产品成本的费用有(   )。
    A. 企业行政管理人员工资   B. 季节性停工损失
    C. 车间设计制图费   D. 废品损失

12. 成本的主要作用在于(   )。
    A. 是补偿生产耗费的尺度
    B. 是制定产品价格的重要因素和进行生产经营决策的重要依据
    C. 是综合反映企业工作质量的重要指标
    D. 是企业对外报告的主要内容

13. 在企业生产经营过程中,成本是(   )。
    A. 反映劳动耗费的尺度   B. 补偿劳动耗费的标准
    C. 产品定价的基础   D. 经营决策的重要依据

14. 下列各项中,最终计入产品成本的费用是(   )。
    A. 直接材料费用   B. 辅助车间管理人员工资
    C. 车间厂房折旧费   D. 厂部办公楼折旧费

15. 下列费用项目中,属于产品成本的有(   )。
    A. 直接材料   B. 管理费用   C. 直接人工   D. 制造费用

16. 属于收益性支出,应计入生产经营管理费用的有(   )。
    A. 生产产品耗用的原材料费用
    B. 销售费用
    C. 生产车间组织和管理生产经营活动的费用
    D. 生产工人职工薪酬和制造费用

17. 将不该计入生产经营管理费用计入生产经营管理费用,会(   )。
    A. 虚增企业利润   B. 使成本和费用虚减
    C. 使成本和费用虚增   D. 减少企业利润

18. 产品成本明细账中应按成本项目分设专栏,登记各该产品的( )。
    A. 月初在产品成本　　　　　　B. 本月发生的成本
    C. 本月完工的产品成本　　　　D. 月末在产品成本
19. 我国工业企业设置的成本项目有( )。
    A. 管理费用　　B. 直接人工　　C. 直接材料　　D. 制造费用

三、判断题

1. 直接材料、直接人工、燃料和动力、制造费用是现行制度明确规定的四个成本项目,企业不能增加或减少。（　）
2. 工业企业直接生产费用就直接计入费用。（　）
3. 制造费用包括直接生产费用和间接生产费用。（　）
4. 用于产品生产的直接材料费用属于直接计入费用。（　）
5. 费用要素是企业对各种费用按经济用途进行的分类。（　）
6. 按经济用途将费用要素分为生产费用和期间费用。（　）
7. 产品成本是由费用构成的,因此企业发生的费用就是产品的成本。（　）
8. 企业可根据具体情况增设"废品损失"成本项目。（　）
9. 当期生产费用均应计入当期完工产品的成本。（　）
10. 成本会计的各个职能都是建立在成本计划的基础上。（　）
11. 成本对象是成本会计核算和监督的内容。（　）
12. 在实际工作中,为促使企业厉行节约,减少生产损失,加强企业的经济责任,对于一些不形成产品价值的损失性支出也列入产品成本之内。（　）
13. 成本是特定的会计主体为达到一定目的而发生的可以用货币计量的代价。（　）
14. 按产品的理论成本,废品损失应计入产品成本。（　）
15. 成本预测是成本的最基本职能。（　）
16. 成本是一个经济范畴,凡是有经济活动的地方,就有成本存在,就应该核算和考核成本。（　）
17. 企业在一定时期发生的生产费用等于同一时期的产品成本。（　）
18. 企业为购置固定资产、无形资产和其他资产的支出,不应计入产品成本。（　）
19. 本月支付的生产费用,都应计入产品成本。（　）
20. 理论成本是企业生产产品所消耗的物化劳动成本和活劳动成本的总和。（　）

模块 2

产品成本核算方法

 开篇案例

"戴尔模式"的精髓：效率第一

走进美国戴尔电脑公司的装配工厂，就可以看到楼梯旁挂着的一排排专利证书。它们似乎在告诉每一位参观者：以直销起家的戴尔并不仅仅只是一个把别人生产的零部件拼装在一起的装配商。仔细看看那些证书，你就会发现，这些发明创造的重点不在于新产品的开发，而是加工装配技术的革新，比如流水线的提速、包装机的自动控制等。它们体现的是"戴尔模式"的精髓：效率第一。

谈起"戴尔模式"，人们立刻就会想到直销。其实直销只是以效率第一为目标的"戴尔模式"的一个组成部分。"戴尔模式"改变的不仅仅是商业供应链，还有制造业的运营。

2001年，戴尔公司在得克萨斯州奥斯汀的总部附近新建了一个工厂。占地面积比原来少了一半，产量却几乎增加了三倍多。过去，装配好的计算机要先运到一个转运中心去分发，就像邮递员把信件先送到分拣中心一样，可现在计算机可以直接从工厂运走。工厂每两个小时接到一批零部件，每四个小时发出一批装好的计算机。既没有零部件的库存，也没有成品的库存。

从戴尔订货，客户无论是通过网络还是电话发出指令，不到一分钟，信息就会出现在控制中心的计算机里。控制中心再通过网络迅速通知供应商供货，同时也把用户要求的配置信息输入装配程序。配件的运输，需求的数量、规格、型号和装配全都按照控制系统的安排精确运行，前一道工序与后一道工序严丝合缝。由于有了那些发明创造，装配厂里的三条装配线每条每小时可以生产700台根据用户要求而配置的不同的计算机，每台计算机从零部件进厂到最后装配检验完毕后装车出厂，只需要5个小时。有人把戴尔公司比作一个像沃尔玛那样的计算机"超级市场"。用戴尔本人的话来说，戴尔公司与沃尔玛最大的相同之处就是都把效率作为首要追求目标。而两者最大的不同则是，沃尔玛有仓库，戴尔没有。

相对于惠普等公司来说，戴尔在科研与发展方面的投入不算多，每年大约只有4.4亿美元，而惠普是40亿美元。但重要的区别在于，戴尔公司的重点是如何降低运营开支，而不是如何推出新配置或研制新计算机。经过多年的努力，戴尔企业运营的开支不断下降，

现在仅占总收入的 10%,而惠普占 21%,盖特威(Gateway)占 25%,思科则高达 46%。就是靠着这样的追求,10 年来,戴尔的工人创造的价值翻了一番。1993 年,戴尔公司每个工人年均创造价值为 42 万美元,而现在是 92.7 万美元。

近些年,全球计算机市场不景气,可戴尔公司却仍然保持着较高的收益,并且不断增加在全球市场的份额。其奥秘就在于,它能够比竞争对手以更短的时间、更少的开支制造出更适合用户需要的产品。

经过多年的发展,戴尔公司已经形成了一整套完整的以效率第一为目标的管理模式。

成本的归集与分配

项目2

【引言】
　　成本核算的过程是对生产过程中所发生的、应计入产品或劳务成本的各项生产费用归集和分配的过程。生产费用按其经济用途划分的项目是产品成本项目。本项目主要介绍构成产品成本各项目的归集和分配计入成本对象的方法。

【知识目标】
　　1. 掌握构成产品成本各项目的生产费用归集和分配方法。
　　2. 掌握辅助生产费用的归集和分配方法。
　　3. 掌握完工产品成本的计算方法。

【能力目标】
　　1. 熟练进行材料费用的归集和分配,并能熟练编制材料费用分配表。
　　2. 熟练进行人工费用的归集和分配,并能熟练编制人工费用分配表。
　　3. 熟练进行辅助生产费用的归集和分配,并能熟练编制辅助生产费用分配表。
　　4. 熟练进行制造费用的归集和分配,并能熟练编制制造费用分配表。
　　5. 熟练进行外购燃料动力费和其他费用的归集和分配,并能熟练编制外购燃料动力费和其他费用分配表。
　　6. 熟练掌握约当产量法、定额成本法、定额成本比例法等计算完工产品成本的方法。

【思政目标】
　　增强资源节约意识、全局意识、效率意识、质量意识和安全意识。

【关键术语】
　　要素费用的归集与分配(the collection and distribution of the cost of elements)
　　辅助生产费用的归集与分配(the collection and distribution of auxiliary production cost)
　　生产费用的分配(the costs of production)

 课前案例

宇通客车新时空——"成本有效"管理

　　"成本有效"是身为中国客车领头羊的宇通以客户需求为导向,在成本上领先市场,竭力为客户创造最好的产品、提供物超所值的盈利模式的又一创举。

宇通的"成本有效"不是单纯的成本节约、削减成本,而是让成本"有效",即"花一定的成本,达到最好的效果"。它的目的是对管理进行提升,对流程进行创新,对材料进行改进,提高生产率,提高产品质量。为此,宇通对人工、物料、费用、时间、机会等成本进行了一系列的改进和创新,取得了巨大的成果。

1. 材料成本

作为生产企业,材料成本在总成本中举足轻重。宇通强调在材料上加强管理,做到成本有效。

(1) 降低采购成本。客车是装配行业,采购成本占总成本的60%左右,采购成本直接关系到产品的性价比,是赢得客户的关键。宇通主要采用以下措施来降低采购成本:①集团采购,宇通是集团性的企业,采购数量多,合作企业多,因此进行采购资源整合,采取集团采购,在很多领域实现了采购成本的降低;②按时交款;严格按合同交付采购成本,与供应商保持长期合作,保证采购成本持续在较低水平。

(2) 杜绝浪费。宇通实行的是定额制,按照定额领取物料。员工一次降低材料定额,均按照实现一年的节约计算奖励,从而调动了员工节约成本的积极性。

2. 人工成本

宇通对人工成本管理的出发点是,既富裕员工又降低人工成本,即每个员工的收入增加,同时企业总体的人工成本必须降低。制订计划和步骤,使组织机构固定化,管理工作流程化、系统化。一方面分拆作业,合并同种性质的工作,成倍提高工人的效率;另一方面保护员工的切身利益,不断提高员工的个人技能。执行企业之间季节性用工调配,降低淡季和旺季企业的"双向"人力成本的支出。通过制度、流程和授权等管理的平衡,使每一个人职责明确并按各自职责执行,员工首先各司其职,而后考虑他人,提高员工的工作效率。

3. 时间成本

客车行业是高密度占用资金的行业,因而时间成本对整个企业来说是生死攸关的大事。所以,宇通非常重视时间在整个价值链中的重要作用。宇通采用订单式生产、JIT(适时生产制度)等来加强时间成本管理。

(1) 供应JIT。依据全新的需求计划模式和物料分类管理系统,制定科学的库存策略,找到安全与效益的最佳组合方式,实现库存的大幅降低。

(2) 生产JIT。要求各个环节严格按照时间生产;要求工人各司其职,熟练地在一个岗位上重复、高效地完成生产要求。

(3) 销售JIT。保障销售按时供货,避免造成麻烦,降低资金占用时间。

任务2.1 材料费用的归集与分配

【案例引入】

滨江皮革制品有限公司2×19年12月有关生产经营数据如下。

本月购进材料100 000万元,支付采购员差旅费1 000元,生产产品领用80 000元,车间一般物料消耗800元,行政管理部门物料消耗500元,生产车间扩建领用5 000元,支付购进材料的借款利息300元。

上述有关材料费用支出,哪些费用计入产品成本?哪些不能计入产品成本?计入产品成本的应归为哪个成本项目?

2.1.1 材料费用核算的内容

材料按其在生产中的用途,可划分为原料、主要材料、辅助材料、外购半成品、燃料、修理用备件、包装物、低值易耗品等。在会计核算上相应设置的账户主要有"原材料""周转材料"等。

材料费用是企业在生产过程中使用材料所发生的费用。在产品成本中,材料费用通常占有较大的比重,而且材料品种、规格繁多,各种材料的作业和使用的部门各不相同;材料还是企业流动资产的重要组织部分,需占用较多的资产,它占用资金的多少、周转的快慢对企业的财务状况有较大影响,因而需要对材料费用加强核算与管理。

材料费用核算的主要内容是材料费用的归集和分配。在材料的使用过程中,一方面要采取适当的方法,将其在各种产品之间进行分配,计算出产品耗用的材料费用,从而正确计算出产品成本;另一方面要反映和监督材料采购的预算(计划)制订和执行,以及收发存的情况,对材料成本进行有效的管理和控制。

2.1.2 材料费用的归集

1. 领用材料的原始凭证

为了有效地控制生产成本,必须严格办理有关材料领取和退库手续,在领用材料时,必须办理必要的手续,做好相关的原始记录。材料费用的原始记录包括领料单、限额领料单、领料登记表、退料单和材料盘点报告表等。

2. 发出材料成本的确定

在日常核算中,材料发出成本的确定可以采用实际成本计价,也可以采用计划成本计价。

材料费用的分配

(1)**按实际成本计价**。材料按实际成本计价是指每一种材料的收发结存量都按其在采购(或委托加工、自制)过程中所发生的实际成本进行计价。材料一般分批分次购入,其单价并不一致。《企业产品成本核算制度(试行)》第三十八条规定,制造企业发出的材料成本,可以根据实物流转方式、管理要求、实物性质等实际情况,采用先进先出法、加权平均法、个别计价法等方法计算。

(2)**按计划成本计价**。每一种材料的收入和发出都按预先确定的计划成本计价,材料实际成本和计划成本之间的差异,应设置"原材料""材料采购""材料成本差异"账户进行核算,其基本计算公式为

发出材料的实际成本＝消耗材料的计划成本＋消耗材料应分摊的成本差异

发出材料的计划成本＝材料实际消耗量×计划单价

发出材料应分摊的成本差异＝消耗材料的计划成本×材料成本差异率

$$材料成本差异率 = \frac{月初结存材料成本差异＋本月验收入库材料成本差异}{月初结存材料计划成本＋本月验收入库材料计划成本} \times 100\%$$

2.1.3 材料费用的分配

《企业产品成本核算制度(试行)》第三十五条规定,制造企业发生的直接材料能够直

接计入成本核算对象的,应当直接计入成本核算对象的生产成本,否则应当按照合理的分配标准分配计入。

企业在生产经营过程中领用的各种材料,要根据审核无误的"领料单"等原始凭证进行汇总,编制"发出材料汇总表",将所发生的材料费用计入产品成本或有关费用中。

1. 确定材料费用的分配对象

在企业的生产活动中,要大量消耗各种材料,如各种原料及主要材料、辅助材料及燃料。它们有的用于产品生产,有的用于维护生产设备和管理、组织生产,此外,还有的用于非工业生产等。通常情况下,材料费用是按用途、部门和受益对象来分配的,其中应计入产品成本的生产用料,还应按照成本项目归集。具体来讲:用于构成产品实体的原料及主要材料和有助于产品形成的辅助材料,记入"生产成本——基本生产成本"账户及其明细账的"直接材料"成本项目;用于生产构成产品实体的燃料记入"生产成本——基本生产成本"账户及其明细账的"燃料和动力"项目(若企业未设"燃料和动力"项目,则记入"直接材料"项目);用于辅助生产的材料费用应由辅助产品或劳务负担,记入"生产成本——辅助生产成本"账户及其明细账的有关成本项目;用于维护生产设备和管理生产的各种材料,因不能直接确定由哪种产品或劳务负担,所以不能直接记入"生产成本——基本生产成本"或"生产成本——辅助生产成本"账户,应先记入"制造费用"账户进行归集,以后再分配记入"生产成本——基本生产成本"或"生产成本——辅助生产成本"账户;用于产品销售部门的材料费用,应由销售费用负担,记入"销售费用"账户;用于企业行政部门组织和管理生产的材料费用,记入"管理费用"账户。

提示:用于购置和建造固定资产、其他资产方面的材料费用,不得列入产品成本,也不得列入期间费用,应予资本化。

2. 材料费用分配的原则

凡是构成产品实体并能直接确定归属对象的材料费用,应直接记入产品成本明细账的"直接材料"成本项目;对于几种产品共同耗费的间接材料费用,应选择适当的分配标准分配记入各产品成本明细账的"直接材料"成本项目。

材料费用分配标准的类型有定额消耗比例、产量比例、重量比例、体积比例、系数比例等。其中,在各项材料消耗定额健全且比较准确的企业中,最常用的分配方法是定额消耗比例分配法。**定额消耗比例分配法是按各种产品材料消耗定额的比例分配材料费用的一种方法,这种方法又可分为定额消耗量比例法和定额费用比例法。**

3. 材料费用的分配方法

(1) 材料定额消耗量比例分配法。其计算步骤如下。

① 计算各种产品的定额耗用量:

某种产品材料定额耗用量=该种产品的实际产量×单位该种产品材料消耗定额

② 计算共耗材料的分配率:

材料费用分配率=需分配的共耗材料费用总额÷各种产品材料定额耗用量之和

③ 计算各种产品应分配的材料费用:

某种产品应分配的共耗材料费用=该种产品材料定额耗用量×材料费用分配率

提示：公式中的该种产品实际产量是指该种产品参与共耗材料的投产量,不是该种产品的完工产品产量。

【例 2-1】

星辰公司 9 月生产甲、乙两种产品领用某种原材料 19 800 千克,每千克单价 5 元,原材料费用合计 99 000 元,本月投产的甲产品为 400 件,乙产品为 600 件。甲产品的材料消耗定额为 1.5 千克,乙产品的材料消耗定额为 2 千克。

要求：以产品所耗费的材料定额消耗量为分配标准,计算甲和乙产品应分配的材料费用。

甲产品的材料定额消耗量 = 400 × 1.5 = 600(千克)

乙产品的材料定额消耗量 = 600 × 2 = 1 200(千克)

材料消耗量分配率 = 19 800 × 5 ÷ (600 + 1 200) = 55(元/千克)

甲产品分配负担的材料费用 = 600 × 55 = 33 000(元)

乙产品分配负担的材料费用 = 1 200 × 55 = 66 000(元)

甲、乙产品材料费用合计 = 33 000 + 66 000 = 99 000(元)

（2）**定额费用比例法**。定额费用比例法是指以定额费用作为分配标准的一种费用分配方法。在各种产品共同耗用原材料种类较多的情况下,为进一步简化分配计算工作,也可以按照各种材料的定额费用比例分配实际材料费用,公式如下。

某种产品某种材料定额费用 = 该种产品实际产量 × 单位产品该种材料费用定额

材料费用分配率 = 各种材料实际费用总额 ÷ 某种产品各种材料定额费用之和

某种产品应分配的材料费用 = 该种产品各种材料定额费用之和 × 材料费用分配率

【例 2-2】

沿用例 2-1,假设该原材料单位定额为 5.5 元,按材料费用定额比例分配法计算如下。

甲产品的材料定额消耗量 = 400 × 1.5 × 5.5 = 3 300(千克)

乙产品的材料定额消耗量 = 600 × 2 × 5.5 = 6 600(千克)

材料消耗量分配率 = 99 000 ÷ (3 300 + 6 600) = 10

甲产品分配负担的材料费用 = 3 300 × 10 = 33 000(元)

乙产品分配负担的材料费用 = 6 600 × 10 = 66 000(元)

甲、乙产品材料费用合计 = 33 000 + 66 000 = 99 000(元)

4. 材料费用分配表的编制与账务处理

在实际工作中,分配材料费用一般是在月末通过编制"材料费用分配表"进行的,该分配表应根据各部门、车间领料、退料凭证和其他有关凭证编制。原材料费用分配表的编制方法和账务处理举例如下。

【例 2-3】

2×19 年 9 月,星辰公司生产甲、乙两种产品,投产量分别为 400 件和 600 件。有关原材料领用汇总表如表 2-1 所示。

表 2-1　原材料领用汇总表

材料用途	金额/元
生产甲产品领用	10 000
生产乙产品领用	12 000
甲、乙产品共同领用	99 000
基本生产车间领用	1 500
企业管理部门领用	2 500
机修车间领用	3 000
蒸汽车间领用	4 000
合　计	132 000

甲、乙两种产品材料消耗定额分别为 1.5 千克和 2 千克,共同耗用的原材按材料定额耗用量比例分配。根据上述资料编制的材料费用分配表见表 2-2。

表 2-2　材料费用分配表

应借账户		成本或费用项目	直接计入/元	间接计入			合计/元
				定额消耗量/千克	分配率/(元/千克)	分配额/元	
生产成本——基本生产成本	甲产品	直接材料	10 000	600	55	33 000	43 000
	乙产品	直接材料	12 000	1 200	55	66 000	78 000
	小　计		22 000	1 800	55	99 000	121 000
生产成本——辅助生产成本	机修车间	直接材料	3 000				3 000
	蒸汽车间	直接材料	4 000				4 000
	小　计		7 000				7 000
制造费用	基本生产车间	物料消耗	1 500				1 500
管理费用		物料消耗	2 500				2 500
合　计			33 000			99 000	132 000

根据表 2-2 分配结果等级相关账户,会计分录如下(原材料明细科目略)。

借:生产成本——基本生产成本——甲产品　　43 000
　　　　　　——基本生产成本——乙产品　　78 000
　　生产成本——辅助生产成本——机修车间　　3 000
　　　　　　——辅助生产成本——蒸汽车间　　4 000
　　制造费用——基本生产车间　　1 500
　　管理费用　　2 500
　贷:原材料　　132 000

课程思政:增强资源节约意识

任务 2.2 职工薪酬的归集与分配

【案例引入】

滨江公司员工姜华与企业签订的劳动合同中注明,其月工资为2 000元,单位按期为其缴纳医疗保险、养老保险、失业保险、工伤保险、住房公积金,每月租房补贴300元。以上各项是否均属于职工薪酬范围?哪些项目是应付给姜华的工资?

2.2.1 职工薪酬的内容

职工薪酬是企业因职工提供服务而支付的对价。《企业会计准则第9号——职工薪酬》中将职工薪酬定义为"企业为获得职工提供的服务而给予各种形式的报酬以及其他相关支出",包括职工在职期间和离职后提供给职工的全部货币性薪酬和非货币性福利,以及企业提供给职工配偶、子女或其他被赡养人的福利等。具体而言,职工薪酬主要包括以下七方面的内容。

1. 职工工资、奖金、津贴和补贴

国家统计局颁布的《关于工资总额组成的规定》中指出,工资总额由六个部分组成:①计时工资;②计件工资;③以奖金形式支付给职工的超额劳动报酬和增收节支的劳动报酬;④为了补偿职工特殊或额外的劳动消耗和因其他特殊原因支付给职工的津贴,以及为了保证职工工资水平不受物价影响支付给职工的物价补贴;⑤按规定支付加班加点工资;⑥根据国家有关法律、法规和政策规定,因病与工伤及产假、计划生育假、婚丧假、事假、探亲假、定期休假、停工学习、执行国家或社会义务等原因按计时工资标准或计时工资标准的一定比例支付的工资,以及附加工资、保留工资等特殊情况下支付的工资。

2. 职工福利费

职工福利费主要是指企业内设医务室、职工浴室、理发室、托儿所等集体福利机构人员的工资、医务经费和职工因公负伤赴外地就医路费、职工生活困难补助、未实行医疗统筹企业职工医疗费用,以及按规定发生的其他职工福利支出。

3. 社会保险费

社会保险费是指企业按照国家规定的基准和比例计算,向社会保险经办机构缴纳的医疗保险金、养老保险金(包括基本养老保险费、补充养老保险费和商业养老保险费)、失业保险金、工伤保险费和生育保险费。根据《企业年金试行办法》《企业年金基金管理试行办法》等相关规定,向有关单位(企业年金基金账户管理人)缴纳的养老保险费为补充养老保险费;以商业保险形式提供给职工的各种保险待遇为商业养老保险费。

4. 住房公积金

住房公积金是指企业按照国家《住房公积金管理条例》规定的基准和比例计算,向住房公积金管理机构缴存的住房公积金。

5. 工会经费和职工教育经费

工会经费和职工教育经费是指企业为了改善职工文化生活、提高职工业务素质，用于开展工会活动和职工教育及职业技能培训，根据国家规定的基准和比例，从成本费用中提取的金额。

6. 非货币性福利

非货币性福利是指企业以自产产品或外购商品发放给职工作为福利，企业提供给职工无偿使用自己拥有的资产或租赁资产供职工无偿使用，比如提供给企业高级管理人员使用的住房等，免费为职工提供诸如医疗保健的服务或向职工提供企业支付了一定补贴的商品或服务等，比如以低于成本的价格向职工出售住房等。

7. 其他职工薪酬

其他职工薪酬包括辞退福利、股份支付等。辞退福利是指企业由于分离办社会、实施主辅业分离、辅业改制、分流安置富余人员、实施重组或改组计划、职工不能胜任等原因，在职工劳动合同到期之前解除与职工的劳动关系，或者为鼓励职工自愿接受裁减而提出补偿建议的计划中给予职工的经济补偿；股份支付是指企业为获取职工和其他方提供服务而授予权益工具或者承担以权益工具为基础确定的负债的交易。

2.2.2 最基本的工资制度

职工薪酬的核算基础是工资计算，工资计算是以工资制度为基础的，工资制度有计时工资制和计件工资制两种。

1. 计时工资的计算方法

计时工资是指按计时工资标准（包括地区生活费补贴）和实际有效工作时间支付给个人的劳动报酬。会计上通常分为应付工资和实发工资两个方面进行计算。具体计算公式为

应付工资 = 计时工资 + 计件工资 + 加班加点工资 + 计入工资总额的奖金
　　　　　+ 工资性津贴 + 非工作时间的工资

实发工资 = 应付工资 + 各种非工资性补贴 − 代垫代扣款项

确定计时工资的计算方法有年薪制、月薪制、周薪制、日薪制、钟点工资制等。最常见的是月薪制和日薪制两种方法。

（1）月薪制（扣缺勤法）。月薪制是指按职工固定的月标准工资扣除缺勤工资计算其工资的一种方法，又称扣缺勤法。计算公式为

某职工本月应得工资 = 该职工月标准工资 − 缺勤天数 × 日工资率
　　　　　　　　　　− 病假天数 × 日工资率 × (1 − 病假工资发放率)

（2）日薪制（出勤法）。日薪制是按职工的实际出勤天数和日标准工资计算其应得工资的一种方法。计算公式为

某职工本月应得工资 = 出勤天数 × 日工资率 + 病假天数 × 日工资率 × 病假工资发放率

提示：日工资率是职工每日应得平均工资，根据每月计算工资天数不同，一般有两种计算方法。

① 每月按30天算日工资率。按全年平均每月日历天数30天计算：

$$日工资率＝月标准工资÷30$$

依照这种方法，法定节假日照付工资，如缺勤时间跨越休息日、法定节假日，视为缺勤，照扣工资。

② 每月按21.75天算日工资率。按全年平均每月法定工作天数21.75天计算：

$$日工资率＝月标准工资÷21.75$$

按照《中华人民共和国劳动法》第五十一条的规定，法定节假日用人单位应当依法支付工资，即折算日工资、小时工资时不剔除国家规定的11天法定节假日。据此，日工资、小时工资的折算如下。

日工资：

$$月工资收入÷月计薪天数$$

小时工资：

$$月工资收入÷（月计薪天数×8小时）$$

$$月计薪天数＝（365天－104天）÷12＝21.75天$$

依照这种方法，法定节假日照付工资，双休不付工资。如缺勤时间跨越厂休日、法定节假日，不扣工资。

病假工资发放率应按国家劳动保险条例规定，病假在6个月以内的应按工龄长短分别计算，其支付标准见表2-3。

表2-3 病假工资支付标准

工　　龄	小于2年	2～4年	4～6年	6～8年	8年以上
病假工资占本人标准工资的百分比/%	60	70	80	90	100

职工因公受伤，在医疗期间内，其基本工资按100%发放。

【例2-4】

星辰公司某工人的月工资、津贴合计为3 480元。9月病假5天（休息日2天），事假2天（不含节假日和休息日），星期休假7天，出勤16天，该工人的工龄为5年。该工人9月应得工资计算见表2-4。

表2-4 按不同方式计算工人本月应得工资

项　　目	日工资率（月工资标准/天数）	本月应得工资/元
按月30天月薪制	3 480÷30＝116(元/天)	3 480－116×5×(1－80%)－116×2＝3 132
按月30天日薪制	3 480÷30＝116(元/天)	116×(16＋7)＋116×5×80%＝3 132
按月21.75天月薪制	3 480÷21.75＝160(元/天)	3 480－160×(5－2)×(1－80%)－160×2＝3 064
按月21.75天日薪制	3 480÷21.75＝160(元/天)	160×16＋160×(5－2)×80%＝2 944

从以上计算结果可以看出，每种方法计算结果都不一样，各有利弊。无论采用哪一种方法计算工资都应由企业自行确定，确定以后，一般不应任意变动。

2. 计件工资的计算方法

计件工资是根据产量记录中登记的每一工人完成合格品的数量，乘以规定的计件单价计算而得的。计件工资分为个人计件工资和集体计件工资两种。

(1) 个人计件工资的计算。计算公式为

$$应付计件工资 = \sum(月内某种产品的产量 \times 该种产品的计件单价)$$

或

$$应付计件工资 = \sum\left(月内某种产品的产量 \times 该种产品的工时定额 \times 该工人的小时工资率\right)$$

提示：计件工资制度下，每种产品的产量包括合格品产量和料废品产量（不是由于工人的过失造成的不合格品产量）。

【例 2-5】

某生产工人本月加工 A、B 两种零件，有关资料见表 2-5。

表 2-5　某工人产量记录单

2×19 年 9 月

零件	计件价/(元/件)	合格品数量/件	料废/件	工废/件
A	20	100	8	3
B	15	80	4	1

该工人月应付计件工资 =(100+8)×20+(80+4)×15=3 420(元)

(2) 集体计件工资的计算。集体计件工资的计算方法与个人计件工资相同，不同之处在于：集体计件工资还要在集体内部各工人之间按照贡献大小进行分配。由于工人的工资标准一般能体现工人劳动的质量和技术水平，出勤天数一般能体现工人的劳动数量，因而，集体计件工资在集体内各成员之间通常以成员的工资标准与出勤天数的乘积为比例进行分配。当然也可以选择其他适合的标准来分配，在工人技术等级差别较大的情况下，按计件工资或计时工资的比例分配；在工人技术等级差别不大的情况下，按集体职工实际工作天数计算分配。

【例 2-6】

星辰公司 2×19 年 9 月染色车间第 2 生产小组 A、B、C 三名工人，其集体计件工资总额为 10 160 元，其他相关资料见表 2-6。

表 2-6　集体计件工资计算资料

2×19 年 9 月

工人	等级	月工资标准/元	出勤天数/天	乘积数
A	3	2 000	21	42 000
B	3	2 000	20	40 000
C	4	2 500	18	45 000
合计	—	—	—	127 000

计算小组内每个工人应得工资的过程如下。

小组内部工资分配率 =10 160÷127 000=0.08

每个人应得工资计算如下。

A 工人 =0.08×42 000=3 360(元)

B 工人＝0.08×40 000＝3 200(元)
C 工人＝0.08×45 000＝3 600(元)

2.2.3 职工薪酬的归集

企业要进行职工薪酬的核算,必须要有正确、完整的原始记录作为依据。不同的工资制度所依据的原始记录不同。企业应按每个职工设置"工资卡"账户,内含职工姓名、职务、工资等级和工资标准等资料。企业职工薪酬的主要原始记录包括考勤记录和产量记录。

(1) 考勤记录是登记职工出勤和缺勤情况的记录,它是分析考核职工工作时间的原始记录和计算计时工资的重要依据。考勤的方法有考勤簿、考勤卡片(考勤钟打卡)、考勤磁卡(刷卡)等形式。

(2) 产量记录又称产量工时记录,是登记工人或生产小组在出勤时间内完成产品的数量、质量和耗用工时的原始记录,它是计算计件工资的依据,也是为在各种产品之间分配与工时有关的费用提供合理分配标准的依据,还是反映在产品在生产过程中转移情况加强在产品实物管理的依据。产量记录的内容和形式是多种多样的,比如工作通知单、工序进程单和工作班产量记录、产量通知单等。

考勤记录和产量记录是计算应付工资的主要原始记录,也是归集工资费用、分配工资费用的基础。

职工薪酬的分配要划清计入产品成本与期间费用的界限,以及不计入产品成本与期间费用的职工薪酬的界限。例如,有些职工薪酬应计入固定资产或无形资产成本。应计入产品成本的职工薪酬,应按成本项目归集:凡属生产车间直接从事产品生产人员的职工薪酬,计入产品成本的"直接人工费"项目;企业各生产车间为组织和管理生产所发生的管理人员的职工薪酬,计入产品成本的"制造费用"项目;企业行政管理人员的职工薪酬,作为期间费用列入"管理费用"科目。

2.2.4 职工薪酬的分配

《企业产品成本核算制度(试行)》第三十五条规定,制造企业发生的直接人工能够直接计入成本核算对象的,应当直接计入成本核算对象的生产成本,否则应当按照合理的分配标准分配计入。

由于工资制度的不同,生产工人工资计入产品成本的方法也不同。在计件工资制下,生产工人工资通常是根据产量凭证计算工资并直接计入产品成本;在计时工资制下,如果只生产一种产品,生产人员工资属于直接费用,可直接计入该种产品成本;如果生产多种产品,这就要求采用一定的分配方法在各种产品之间进行分配。工资费用的分配,通常采用按产品实际工时比例分配的方法。其计算公式为

生产工资费用分配率＝各种产品生产工资总额÷各种产品实际生产工时之和

某种产品应分配的工资费用＝该种产品实际生产工时×生产工资费用分配率

【例 2-7】

2×19 年 9 月,星辰公司本月应付工资总额 150 000 元,工资费用分配汇总表中列示:

基本生产车间生产人员工资 73 500 元；基本生产车间管理人员工资 20 000 元；机修车间工人工资 5 000 元，蒸汽车间工人工资 4 500 元；公司管理部门人员工资 10 000 元；公司专设产品销售机构人员工资 10 000 元；建造厂房人员工资 15 000 万元；内部开发存货管理系统人员工资 12 000 元。生产甲、乙两种产品分别耗用的工时是 10 000 小时和 20 000 小时。

根据所在地政府规定，公司分别按照职工工资总额的 10.5%、14%、0.5% 和 12% 计提企业负担的医疗保险费、养老保险费、失业保险费和住房公积金，缴纳给当地社会保险经办机构和住房公积金管理机构。公司内设职工食堂，根据 2×18 年实际发生的职工福利费情况，公司预计 2×19 年应承担的职工福利费义务金额为职工工资总额的 2%，职工福利的受益对象为上述所有人员。公司分别按照职工工资总额的 2% 和 5% 计提工会经费和职工教育经费。

假定公司存货管理系统已处于开发阶段、并符合《企业会计准则第 6 号——无形资产》中资本化为无形资产的条件。

要求：分配职工工资及福利费，编制职工薪酬费用分配表，并根据分配结果编制会计分录。

（1）分配职工工资。

基本车间生产工人工资分配率 = 73 500 ÷ (10 000 + 20 000) = 2.45(元/小时)
生产甲产品生产工人工资 = 2.45 × 10 000 = 24 500(元)
生产乙产品生产工人工资 = 2.45 × 20 000 = 49 000(元)

编制职工薪酬费用分配表，如表 2-7 所示。

表 2-7 职工薪酬（工资）费用分配表

2×19 年 9 月

应借账户		产品成本或费用项目	生产工时/小时	分配率/(元/小时)	应分配工资费用/元
生产成本——基本生产成本	甲产品	直接人工	10 000	2.45	24 500
	乙产品	直接人工	20 000	2.45	49 000
	小计		30 000	2.45	73 500
生产成本——辅助生产成本	机修车间	直接人工			5 000
	蒸汽车间	直接人工			4 500
	小计				9 500
制造费用	基本车间	工资费用			20 000
管理费用		工资费用			10 000
在建工程		工资费用			15 000
无形资产		工资费用			12 000
销售费用		工资费用			10 000
合 计					150 000

（2）计提各项社会保险费、职工福利、工会经费和职工教育经费等职工薪酬（职工福利）费用，编制职工薪酬（职工福利费）分配表（表 2-8）。

表 2-8 职工薪酬（福利）费用分配表

2×19 年 9 月 30 日

单位：元

应借账户		产品成本或费用项目	工资费用	医疗保险费(10.5%)	养老保险费(14%)	失业保险费(0.5%)	住房公积金(12%)	职工福利费(2%)	工会经费(2%)	职工教育经费(5%)	各项费用计提合计(46%)	职工薪酬合计
生产成本——基本生产成本	甲	直接人工	24 500	2 572.5	3 430	122.5	2 940	490	490	1 225	11 270	35 770
	乙	直接人工	49 000	5 145	6 860	245	5 880	980	980	2 450	22 540	71 540
	小 计		73 500	7 717.5	10 290	367.5	8 820	1 470	1 470	3 675	33 810	107 310
生产成本——辅助生产成本	机修车间	直接人工	5 000	525	700	25	600	100	100	250	2 300	7 300
	蒸汽车间	直接人工	4 500	472.5	630	22.5	540	90	90	225	2 070	6 570
	小 计		9 500	997.5	1 330	47.5	1 140	190	190	475	4 370	13 870
制造费用	基本车间	工资费用	20 000	2 100	2 800	100	2 400	400	400	1 000	9 200	29 200
管理费用		工资费用	10 000	1 050	1 400	50	1 200	200	200	500	4 600	14 600
在建工程		工资费用	15 000	1 575	2 100	75	1 800	300	300	750	6 900	21 900
无形资产		工资费用	12 000	1 260	1 680	60	1 440	240	240	600	5 520	17 520
销售费用		工资费用	10 000	1 050	1 400	50	1 200	200	200	500	4 600	14 600
合 计			150 000	15 750	21 000	750	18 000	3 000	3 000	7 500	69 000	219 000

公司在分配工资、职工福利费、各种社会保险费、住房公积金、工会经费和职工教育经费等职工薪酬时,应作如下账务处理:

```
借:生产成本——基本生产成本——甲产品          35 770
                        ——乙产品          71 540
            ——辅助生产成本——机修车间         7 300
                        ——蒸汽车间         6 570
    制造费用——基本车间                    29 200
    管理费用                            14 600
    在建工程                            21 900
    无形资产                            17 520
    销售费用                            14 600
  贷:应付职工薪酬——工资                 150 000
              ——医疗保险费              15 750
              ——养老保险费              21 000
              ——失业保险费                 750
              ——住房公积金              18 000
              ——职工福利费               3 000
              ——工会经费                3 000
              ——职工教育经费             7 500
```

在实际工作中,由于本月工资往往在月初或月中支付,因此,一般是按上月应付金额支付本月工资。对于职工薪酬的分配,实务中通常有两种处理方法:一是按本月应付金额分配本月工资费用,该方法适用于工资差别较大的情况;二是按本月支付工资金额作为本月应付工资分配本月工资费用,该方法适用于工资差别不大的情况。

任务2.3 燃料动力及其他费用的归集与分配

2.3.1 外购动力费用的归集与分配

外购动力费用是指向外单位购买电力、煤气、热力(蒸汽)等动力所支付的费用。外购动力费用有的直接用于产品生产;有的则用于经营管理。外购动力费用的分配原则是:在有仪表记录的情况下,应根据仪表所示耗用动力的数量以及动力的单价计算;在没有仪表的情况下,可按生产工时的比例、机器功率时数(机器功率×机器时数)的比例或定额消耗量的比例分配。

《企业产品成本核算制度(试行)》第三十五条规定,制造企业外购燃料和动力的,应当根据实际耗用数量或者合理的分配标准对燃料和动力费用进行归集分配。生产部门直接用于生产的燃料和动力,直接计入生产成本;生产部门间接用于生产(如照明、取暖)的燃料和动力,计入制造费用。制造企业内部自行提供燃料和动力的,参照本条第三款进行处理(即辅助生产费用的分配方法)。

在实际工作中,因为外购动力费用一般不是在每月月末支付,而是在每月中的某日支付,企业所支付的外购动力款先记入"应付账款"账户,月末再分配计入各有关成本、费用账户。外购动力费用应按用途和使用部门分配。直接用于产品生产的动力费用,应直接记入或分配记入"生产成本——基本生产成本"账户的"燃料及动力费用"成本项目;用于辅助生产的外购动力费,应记入"生产成本——辅助生产成本"账户的"燃料及动力"成本项目;属于照明、取暖等用途的动力费用,则按其使用部门分别记入"制造费用"和"管理费用"等账户。若每月支付外购动力费的日期基本相同,且每月付款日至月末应付动力费相差不多,也可不通过"应付账款"账户核算,可于付款时直接借记相关成本费用账户,贷记"银行存款"账户。

提示:如果企业设有供电等动力辅助生产车间,则外购动力费用应先记入"生产成本——辅助生产成本"科目,再加上动力辅助车间本身发生的各项费用,作为辅助生产成本进行分配。

【例 2-8】

星辰公司 9 月耗电量合计 17 900 度,金额 25 060 元,每度电 1.4 元。直接用于产品生产耗电 12 000 度,金额 16 800 元,该企业没有分产品安装电表,规定按机器工时比例分配。甲产品机器工时为 22 000 小时,乙产品机器工时为 20 000 小时。机修车间耗用 1 500 度,蒸汽车间耗用 2 000 度,基本生产车间照明耗用 1 300 度,管理部门照明耗用 1 100 度,该企业设有"燃料及动力"成本项目。根据上述材料进行外购电费分配。

首先将甲、乙产品共同耗用的电费分配计算如下。

电费分配率 = 16 800 ÷ (22 000 + 20 000) = 0.4(元/工时)

甲产品动力费用 = 22 000 × 0.4 = 8 800(元)

乙产品动力费用 = 20 000 × 0.4 = 8 000(元)

然后,编制外购动力(电力)费用分配表,根据分配表编制会计分录,据以登记有关总账和明细账。外购动力费用分配表见表 2-9。

表 2-9 外购动力费用分配表

2×19 年 9 月

应借科目		成本项目	电费				
			电费单价/元	耗用量/度	分配标准/工时	分配率/(元/工时)	金额/元
基本生产成本	甲产品	燃料及动力			22 000	0.4	8 800
	乙产品	燃料及动力			20 000	0.4	8 000
	小计			12 000	42 000	0.4	16 800
辅助生产成本	机修车间	燃料及动力	1.4	1 500			2 100
	蒸汽车间	燃料及动力	1.4	2 000			2 800
	小计			3 500			4 900

续表

应借科目	成本项目	电费				金额/元
		电费单价/元	耗用量/度	分配标准/工时	分配率/(元/工时)	
制造费用	水电费	1.4	1 300			1 820
管理部门	水电费	1.4	1 100			1 540
合　　计			17 900			25 060

具体会计分录如下。

借：生产成本——基本生产成本——甲产品　　8 800
　　　　　　　　　　　　　　　——乙产品　　8 000
　　　　　　——辅助生产成本——机修车间　　2 100
　　　　　　——辅助生产成本——蒸汽车间　　2 800
　　制造费用——基本生产车间　　　　　　　1 820
　　管理费用　　　　　　　　　　　　　　　1 540
　贷：银行存款（或应付账款）　　　　　　　25 060

提示：如果外购燃料是作为生产产品的主要原材料（如打火机），则要将其作为材料费用进行归集和分配。如果企业发生的用于产品生产的燃料动力费用金额很少的情况下，可将其并入制造费用一并核算。

2.3.2　折旧费用的归集与分配

工业企业的固定资产在长期的使用过程中，虽然保持着原有的实物形态，但其价值会随着固定资产的损耗而逐渐减少，这部分因损耗而减少的价值就是固定资产的折旧。账务处理时，应将生产车间使用的固定资产折旧计入制造费用，将企业管理部门使用的固定资产折旧费计入管理费用。

固定资产折旧费用的分配是通过编制"固定资产折旧费用分配表"进行的，并根据分配结果编制会计分录，登记有关总账及其所属明细账。

【例2-9】

星辰公司上月固定资产折旧计提汇总表见表2-10。A公司采用分类折旧率计提折旧。房屋建筑物类的月折旧率为0.4%，机器设备的月折旧率为0.5%。

表2-10　固定资产折旧计提汇总表

2×19年8月　　　　　　　　　　　　　　　　　　　　　　单位：元

项　　目		房屋建筑物 0.4%		机器设备 0.5%		合　　计	
		原值	折旧额	原值	折旧额	原值	折旧额
基本生产车间		1 000 000	4 000	2 170 000	10 850	3 170 000	14 850
辅助车间	机修车间	150 000	600	60 000	300	210 000	900
	蒸汽车间	200 000	800	40 000	200	240 000	1 000
	小计	350 000	1 400	100 000	500	450 000	1 900

续表

项　目	房屋建筑物 0.4%		机器设备 0.5%		合　计	
	原值	折旧额	原值	折旧额	原值	折旧额
厂部	650 000	2 600	2 890 000	14 450	3 540 000	17 050
销售部门	550 000	2 200	350 000	1 750	900 000	3 950
合　计	2 550 000	10 200	5 510 000	27 550	8 060 000	37 750

注：8月基本生产车间购入生产设备100 000元，8月厂部报废轿车一台，原值110 000元。

根据固定资产折旧计提汇总表编制本月固定资产折旧费用分配表（表2-11）。

表2-11　固定资产折旧费用分配表

2×19年9月　　　　　　　　　　　　　　　　　　单位：元

应借科目	使用部门	上月固定资产折旧额	上月增加固定资产应提折旧额	上月减少固定资产应提折旧额	本月固定资产折旧额
制造费用	基本生产车间	14 850	100 000×0.5%=500		15 350
生产成本——辅助生产成本	机修车间	900			900
	蒸汽车间	1 000			1 000
	小计	1 900			1 900
管理费用	厂部	17 050		110 000×0.5%=550	16 500
销售费用	销售部门	3 950			3 950
合　计		37 750	500	550	37 700

根据固定资产折旧费用分配表分配结果记入有关科目，会计分录如下（其中累计折旧明细科目略）。

借：制造费用——基本生产车间　　　　　　　15 350
　　生产成本——辅助生产成本——机修车间　　900
　　　　　　——辅助生产成本——蒸汽车间　　1 000
　　管理费用　　　　　　　　　　　　　　　16 500
　　销售费用　　　　　　　　　　　　　　　3 950
　　贷：累计折旧　　　　　　　　　　　　　37 700

2.3.3　其他费用的归集与分配

其他费用是指上述各项费用以外的费用支出，包括差旅费、办公费、邮电费、保险费、交通补贴费、劳动保护费、运输费、租赁费、产品设计费、利息费用、无形资产摊销等。费用种类繁多，发生较为频繁，但数额不大。在发生这些费用时，应该按照发生的车间、部门和用途进行归集和分配。应计入产品成本的费用，在发生时借记"制造费用"账户；辅助车间不设制造费用账户的，在发生时记入"生产成本——辅助生产成本"账户；应计入期间费用的，在发生时记入"管理费用""销售费用"等科目，贷记"银行存款"等科目。

【例 2-10】

星辰公司 2×19 年 9 月以银行存款支付办公费 3 500 元,其中,基本生产车间 1 000 元,机修车间 500 元,供热车间 900 元,行政管理部门 1 100 元。根据有关原始凭证和银行结算凭证填制付款凭证,做会计分录如下。

借:制造费用——基本生产车间　　　　　　1 000
　　生产成本——辅助生产成本——机修车间　500
　　　　　　——辅助生产成本——蒸汽车间　900
　　管理费用　　　　　　　　　　　　　　1 100
　　贷:银行存款　　　　　　　　　　　　　　3 500

任务 2.4　辅助生产费用的归集与分配

【案例引入】

星辰公司设有机修和蒸汽两个辅助生产车间,主要是为基本生产车间和企业经营管理服务,同时机修和蒸汽车间之间也互相提供劳务。企业辅助生产成本核算采用交互分配法。除了该种方法外,还有哪些辅助生产费用分配方法?

2.4.1　辅助生产部门与辅助生产费用

辅助生产部门主要是为基本生产车间、企业行政管理部门等单位提供服务而进行的产品生产和劳务供应的服务部门,如供电、供水、提供劳务的车间等。辅助生产提供的产品和劳务,有时也对外销售,但这不是辅助生产的主要任务。

辅助生产部门按期提供劳务及产品种类的多少可分为两种类型。

(1) 有的辅助生产车间只生产一种产品或只提供一种劳务的,如供电、供水、供气、供风、运输、机修车间等。这类辅助生产车间称为单品种辅助生产车间。

(2) 有的辅助生产车间生产多种产品或提供多种劳务,如机械制造厂设立的工夹模具车间,为基本生产车间生产所需要的各种工具、模具、修理用备件等。这类辅助生产车间称为多品种辅助生产车间。

辅助生产车间在为基本生产提供一定种类和一定数量的产品或劳务时,所耗费的材料费用、动力费用、人工费用以及辅助生产车间的制造费用等,构成该种产品或劳务的辅助生产成本。对于耗用这些产品或劳务的基本生产车间等部门来说,这些辅助生产的产品和劳务的成本又是一种费用,即辅助生产费用。

《企业产品成本核算制度(试行)》第三十五条规定,制造企业辅助生产部门为生产部门提供劳务和产品而发生的费用,应当参照生产成本项目归集,并按照合理的分配标准分配计入各成本核算对象的生产成本。辅助生产部门之间互相提供的劳务、作业成本,应当采用合理的方法,进行交互分配。互相提供劳务、作业不多的,可以不进行交互分配,直接分配给辅助生产部门以外的受益单位。

2.4.2 辅助生产费用的归集

辅助生产费用按车间以及产品和劳务类别归集的过程,也是辅助生产产品和劳务成本核算的过程。先归集,后分配,归集是为分配做准备。

辅助生产费用的归集和分配,是通过"生产成本——辅助生产成本"账户进行的。该账户应按车间和产品品种设置明细账,账内按成本项目或费用项目设立专栏进行明细核算,辅助生产发生的直接材料、直接人工费用,分别根据"材料费用分配表""工资及其他职工薪酬分配汇总表"和有关凭证,记入该账户及其明细账的借方;辅助生产发生的间接费用,一般应先记入"制造费用"账户的借方进行归集,然后再从该科目的贷方直接转入或分配转入"生产成本——辅助生产成本"账户及其明细账的借方。对于辅助生产车间规模很小、制造费用很少且辅助生产不对外提供产品和劳务的,为简化核算工作,辅助生产的制造费用也可以不通过"制造费用"账户,而直接记入"生产成本——辅助生产成本"账户。

辅助生产车间完工的产品或劳务成本,应从"生产成本——辅助生产成本"账户及其明细账的贷方转出。"生产成本——辅助生产成本"账户的借方余额表示辅助生产的在产品成本。

星辰公司辅助车间不设置"制造费用"账户,所有费用均通过辅助成本账户进行归集。根据前述例 2-3 至例 2-10 中星辰公司两个辅助生产车间所发生的生产费用,归集的辅助生产成本明细账如表 2-12 和表 2-13 所示。

表 2-12 辅助生产成本明细账(一)

车间名称:机修车间　　　　　　　　　　　　　　　　　　　　　单位:元

2×19年		摘　要	直接材料	直接人工	燃料及动力	折旧费	办公费	合计
月	日							
9	30	材料费用分配表(表 2-2)	3 000					3 000
	30	职工薪酬费分配表(表 2-7)		5 000				5 000
	30	职工薪酬费分配表(表 2-8)		2 000				2 000
	30	外购动力费用分配表(表 2-9)			2 100			2 100
	30	折旧费分配表(表 2-11)				900		900
	30	办公费用分配(例 2-10)					500	500
	30	合　计	3 000	7 000	2 100	900	500	13 500

表 2-13 辅助生产成本明细账(二)

车间名称:蒸汽车间　　　　　　　　　　　　　　　　　　　　　单位:元

2×19年		摘　要	直接材料	直接人工	燃料及动力	折旧费	办公费	合计
月	日							
9	30	材料费用分配表(表 2-2)	4 000					4 000
	30	职工薪酬费分配表(表 2-7)		4 500				4 500
	30	职工薪酬费分配表(表 2-8)		1 800				1 800
	30	外购动力费用分配表(表 2-9)			2 800			2 800

续表

2×19年		摘　　要	直接材料	直接人工	燃料及动力	折旧费	办公费	合计
月	日							
	30	折旧费用分配表(表2-11)				1 000		1 000
	30	办公费用分配(例2-10)					900	900
	30	合　　计	4 000	6 300	2 800	1 000	900	15 000

2.4.3　辅助生产费用的分配原则

归集在"生产成本——辅助生产成本"账户及其明细账借方的辅助生产费用,由于所生产的产品和提供的劳务不同,其所发生的费用分配转出的程序方法也不一样。分配时有以下两种情况。

(1)生产多种产品的辅助生产车间,如制造工具、模型、备件等产品所发生的费用,应计入完工工具、模型、备件等产品的成本。完工时,作为自制工具或材料入库,从"生产成本——辅助生产成本"账户及其明细账的贷方转入"周转材料"或"原材料"账户的借方(在原材料和周转材料按计划价格核算情况下,还应结转实际成本和计划成本的差异);领用时,按其用途和使用部门,一次或分期摊入成本或期间费用。

(2)只提供一种劳务或只进行同一性质作业的服务生产车间,如提供水、电、气和运输、修理等劳务所发生的辅助生产费用,多按受益单位耗用的劳务数量在各单位之间进行分配。分配时,借记"制造费用"或"管理费用"等科目,贷记"生产成本——辅助生产成本"科目及其明细账。在结算辅助生产明细账之前,还应将各辅助车间归集的制造费用分配转入各辅助生产明细账,归集辅助生产成本。

辅助生产提供的产品和劳务,主要是为基本生产车间和管理部门使用和服务的。辅助生产部门提供的服务方式不同,其费用的分配程序也不同。生产辅助产品的辅助生产车间,其成本核算类似基本生产车间产品成本的核算。但在某些辅助生产车间之间也有相互提供产品和劳务的情况。例如,锅炉车间为供电车间供气取暖,供电车间也为锅炉车间提供电力。为了计算供气成本,就要确定供电成本;为了计算供电成本,又要确定供气成本。这里就存在一个辅助生产费用在各辅助生产车间交互分配的问题。有交互提供劳务的辅助生产车间时,企业辅助生产费用分配就变得复杂了。

因此,辅助生产费用的分配不仅要考虑给辅助生产之外的部门分配,而且还要考虑给其他辅助生产车间的分配。这样,各辅助生产车间费用的归集与分配就需要交叉进行,给辅助生产费用的分配增加了难度。因此,为了准确计算企业的成本和费用,**在分配辅助生产费用时**,还应考虑是否在各辅助生产车间之间进行费用的交互分配。这就形成了**辅助生产费用分配的特点**。

2.4.4　辅助生产费用的分配方法及账务处理

辅助生产费用的分配过程较为复杂,为使分配结果更趋于合理、客观,在分配时要根据企业辅助生产部门和辅助车间产品或劳务的特点,以及为受益单位提供劳务的情况,结合企业的管理要求和条件来确定适当的分配方法。辅助生产费用的分配方法很多,常用的有直接分配法、交互分配法、顺序分配法、计划成本分配法和代数分配法等。不论采用哪种方法,辅助生产费用的分配都应通过辅助生产费用分配表来进行。

1. 直接分配法

直接分配法的特点是不考虑各辅助生产车间之间相互提供劳务或产品的情况,而是将各种辅助生产费用直接分配给辅助生产以外的各受益单位,而各辅助生产车间之间相互提供的产品或劳务不相互分配费用。其分配计算公式为

$$\text{某辅助生产车间费用分配率} = \frac{\text{该辅助车间生产费用总额}}{\text{提供给辅助生产车间以外的劳务总量}}$$

$$\text{某受益单位应分配的辅助生产费用} = \text{费用分配率} \times \text{该受益单位耗用劳务(产品)数量}$$

【例 2-11】

星辰公司 2×19 年 9 月机修车间提供修理工时 540 小时,其中:蒸汽车间 40 小时,其他车间耗用工时见表 2-14;蒸汽车间提供蒸汽 1 000 万立方米,其中:机修车间耗用 200 万立方米,其他车间耗用蒸汽数见表 2-14。该企业辅助生产的制造费用不通过"制造费用"账户核算。

表 2-14 辅助生产费用分配表(直接分配法)

2×19 年 9 月

辅助生产车间名称	机修车间		蒸汽车间		合计/元
	修理工时/小时	修理费用/元	提供蒸汽量/立方米	蒸汽费用/元	
待分配辅助生产费用及劳务数量	500	13 500	800	15 000	28 500
费用分配率(单位成本)	—	27	—	18.75	—
基本生产车间耗用	420	11 340	600	11 250	22 590
行政管理部门耗用	50	1 350	120	2 250	3 600
销售部门耗用	30	810	80	1 500	2 310
合　　计	500	13 500	800	15 000	28 500

根据表 2-14 填制记账凭证,会计分录如下。

借:制造费用　　　　　　　　　　　　　22 590
　　管理费用　　　　　　　　　　　　　 3 600
　　销售费用　　　　　　　　　　　　　 2 310
　　贷:生产成本——辅助生产成本——机修车间　　13 500
　　　　　　　　　　　　　　　　　——蒸汽车间　　15 000

采用直接分配法,各辅助生产费用只进行对外(除辅助生产车间以外其余的受益对象)分配一次,计算简单,但分配结果不够准确。直接分配法适用于辅助生产内部相互提供产品和劳务不多、不进行费用的交互分配、对辅助生产成本和企业产品成本影响不大的情况。

2. 交互分配法

交互分配法是考虑辅助车间相互提供劳务的情况,生产费用要通过两次分配完成,首

先将辅助生产车间之间发生的费用进行一次交互分配,然后将各辅助生产车间交互分配后的实际费用(即交互前的费用加上交互分配转入的费用,减去交互分配转出的费用),再按提供给辅助车间以外的劳务量分配给辅助生产车间以外的各受益单位。该方法的特点是要进行两次分配,要计算两个分配率。

(1) 第一次分配(交互分配)。计算公式为

$$\text{某辅助生产车间第一次费用分配率} = \frac{\text{该辅助生产车间待分配的费用总额}}{\text{该辅助生产车间提供产品或劳务总量}}$$

$$\text{某辅助生产车间应分配的其他辅助生产车间的费用} = \text{该车间受益的其他辅助产品或劳务数量} \times \text{其他辅助生产车间第一次费用分配率}$$

(2) 第二次分配(对外分配)。计算公式为

$$\text{某辅助生产车间交互分配后的费用} = \text{该辅助车间第一次分配前的费用总额} + \text{从其他辅助车间分配转入的费用} - \text{分配转出给其他辅助车间的费用}$$

$$\text{某辅助生产车间生产费用第二次分配率} = \frac{\text{该辅助生产车间交互分配后的费用总额}}{\text{该辅助生产车间对外部单位提供的劳务总量}}$$

$$\text{某受益单位应分配的辅助生产费用} = \text{该部门受益数量} \times \text{某辅助生产费用第二次分配率}$$

【例2-12】

沿用例2-11,其辅助生产费用分配表见表2-15。

表2-15 辅助生产费用分配表(交互分配法)

2×19年9月

辅助生产车间			交互分配			对外分配		
		机修车间	蒸汽车间	合计	机修车间	蒸汽车间	合计
待分配辅助生产费用/元			13 500	15 000	28 500	15 500	13 000	28 500
供应劳务数量/小时(或立方米)			540	1 000		500	800	
费用分配率(单位成本)/元			25	15		31	16.25	
辅助生产车间	机修车间	耗用量/立方米		200				
		金额/元		3 000	3 000			
	蒸汽车间	耗用量/小时	40					
		金额/元	1 000		1 000			
	小计/元		1 000	3 000	4 000			
基本生产		耗用量/小时(或立方米)				420	600	
		金额/元				13 020	9 750	22 770
行政部门		耗用量/小时(或立方米)				50	120	
		分配金额/元				1 550	1 950	3 500
销售部门		耗用量/小时(或立方米)				30	80	
		分配金额/元				930	1 300	2 230
合计/元						15 500	13 000	28 500

根据表 2-15,编制下列会计分录。

① 交互分配

借：生产成本——辅助生产成本——机修车间　　　3 000
　　　　　　　　　　　　　　　——蒸汽车间　　　1 000
　　贷：生产成本——辅助生产成本——机修车间　　　1 000
　　　　　　　　　　　　　　　——蒸汽车间　　　3 000

② 对外分配

借：制造费用　　　　　　　　　　　　　　　　　22 770
　　管理费用　　　　　　　　　　　　　　　　　 3 500
　　销售费用　　　　　　　　　　　　　　　　　 2 230
　　贷：生产成本——辅助生产成本——机修车间　　15 500
　　　　　　　　　　　　　　　——蒸汽车间　　13 000

交互分配法的优点是提高了分配的准确性,有利于考核各辅助生产车间的费用水平;缺点是各种辅助生产费用要进行两次分配,加大了分配的工作量。该方法适用于企业辅助生产车间之间相互提供劳务较多的企业。

提示：在各月辅助生产费用水平相差不大的情况下,为了简化计算工作,也可以用上月的辅助生产费用分配率作为交互分配率。

3. 顺序分配法

顺序分配法也称梯形分配法,是针对辅助生产车间交互服务量存在一定顺序的企业设计的一种方法。这种方法的原理是根据辅助生产费用分配的顺序,将前者的辅助生产费用分配给后边的辅助生产车间和其他受益部门;将后者的辅助生产费用(原生产费用加上前面辅助车间分入的费用)分配给除已分配的辅助生产车间以外的各部门,以此类推,直到最后一个辅助生产车间的生产费用分配完毕。因此,这种方法是一种"排列小到大,向后转不向前转"的分配方法。该方法的特点是：各辅助生产车间顺序的确定是按照辅助生产车间受益多少的顺序排列的,即受益少的辅助生产车间排列在前,受益多的辅助生产车间排列在后,先分配的辅助生产车间不负担后分配的辅助生产车间的费用。每一辅助生产车间分配的辅助生产费用是本车间归集的辅助生产费用加上其他辅助生产车间分来的生产费用。其计算公式为

顺序分配法

$$前者的费用分配率 = \frac{该辅助生产车间待分配费用}{该辅助生产车间提供的劳务(产品)总量}$$

$$后者的费用分配率 = \frac{该辅助生产车间待分配的费用 + 从前面辅助生产车间分配转入费用}{该辅助生产车间提供的劳务(产品)总量 - 为前面辅助生产车间提供的劳务(产品)数量}$$

提示：排列顺序的受益多少,是受益费用金额的多少,而非受益劳务(产品)数量的多少。

【例 2-13】

沿用例 2-11，按交互分配的结果，即蒸汽车间耗用的机修劳务费用（13 500÷540×40＝1 000）少于机修车间耗用的蒸汽费用（15 000÷1 000×200＝3 000），因此，按顺序分配法的特点，蒸汽车间应先分配费用。具体见表 2-16。

表 2-16　辅助生产费用分配表（顺序分配法）

2×19 年 9 月

辅助生产车间名称			蒸汽车间	机修车间	金额合计
待分配辅助生产费用/元			15 000	16 500	31 500
供应的劳务数量/小时（或立方米）			1 000	500	
单位成本（分配率）			15	33	
辅助生产车间	机修车间	接受劳务量/立方米	200		
		应分配费用/元	3 000		3 000
	蒸汽车间	接受劳务量/小时			
		应分配费用/元			
	小　　计		3 000		3 000
受益单位	基本生产车间	耗用数量/小时（或立方米）	600	420	
		分配金额/元	9 000	13 860	22 860
	行政管理部门	耗用数量/小时（或立方米）	120	50	
		分配金额/元	1 800	1 650	3 450
	销售部门	耗用数量/小时（或立方米）	80	30	
		分配金额/元	1 200	990	2 190
分配金额合计/元			15 000	16 500	31 500

根据表 2-16 编制记账凭证，会计分录如下。

(1) 分配蒸汽费用。

借：生产成本——辅助生产成本——机修车间　　　　3 000
　　制造费用　　　　　　　　　　　　　　　　　　9 000
　　管理费用　　　　　　　　　　　　　　　　　　1 800
　　销售费用　　　　　　　　　　　　　　　　　　1 200
　　贷：生产成本——辅助生产成本——蒸汽车间　　　　15 000

(2) 分配机修费用。

借：制造费用　　　　　　　　　　　　　　　　　　13 860
　　管理费用　　　　　　　　　　　　　　　　　　1 650
　　销售费用　　　　　　　　　　　　　　　　　　990
　　贷：生产成本——辅助生产成本——机修车间　　　　16 500

顺序分配法与一次交互分配法比较，核算上又有所简化，然而由于在前面分配的辅助生产车间不负担在后面分配的辅助生产车间的费用，所以其分配结果不如一次交互分配法准确。该分配法只适用于辅助生产车间相互受益程度有明显顺序的企业。

4. 计划成本分配法

计划成本分配法是指辅助生产车间为各受益单位提供的劳务（产品），都按劳务（产品）的计划单位成本进行分配的一种方法。

计划成本分配法的特点是根据辅助生产车间提供的劳务（产品）总量，按计划单位成本（计划分配率），先在包括其他辅助车间在内的各受益单位分配，然后将辅助生产车间实际发生的费用（辅助生产原待分配费用加上辅助生产内部按计划成本交互分配转入的费用）与按计划单位成本分配转出的费用之间的差额，即辅助生产劳务和产品的成本差异，再分配给辅助生产车间以外的各受益部门。为简化核算，也可将成本差异全部计入管理费用。计算过程如下。

（1）**按计划单位成本分配辅助生产费用**。计算公式为

$$\begin{matrix}某受益单位应分配辅助生产费用\\（含辅助生产车间）\end{matrix} = \begin{matrix}该受益单位接受\\劳务（产品）数量\end{matrix} \times 计划单位成本$$

（2）**计算成本差异额**。计算公式为

$$\begin{matrix}某辅助生产车间\\的成本差异额\end{matrix} = \begin{matrix}该辅助生产车间\\发生的实际生产费用\end{matrix} - \begin{matrix}按计划成本\\分配转出的费用\end{matrix}$$

$$= \begin{matrix}该辅助生产车间\\直接发生的费用\end{matrix} + \begin{matrix}按计划成本\\分配转入的费用\end{matrix} - \begin{matrix}按计划成本\\分配转出的费用\end{matrix}$$

（3）**分配成本差异额**。计算公式为

$$\begin{matrix}某辅助生产车间\\成本差异分配率\end{matrix} = \frac{某辅助生产车间的成本差异额}{该辅助生产车间对外部单位提供的劳务总量（或分配的计划成本）}$$

$$\begin{matrix}某受益单位应分摊的成本差异\\（不含辅助生产车间）\end{matrix} = \begin{matrix}该受益单位接受\\劳务（产品）数量\end{matrix}（或分配的计划成本） \times \begin{matrix}成本差异\\分配率\end{matrix}$$

在实际工作中，为简化核算手续，可以将差异全部计入管理费用。

【例 2-14】

沿用例 2-11，假定机修车间每修理工时耗费 24.9 元，蒸汽车间每立方米蒸汽耗费 15.2 元。辅助生产分配如表 2-17 所示。

表 2-17 辅助生产费用分配表（计划成本分配法）

2×19 年 9 月

辅助生产车间名称			机修车间	蒸汽车间	合计
待分配辅助生产费用/元			13 500	15 000	28 500
供应劳务数量/小时或立方米			540	1 000	
计划单位成本/元			24.9	15.2	
辅助生产车间耗用	机修车间	耗用量/立方米		200	
		分配金额/元		3 040	3 040
	蒸汽车间	耗用量/小时	40		
		分配金额/元	996		996
		小计/元	996	3 040	4 036

续表

辅助生产车间名称		机修车间	蒸汽车间	合计
基本生产车间耗用	耗用量/小时（或立方米）	420	600	
	分配金额/元	10 458	9 120	19 578
行政部门耗用	耗用量/小时（或立方米）	50	120	
	分配金额/元	1 245	1 824	3 069
销售部门耗用	耗用量/小时（或立方米）	30	80	
	分配金额/元	747	1 216	1 963
按计划成本分配金额合计/元		13 446	15 200	28 646
辅助生产实际成本/元		16 540	15 996	32 536
辅助生产成本差异/元		+3 094	+796	+3 890

机修车间的实际成本＝13 500＋3 040＝16 540（元）

供电车间的实际成本＝15 000＋996＝15 996（元）

根据表2-17编制转账凭证，会计分录如下。

① 按计划成本分配辅助生产费用。

借：生产成本——辅助生产成本——机修车间　　　　3 040
　　　　　　　　　　　　　　　　——蒸汽车间　　　　996
　　制造费用　　　　　　　　　　　　　　　　　　19 578
　　管理费用　　　　　　　　　　　　　　　　　　3 069
　　销售费用　　　　　　　　　　　　　　　　　　1 963
　　贷：生产成本——辅助生产成本——机修车间　　13 446
　　　　　　　　　　　　　　　　——蒸汽车间　　15 200

② 再将辅助生产成本差异计入管理费用。

借：管理费用　　　　　　　　　　　　　　　　　　3 890
　　贷：生产成本——辅助生产成本——机修车间　　3 094
　　　　　　　　　　　　　　　　——蒸汽车间　　796

计划成本分配法的优点是可加快辅助生产费用核算的速度，同时通过计划成本和实际成本之间的比较分析，便于考核和分析各受益单位的成本，有利于分清各单位的经济责任；缺点是在一定程度上考虑了各辅助生产车间相互服务的情况，对单位计划成本的制订要求很高，必须具备比较准确的计划成本资料，否则其分配结果就不够准确。所以，计划成本分配法适用于具备较准确的计划成本资料的企业。

5. 代数分配法

代数分配法是将各辅助生产费用的分配率（或单位成本）设为未知数，根据辅助生产车间之间的交互服务关系建立联立方程求解，计算辅助生产劳务或产品的单位成本，再按各受益单位耗用的劳务（产品）数量和单位成本分配辅助生产费用的一种方法。

【例2-15】

沿用例2-11，辅助生产费用分配如表2-18所示。

表 2-18　辅助生产费用分配表（代数分配法）

2×19 年 9 月

辅助生产车间名称			机修车间	蒸汽车间	合计
待分配辅助生产费用/元			13 500	15 000	28 500
供应劳务数量/小时（或立方米）			540	1 000	
用代数算出的实际单位成本/元			31.015	16.240 6	
辅助生产车间耗用	机修车间	耗用量/小时（或立方米）		200	
		分配金额/元		3 248.12	3 248.12
	蒸汽车间	耗用量/小时（或立方米）	40		
		分配金额/元	1 240.6		1 240.6
		小计/元	1 240.6	3 248.12	4 488.72
基本生产车间耗用		耗用量/小时（或立方米）	420	600	
		分配金额/元	13 026.3	9 744.36	22 770.66
行政部门耗用		耗用量/小时（或立方米）	50	120	
		分配金额/元	1 550.75	1 948.87	3 499.62
销售部门耗用		耗用量/小时（或立方米）	30	80	
		分配金额/元	930.47①	1 299.25②	2 229.72
合计/元			16 748.12	16 240.6	32 988.72

注：① 930.47＝13 500＋3 248.12－(540－30)×31.015。
② 1 299.25＝15 000＋1 240.6－(1 000－80)×16.240 6。

设机修每小时修理成本为 X，蒸汽每立方米的成本为 Y，建联立方程：

$$\begin{cases} 13\,500 + 200Y = 540X \\ 15\,000 + 40X = 1\,000Y \end{cases}$$

解得：$X \approx 31.015$，$Y \approx 16.240\,6$。

根据表 2-18 填制转账凭证，会计分录如下。

借：生产成本——辅助生产成本——机修车间　　3 248.12
　　　　　　　　　　　　　　——蒸汽车间　　1 240.6
　　制造费用　　　　　　　　　　　　　　　22 770.66
　　管理费用　　　　　　　　　　　　　　　3 499.62
　　销售费用　　　　　　　　　　　　　　　2 229.72
　贷：生产成本——辅助生产成本——机修车间　　16 748.12
　　　　　　　　　　　　　　——蒸汽车间　　16 240.6

课程思政：增强全局意识

采用代数分配法分配辅助生产费用，分配结果最正确，但在辅助生产车间较多的情况下，未知数也较多，计算工作比较复杂。因此，本方法适用于已经实现电算化的企业。

任务2.5　制造费用的归集与分配

【案例引入】

星辰公司加工生产甲、乙两种产品，生产产品领用材料 32 000 元，一般物料消耗 900 元，生产工人工资15 000元，车间管理人员工资2 800元，车间照明用电300元，车间办公费200元。以上有关生产车间发生的各项费用，哪些直接计入产品成本，哪些不能直接计入产品成本？应该如何进行核算？

2.5.1 制造费用核算的内容

制造费用是指企业基本生产车间（或辅助生产车间）为提供产品和劳务而发生的各项间接费用。基本生产车间制造费用中除了上个任务所述辅助生产费用分配转入的应由制造费用承担的辅助生产费用外，大部分制造费用还是在基本生产车间或分厂范围内直接发生的。

制造费用一般包括以下三方面的内容。

（1）间接用于生产的制造费用，主要有车间发生的机物料消耗、生产工人的劳动保护费、发生的季节性停工或固定资产大修理期间停工所造成的损失等。

（2）直接用于产品生产，管理上不要求或核算上不便于单独核算的制造费用，主要有：未单独设置"燃料及动力"成本项目的企业所发生的用于产品生产的动力费用；生产用的机器设备折旧费、租赁费、保险费；生产车间的低值易耗品摊销；图纸设计费用和实验检验费用等。

（3）属于车间用于组织和管理生产所发生的制造费用，这些费用本应属于管理费用性质，但由于它们是生产车间发生的管理费用，是为生产车间服务的，应当作为制造费用进行核算，主要有车间管理人员薪酬、车间管理用房屋的照明费、水费、差旅费、办公费等。

提示：由于各工业部门性质不同，制造费用构成也会略有差别。因此，制造费用项目可根据企业具体情况增减。

由于制造费用大多与产品的生产工艺没有直接联系，而且一般是间接计入费用，因而不能或不便于按照产品制定定额，而只能按照车间、部门和费用项目，按年、季、月编制制造费用计划加以控制。企业应该通过制造费用的归集和分配，反映和监督制造费用计划的执行情况，并将费用正确、及时地计入各有关产品的成本。

2.5.2 制造费用的归集

企业生产车间发生的各项制造费用，是按其用途和发生地点，通过"制造费用"账户进行归集和分配的（辅助生产车间若间接费用较少，为了减少转账手续，也可以不通过"制造费用"账户，而直接记入"生产成本——辅助生产成本"账户），借方归集费用的发生，贷方反映费用的分配，月终分配后一般无余额。

为了反映不同生产车间发生的制造费用，"制造费用"账户可以按生产车间开设明细账，账内采用多栏式账页进行明细核算，分别反映和控制各车间制造费用的发生情况。制造费用的"明细项目"一般包括：机物料消耗、职工薪酬、折旧费、租赁费、保险费、低值易耗品摊销、水电费、取暖费、运输费、劳动保护费、差旅费、办公费、在产品盘亏和毁损以及停工损失等明细项目。企业对以上费用项目可以根据各项费用项目比重大小和管理要求，进行合并或进一步划分调整。

现以例 2-3～例 2-11 等相关资料说明制造费用的归集,登记基本生产车间"制造费用"明细账,如表 2-19 所示(辅助生产费用按交互分配法分配结果归集)。

表 2-19 制造费用明细账

车间名称:基本生产车间　　　　　2×19 年 9 月　　　　　　　　单位:元

月	日	凭证号数	摘要	费用项目							
				职工薪酬	折旧费	物料消耗	办公费	水电费	机修费用	蒸汽费用	合计
9	30	(略)	材料费用分配表(表 2-2)			1 500					1 500
	30		职工薪酬费用分配表(表 2-7)	20 000							20 000
	30		职工薪酬费用分配表(表 2-8)	8 000							8 000
	30		外购动力费用分配表(表 2-9)					1 820			1 820
	30		折旧费用分配表(表 2-11)		15 350						15 350
	30		办公费用分配(例 2-10)				1 000				1 000
	30		辅助生产费用分配(表 2-15)						13 020		13 020
	30		辅助生产费用分配(表 2-15)							9 750	9 750
	30		本月合计	28 000	15 350	1 500	1 000	1 820	13 020	9 750	70 440
	30		分配转出	28 000	15 350	1 500	1 000	1 820	13 020	9 750	70 440

在发生各项制造费用时,应根据各种凭证以及各种费用的分配表,借记"制造费用"账户,贷记"原材料""周转材料""材料成本差异""应付职工薪酬""生产成本——辅助生产成本""累计折旧""应付账款""银行存款"等账户。其中,材料、职工薪酬、折旧等要在月末时,根据汇总编制的各种费用分配表计入。月末,可根据这个账户借方所归集的费用与费用预算加以比较,考核和分析各项费用预算的执行情况;同时,月末还应将各车间全部制造费用在该车间本月生产的各种产品之间分配,计入各产品的成本。

2.5.3 制造费用的分配和账务处理

1. 制造费用分配的要求和过程

企业要根据受益的原则对制造费用进行分配。由于各车间制造费用水平不同,制造费用的分配应该按车间分别进行,而不能将各车间的制造费用汇总起来在整个企业范围内统一分配。如果在生产单一产品的车间中,制造费用可以直接计入该种产品的成本。

在生产多种产品的车间中,本期的制造费用必须采用适当的分配方法分配计入各种产品的成本。

制造费用的分配过程分为以下两个阶段。

(1) 分配辅助生产的制造费用。在辅助生产的制造费用通过"制造费用"账户核算的情况下,"制造费用"账户应按基本生产和辅助生产分设明细账,并先分配结转辅助生产的制造费用:借记"生产成本——辅助生产成本"账户,贷记"制造费用——辅助生产制造费用"账户。在"生产成本——辅助生产成本"账户的借方归集了全部辅助生产费用以后,再分配辅助生产费用:其中直接用于产品生产、专设成本项目的费用(例如专设成本项目、由辅助生产提供的动力费用),借记"基本生产成本"账户;为基本生产提供劳务(例如机修)、未专设成本项目的费用,借记"制造费用——基本生产车间"账户;用于其他方面的辅助生产费用,应分别借记"销售费用""管理费用"和"在建工程"等账户;分配转出的辅助生产费用总额,则应贷记"生产成本——辅助生产成本"账户。在辅助生产的制造费用不通过"制造费用"账户核算的情况下,不需要单独进行辅助生产制造费用归集和分配的核算。

(2) 分配基本生产的制造费用。在"制造费用——基本生产车间"账户的借方归集了基本生产的全部制造费用以后,再分配结转基本生产的制造费用:借记"生产成本——基本生产成本"账户,贷记"制造费用——基本生产制造费用"账户。此外,还应登记相应的明细账,例如,分配由基本生产成本负担的制造费用,一方面要登记有关的产品成本明细账的"制造费用"成本项目(登记分配转入数);另一方面要登记有关的制造费用明细账(登记分配转出数)。

2. 制造费用的分配方法和账务处理

《企业产品成本核算制度(试行)》第三十六条规定,制造企业发生的制造费用,应当按照合理的分配标准按月分配计入各成本核算对象的生产成本。企业可以采取的分配标准包括机器工时、人工工时、计划分配率等。

(1) **生产工人工时比例分配法**。即按照各种产品所用生产工人实际工时或定额工时的比例分配制造费用。其计算公式为

制造费用分配率 = 制造费用总额 ÷ 车间产品生产工时总额

某产品应分配的制造费用 = 该产品生产工时 × 制造费用分配率

【例 2-16】

沿用例 2-7 的数据,甲产品生产耗用工时 10 000 小时,乙产品生产耗用工时 20 000 小时,请采用生产工时比例法分配 9 月的制造费用。

制造费用分配率 = 70 440 ÷ (10 000 + 20 000) = 2.348(元/工时)

甲产品制造费用 = 10 000 × 2.348 = 23 480(元)

乙产品制造费用 = 20 000 × 2.348 = 46 960(元)

根据计算结果,编制制造费用分配表(表 2-20)。

表 2-20 制造费用分配表

产品名称	生产工时/工时	分配率/(元/工时)	分配金额/元
甲产品	10 000		23 480
乙产品	20 000		46 960
合　计	30 000	2.348	70 440

根据表 2-20,编制下列会计分录。

借:生产成本——基本生产成本——甲产品　　23 480
　　　　　　　　　　　　　——乙产品　　46 960
　　贷:制造费用　　　　　　　　　　　　　　70 440

采用生产工时比例分配制造费用,能将劳动生产率与产品负担的费用水平联系起来,使分配结果比较合理,在实际工作应用广泛。由于生产工时是分配间接计入费用常用的分配标准之一,因而必须正确组织产品生产工时的核算。如果企业产品工时定额比较准确,制造费用也可以按定额工时比例分配。

课程思政:增强效率意识

(2) **生产工人工资比例分配法**。即按照计入各种产品成本的生产工人实际工资的比例分配制造费用。其计算公式为

　　制造费用分配率 = 制造费用总额 ÷ 车间各产品生产工人工资合计
　　某产品应分配的制造费用 = 该产品生产工人工资 × 制造费用分配率

【例 2-17】

沿用例 2-7 的数据,甲产品生产耗用工资费用 24 500 元,乙产品生产耗用工资费用 49 000 元,请采用生产工人工资比例分配法分配 9 月的制造费用。

分配过程如下。

　　制造费用分配率 = 70 440 ÷ (24 500 + 49 000) = 0.958 367 347
　　甲产品制造费用 = 24 500 × 0.958 367 347 = 23 480(元)
　　乙产品制造费用 = 49 000 × 0.958 367 347 = 46 960(元)

根据计算结果,编制制造费用分配表(表 2-21)。

表 2-21 制造费用分配表

产品名称	生产工人工资/元	分配率	分配金额/元
甲产品	24 500		23 480
乙产品	49 000		46 960
合　计	73 500	0.958 367 347	70 440

采用生产工人工资比例法分配制造费用,由于生产工人工资的资料容易取得,核算工作比较简便。但采用这种方法,只能在人工费用支出在制造费用中占有较大比重、产品生产工艺过程相近、机械化程度大致相同的车间运用,否则,机械化程度高的产品,由于工资费用少,会影响费用分配的合理性。

显然,如果生产工人工资的分配是按生产工时比例分配的,那么以生产工人工资为标准进行分配,实际上就是按生产工时比例分配,其分配结果与按生产工时比例进行制造费用分配的结果相同。

(3) **机器工时比例分配法**。机器工时比例分配法是按照各种产品生产时所耗用机器设备运转时间的比例分配制造费用的方法。其计算公式为

制造费用分配率 = 制造费用总额 ÷ 车间各产品耗用机器工时总数

某产品应分配的制造费用 = 该产品机器工时 × 该车间制造费用分配率

【例 2-18】

假设星辰公司生产甲产品耗用的机器工时为 9 000 工时,生产乙产品耗用的机器工时为 15 000 工时,请采用机器工时比例法分配制造费用。分配过程如下。

制造费用分配率 = 70 440 ÷ (9 000 + 15 000) = 2.935(元/工时)

甲产品制造费用 = 9 000 × 2.935 = 26 415(元)

乙产品制造费用 = 15 000 × 2.935 = 44 025(元)

在机械化程度较高的企业中,制造费用中与机器设备使用有关的折旧费和机物料消耗费等所占比重较大,并与机器设备运转的时间有着密切的联系。所以采用机器工时为标准分配制造费用更符合实际情况。采用这种方法,必须正确统计各种产品所耗用机器工时,保证制造费用分配的准确性。

(4) **按年度计划分配率分配法**。按年度计划分配率分配法是企业在正常生产经营条件下的,各生产车间的制造费用按年度计划和年度计划产量的定额分配标准量(如工时、生产工人工资、机器工时等),事先确定的全年度适用的计划分配率分配制造费用的方法。其计算公式为

$$制造费用年度计划分配率 = \frac{年度制造费用预算数}{\sum(每种产品年度计划产量 \times 该产品标准单位定额)}$$

某产品某月应分配的制造费用 = 该产品本月实际产量 × 标准单位定额 × 制造费用年度计划分配率

产品的标准定额,可以是生产工时,也可以是生产工人工资,还可以是机器工时。

采用这种分配方法,不管各月实际发生的制造费用有多少,每月各种产品中的制造费用都按年度计划分配率分配。显然,按年度计划分配率分配制造费用与制造费用的实际发生额之间总会存在一定的差额,对于这些差额,1—11 月每月月末不进行追加调整分配,而是逐月累计,待年终时采用一定的方法进行追加调整分配,一次计入 12 月生产的各产品成本中。对实际制造费用大于已分配的计划制造费用的差异,计入各产品的生产成本,借记"生产成本——基本生产成本"账户,贷记"制造费用";对实际制造费用小于已分配的计划制造费用的差异,用红字冲回。但在年度内如果发现全年的制造费用实际数和实际产量与年度计划分配率计算的制造费用发生较大的差额时,应及时调整计划分配率。

制造费用按年度
计划成本分配法

制造费用差异的分配公式为

$$制造费用差异分配率 = \frac{年度制造费用差异额}{当年按年度计划分配率分配的制造费用额}$$

$$某产品应分配的制造费用差异额 = 该产品当年已分配的制造费用 \times 制造费用差异分配率$$

【例 2-19】

星辰公司基本生产车间生产的甲、乙两种产品,该车间全年制造费用计划总额为 480 000 元,甲产品全年计划生产 8 000 件,乙产品 4 000 件,甲产品工时定额为 8 小时,乙产品工时定额为 14 小时,1 月实际发生制造费用 70 000 元,当月甲产品实际产量为 900 件,乙产品 600 件。则 1 月制造费用分配计算过程如下。

制造费用年度计划分配率 = 480 000 ÷ (8 000 × 8 + 4 000 × 14) = 4(元/小时)

1 月甲产品应负担制造费用 = 4 × (900 × 8) = 28 800(元)

1 月乙产品应负担制造费用 = 4 × (600 × 14) = 33 600(元)

1 月甲、乙两种产品分配的制造费用合计为 62 400 元。

1 月根据计划分配转出的制造费用填制转账凭证,作如下会计分录。

借:生产成本——基本生产成本——甲产品　　28 800
　　　　　　　　　　　　　　　——乙产品　　33 600
　　贷:制造费用——基本生产车间　　　　　　　62 400

从计算结果可以看出,1 月"制造费用"借方实际发生额为 70 000 元,贷方根据年度计划分配率分配结转制造费用 62 400 元,借方余额为 7 600 元,即分配转出数少于实际发生数,为超支差,该差异本月不分配,待到年底再进行调整。

本例假定到年末,采用年度计划分配率已分配制造费用 500 000 元,其中甲产品已分配 300 000 元,乙产品已分配 200 000 元。全年实际发生制造费用 490 000 元,则已多分配出去的 10 000 元应进行调整,把多分的部分冲回,计算过程如下。

调整分配率 = -10 000 ÷ 500 000 = -0.02

A 产品应冲回制造费用 = -0.02 × 300 000 = -6 000(元)

B 产品应冲回制造费用 = -0.02 × 200 000 = -4 000(元)

调整冲回应编制会计分录,调整分配后,"制造费用"账户无余额。调整分配的会计分录如下。

借:生产成本——基本生产成本——甲产品　　6 000
　　　　　　　　　　　　　　　——乙产品　　4 000
　　贷:制造费用——基本生产车间　　　　　　　10 000

如果是超支差,年终进行调整分配时,应编制蓝字分录。

提示: 采用年度计划分配率方法时,制造费用明细账以及与之相联系的"制造费用"总账账户,月末可能有余额,可能是借方余额,也可能是贷方余额。到年末时,制造费用账户仍有余额的,就是全年实际发生的制造费用与全年制造费用预计额的差异,需在年末进行差异分配,即调整后制造费用账户余额为零。

采用按年度计划分配率分配制造费用,核算工作简便,有利于及时计算产品成本,使单位产品负担的制造费用相对均衡,尤其适用于季节性生产企业。此外,这种分配方法还可以按旬或按日提供产品成本预测所需要的产品应分配的制造费用资料,有利于产品成本的日常控制。但是,采用这种分配方法,必须有较高的计划工作的水平。否则,年度制造费用的计划数脱离实际太大,就会影响成本核算的正确性。

除上述四种制造费用分配的方法外,制造费用的分配还可采用按原材料的数量或成本的比例分配、按直接成本比例分配、按产品标准产量比例分配等方法。实际工作中,企业可根据自身的实际情况选择适当的制造费用分配方法。一般来说,在生产条件没有变化的情况下,分配方法一经确定,不得任意变更。如需变更,应当在附注中予以说明。

综上所述,不论采用哪一种分配方法,都应根据分配计算的结果,编制制造费用分配表;根据分配表编制会计分录,进行制造费用总账和明细账登记。

通过上述制造费用的归集和分配,除了采用按年度计划分配率分配法的车间以外,"制造费用"总账和所属明细账月末无余额。

任务2.6 生产损失的核算

2.6.1 废品损失的核算

1. 废品的含义

会计上所称的废品是指由于生产原因而造成的质量不符合规定的技术标准,不能按原定用途使用,或者需要加工修理后才能按原定用途使用的产品,包括在生产过程中发现的不合格的在产品、入库时发现的不合格的半成品或完工产品、合格品入库后因保管不善发生损坏变质的产品、实施"三包"的企业在产品销售后发现的废品,但不包括可以降价出售的次品或等外品。

2. 废品的分类

(1) 按技术修复性和经济合理性原则,可以将企业所发生的废品分为不可修复废品和可修复废品两种。不可修复废品是指在技术上不能恢复其功能,或者经过修复可以恢复其功能但所支付的修复费用在经济上不合算的废品;可修复废品是指在技术上可以恢复其功能,而且在经济上合算的废品。

(2) 按产生的原因,可以将企业发生的废品分为工废品和料废品两类。工废品是由于工人操作上的原因造成的废品;料废品是出于原材料或半成品的质量不符合要求所造成的废品。料废品是材料供应部门或前道车间(如铸造车间)责任造成的,工废品是加工过程造成的,应由生产车间负责。因此,区分废品是属于料废品还是工废品,有利于分清产生废品的责任,有利于企业落实经济责任制。

废品的分类见图2-1。

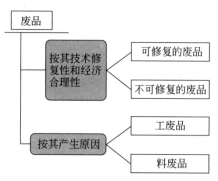

图2-1 废品的分类

3. 废品损失的含义和内容

废品损失是指在生产过程中发现的和入库后发现的废品的报废损失和修复费用。对可修复废品而言,废品损失是指可修复废品在返修过程中所发生的修复费用,包括耗用的原材料、生产工人工资和应负担的制造费用等,扣除收回废品残料及责任人赔款后的差额。对不可修复废品而言,废品损失是指不可修复废品的实际成本扣除回收材料或残料价值及责任人赔款后的损失。

需要指出的是,企业的下列损失不作为废品损失处理。

(1) 凡质量不符合规定的技术标准,但经检验部门检定,可以不需要返修而降价出售或者降低等级使用的产品,在实际工作中称为次品。次品不包括在废品之内,次品的成本应与合格产品成本相同,次品售价低于合格品售价所发生的损失,应在计算销售损益时体现,而不作为废品损失处理。

(2) 凡入库时是合格品,但由于保管不善、运输不当或其他原因而发生的毁损变质,应作为库存商品毁损,通过"待处理财产损溢"账户核算,最终根据毁损原因计入管理费用或营业外支出,而不应作为废品损失处理。

(3) 实行三包(包修、包换、包退)的企业,发生销售退回的"三包"损失,包括修理费、退货或调换产品的运杂费,退回报废产品的实际成本减去残值后的净损失等,可列入企业当期损益,不作为废品损失处理。

(4) 废品损失一般只包括发生废品所造成的直接损失,至于因产生废品给企业带来的间接损失,如延误交货合同而发生的违约赔偿款,减少销售量而造成的利润减少损失,以及产生废品造成的企业荣誉损失等都不计算在废品损失内。

4. 废品损失核算的账户设置

企业为加强对废品损失的管理,应在成本项目中增设"废品损失"科目,单独核算废品损失。废品损失也可不单独核算,相应的费用等体现在"生产成本——基本生产成本""原材料"等科目中。辅助生产一般不单独核算废品损失。

"废品损失"科目属费用类科目,应按车间设置明细分类账,账内按产品品种和成本项目登记废品损失的详细资料。企业一定时期所发生的不可修复废品的报废损失和可修复废品的修复费用,都应在"废品损失"科目的借方归集。废品的残料回收价值和应收赔款,则应从该科目贷方转出,借贷方相抵后的差额,即废品净损失,应分配转由本月同种产品的成本负担:借记"生产成本——基本生产成本"账户,贷记"废品损失"账户。通过上述归集和分配,"废品损失"账户月末没有余额。

5. 废品损失核算

(1) **可修复废品损失的核算**。可修复废品损失是对废品进行修复所支付的修复费用。经修复后,其产品成本由修复前的生产成本和修复费用构成。如果有废品残料收回或赔偿收入,则冲减可修复废品的损失。其计算公式为

$$\text{可修复废品损失} = \text{修复废品材料费用} + \text{修复废品人工费用} + \text{修复废品制造费用} - \text{收回的残料及赔偿收入}$$

【例 2-20】

星辰公司 9 月基本生产车间发生可修复废品 15 件,均为甲产品,修复过程中耗费材料 420 元,工时 30 小时,应负担人工费用 150 元,制造费用 180 元。该批废品应由生产工人赔偿 200 元。编制会计分录如下。

① 发生修复费用,确认废品损失。

借:废品损失——甲产品　　　　　　　　　　750
　　贷:原材料　　　　　　　　　　　　　　　　　420
　　　　应付职工薪酬　　　　　　　　　　　　　　150
　　　　制造费用　　　　　　　　　　　　　　　　180

② 应收赔偿冲减废品损失。

借:其他应收款　　　　　　　　　　　　　200
　　贷:废品损失——甲产品　　　　　　　　　　　200

③ 结转废品净损失。

借:生产成本——基本生产成本——甲产品　　550
　　贷:废品损失——甲产品　　　　　　　　　　　550

根据上述会计分录,编制废品损失明细账(表 2-22)。

表 2-22　废品损失明细账

车间:基本生产车间　　　　2×19 年 9 月　　　　产品:甲产品

年	月	日	凭证字号	摘　要	直接材料/元	直接人工/元	制造费用/元	合计/元
略	略	略	略	可修复废品生产成本——甲产品	420	150	180	750
				可修复废品应收赔款		200		200
				废品损失合计	420	50	180	550
				结转废品损失	420	50	180	550

(2) **不可修复废品损失的核算**。计算不可修复废品损失,就是要将废品应负担的生产费用从全部生产费用中分离出来,即将废品与合格品合在一起的总成本在废品与合格品之间进行分配。分配方法可按废品所耗实际费用计算,也可按废品所耗定额费用计算。

① 按实际成本核算不可修复废品损失。采用这种方法是将全部生产费用在合格品与废品之间进行分配,分配公式为

$$\text{废品负担的材料费用} = \frac{\text{某产品的全部材料费用}}{\text{合格品产量} + \text{废品约当产量}} \times \text{废品约当产量}$$

$$\text{废品负担的人工费用} = \frac{\text{某产品的全部人工费用}}{\text{合格品产量(或工时)} + \text{废品约当产量(或工时)}} \times \text{废品约当产量(或工时)}$$

$$\text{废品负担的制造费用} = \frac{\text{某产品的全部制造费用}}{\text{合格品产量(或工时)} + \text{废品约当产量(或工时)}} \times \text{废品约当产量(或工时)}$$

公式中涉及的"约当产量"计算方法,见本项目任务 2.7.3 中的"4. 约当产量比例法"相关内容。需要说明的是:如果期末存在未完工产品,则上述公式中还应包括月末在产品的约当产量。

【例 2-21】

星辰公司基本生产车间 2×19 年 9 月生产乙产品 600 件,其中:完工 560 件,月末在产品 30 件,在生产过程中经发现有不可修复废品 10 件。乙产品生产成本明细账所列的本月生产费用合计:直接材料 78 000 元、直接人工 68 600 元、燃料与动力费用 8 000 元、制造费用 46 960 元。废品残值回收 1 000 元已入库,责任人应付赔款 800 元。原材料是在生产开始时一次投入的。分配材料费用时,期末在产品和废品按完工产品计算,分配其他生产费用时,在产品与废品按 50% 折合约当产量分别为 15 件和 5 件(小数保留 0.01)。

根据上述资料,编制不可修复废品损失计算表(表 2-23)。

表 2-23　不可修复废品损失计算表

车间:基本生产车间　　　　　2×19 年 9 月　　　　　　产品:乙产品

项　目	产量/件	直接材料/元	约当产量/件	直接人工/元	燃料与动力/元	制造费用/元	合计/元
费用总额	600	78 000	580	68 600	8 000	46 960	201 560
费用分配率		130		118.28	13.79	80.97	
废品已耗成本	10	1 300	5	591.4	68.95	404.85	2 365.2
减:废料残值		1 000					1 000
赔偿款				800			800
废品净损失		300		208.6	68.95	404.85	565.2

表 2-23 中:

材料费用分配率 = 78 000 ÷ 600 = 130(元/件)

直接人工分配率 = 68 600 ÷ 580 ≈ 118.28(元/件)

燃料与动力分配率 = 8 000 ÷ 580 ≈ 13.79(元/件)

制造费用分配率 = 46 960 ÷ 580 ≈ 80.97(元/件)

根据表 2-23 不可修复废品损失计算表,应编制下列会计分录,并登记废品损失明细账(表 2-24)。

表 2-24　废品损失明细账

车间:基本生产车间　　　　　2×19 年 9 月　　　　　　产品:乙产品

| 年 | | 凭证字号 | 摘　要 | 直接材料/元 | 直接人工/元 | 燃料与动力/元 | 制造费用/元 | 合计/元 |
月	日							
略	略	略	不可修复废品生产成本	1 300	591.4	68.95	404.85	2 365.2
			不可修复废品残料收入	1 000				1 000
			赔偿款		800			800
			废品损失合计	300	208.6	68.95	404.85	565.2
			结转废品损失	300	208.6	68.95	404.85	565.2

(1) 结转不可修复废品损失
  借：废品损失——乙产品　　　　　　　2 365.2
    贷：生产成本——基本生产成本——乙产品　　2 365.2
(2) 根据报废材料入库凭证
  借：原材料　　　　　　　　　　　　1 000
    贷：废品损失——乙产品　　　　　　1 000
(3) 结转由过失人赔款部分的会计分录
  借：其他应收款——某过失者　　　　　800
    贷：废品损失——乙产品　　　　　　800
(4) 将废品净损失转入合格产品的成本会计分录
  借：生产成本——基本生产成本——乙产品　565.2
    贷：废品损失——乙产品　　　　　　565.2

对于入库后发现的不可修复废品，从理论上讲，应将废品成本从"库存商品"账户转回"生产成本——基本生产成本"账户，然后按上述方法进行核算。实际工作中，为简化核算手续，对不可修复废品的成本可直接从"库存商品"账户转至"废品损失"账户，而不通过"生产成本——基本生产成本"账户，即借记"废品损失"账户，贷记"库存商品"账户。

② 按定额成本核算不可修复废品损失。按定额成本核算不可修复废品损失时，不可修复废品损失可分别按照废品数量、费用定额和工时定额以及计划单价核算其成本，不考虑实际成本的发生额，实际成本与定额成本之间的差额全部都由合格品成本负担。这种方法计算工作比较简便，且有助于废品损失和产品成本的分析和考核，一般适用于有比较准确的消耗定额和费用定额的企业。

2.6.2 停工损失的核算

停工损失是企业生产部门因停工所造成的损失。停工损失是由于计划减产或因停电、待料、机器设备发生故障等原因而在停工期间发生的各项费用，包括停工期间发生的原材料费用、人工费用和制造费用等。应由过失单位或保险公司负担的赔款，可从停工损失中扣除。**不满一个工作日的停工，一般不计算停工损失。**

课程思政：增强
质量意识

单独核算停工损失的企业，应增设"停工损失"科目，在成本项目中增设"停工损失"项目，根据停工报告单和各种费用分配表、分配汇总表等有关凭证，将停工期内发生、应列作停工损失的费用记入"停工损失"账户的借方进行归集；应由过失单位及过失人员或保险公司负担的赔款，可从该科目的贷方转入"其他应收款"等账户的借方。期末，将停工净损失从该科目贷方转出，属于自然灾害部分转入"营业外支出"账户的借方；应由本月产品成本负担的部分，则转入"生产成本——基本生产成本"账户的借方。在停工的车间生产多种产品时，还要采用合理的分配标准，分配计入该车间各产品成本明细账停工损失成本项目。"停工损失"账户月末应无余额。

应当明确，季节性生产企业的季节性停工，以及修理期间的停工是生产经营过程中的正常现象,停工期内发生的费用不属于停工损失的范围,不应作为停工损失核算。对季节性停工期间和修理期间发生的费用,应记入"制造费用"账户,然后分配转入产成品成本,由产成品成本制造费用项目负担。

不单独核算停工损失的企业,不设"停工损失"科目,直接反映在"制造费用"或"营业外支出"等科目中。辅助生产一般不单独核算停工损失。季节性生产企业在季节性停工期间所发生的费用,不作为"停工损失",可采用预提方式处理,由生产期间的产品成本负担。

综上所述,关于生产损失的内容可用图 2-2 来表示。

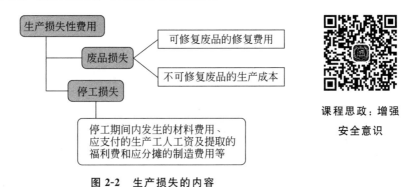

图 2-2 生产损失的内容

课程思政:增强安全意识

任务2.7 计算完工产品与在产品的成本

【案例引入】

根据本项目各费用要素分配结果(例 2-3~例 2-21 的数据),填制的甲、乙产品生产成本明细账如表 2-25 和表 2-26 所示。

表 2-25 基本生产成本明细账

产品名称:甲产品　　　　2×19年9月　　　　单位:元

月	日	凭证号数	摘　要	费 用 项 目					合计
				直接材料	直接人工	制造费用	燃料与动力	废品损失	
9	30	(略)	材料费用分配表(表2-2)	43 000					43 000
	30		职工薪酬费用分配表(表2-7)		24 500				24 500
	30		职工薪酬费用分配表(表2-8)		9 800				9 800
	30		外购动力费用分配表(表2-9)				8 800		8 800
	30		制造费用分配表(表2-20)			23 480			23 480
	30		废品损失(表2-22)					550	550
	30		本月生产费用合计	43 000	34 300	23 480	8 800	550	110 130

表 2-26 基本生产成本明细账

产品名称：乙产品　　　　　　　　　2×19年9月　　　　　　　　　　　单位：元

月	日	凭证号数	摘要	费用项目					
				直接材料	直接人工	制造费用	燃料与动力	废品损失	合计
9	30		月初在产品成本	2 000	1 400	640	500		4 540
9	30	(略)	材料费用分配表(表2-2)	78 000					78 000
	30		职工薪酬费用分配表(表2-7)		49 000				49 000
	30		职工薪酬费用分配表(表2-8)		19 600				19 600
	30		外购动力费用分配表(表2-9)				8 000		8 000
	30		制造费用分配表(表2-20)			46 960			46 960
			转出废品损失(表2-24)	1 300	591.4	404.85	68.95		2 365.2
	30		废品损失(表2-23)					565.2	565.2
	30		本月发生生产费用	76 700	68 008.6	46 555.15	7 931.05	565.2	199 760
			本月生产费用合计	78 700	69 408.6	47 195.15	8 431.05	565.2	204 300

2.7.1　完工产品和在产品成本核算的内容

成本核算的内容主要包括生产费用计算和产品成本核算两个方面。通过本项目任务 2.1～任务 2.6 中各要素费用的归集和分配，以及辅助生产费用和制造费用的归集与分配，已经将各项生产费用经过一系列的归集、分配和汇总后，把应计入产品生产成本中的各项费用按成本项目全部归集在"生产成本——基本生产成本"账户及其明细账的借方。这些费用都是本月发生的产品生产费用，但是否全部属于月末完工产品的成本，还要根据企业实际生产情况确定。**月末企业生产产品有以下四种情况**。

(1) 本月投产本月全部完工，产品成本明细账中归集的生产费用就是本月完工的全部产品成本。

(2) 本月投产本月部分完工，产品成本明细账中归集的生产费用减去月末在产品成本就是完工产品成本。

(3) 以前月份投产本月全部完工，产品成本明细账中归集的生产费用加上月初在产品成本就是本月完工的全部产品成本。

(4) 以前月份投产本月部分完工，产品成本明细账中归集的生产费用加上月初在产品成本减去月末在产品成本就是完工产品成本。

本月发生的生产费用和月初、月末在产品及本月完工产品成本四项费用的关系可用下列公式表示：

月初在产品成本＋本月发生生产费用＝本月完工产品成本＋月末在产品成本

或

月初在产品成本＋本月发生生产费用－月末在产品成本＝本月完工产品成本

由于公式中月初在产品成本和本月发生的生产费用这两项是已知数，所以，**在完工产**

品与月末在产品之间分配费用的方法有两类:一是将前两项之和按一定比例在后两项之间进行分配,从而求得完工产品与月末在产品的成本;二是先确定月末在产品成本,再计算求得完工产品的成本。无论采用哪一种方法,各月月末在产品的数量和费用的大小以及数量或费用变化的大小,对完工产品成本的计算都有影响。计算完工产品的成本,需取得在产品增减动态和实际结存的数量资料,因而必须通过清查取得准确的在产品数量的核算资料。

在产品数量的确定

2.7.2 在产品数量的确定

企业的在产品是指没有完成全部生产过程、不能作为商品销售的在产品,有广义和狭义之分。狭义在产品包括正在某车间或某一生产步骤加工中的在产品,以及返修的废品和未经验收入库的产品。广义在产品不仅包括狭义在产品,还包括已经完成部分生产步骤,但尚未完成全部生产步骤的自制半成品。相应地,完成全部生产工艺过程并验收入库等待销售的产品,就是完工产品。

提示:不准备在本企业继续加工,等待对外出售的自制半成品,应作为商品,不应列入在产品范围中。不可修复的废品也不应列入在产品。

在产品数量的核算主要包括以下两项工作。

1. 在产品收、发、结存的日常核算

在产品收、发、结存的日常核算,主要通过在车间设置"在产品收发结存账"进行。在实际工作中,这种账簿称为"在产品台账",应分别在各车间内按照产品的品种和在产品名称(如零、部件的名称)设立。该账簿的具体格式可根据需要自行设计,其基本格式见表2-27。

表 2-27 在产品收发结存账(在产品台账)

生产车间:　　　　生产工序:　　　　在产品名称:　　　　单位:

日期	凭证	摘要	收入数量	转出		结存			备注
				合格品	废品	已完工	未完工	废品	
		合　计							

各车间应认真做好在产品的计量、验收和交接工作,并在此基础上根据领料凭证、在产品内部转移凭证、产成品检验凭证和产品交库凭证,由车间核算人员逐笔及时登记在产品收发结存账。

企业在做好产品收、发、存日常核算工作的同时,要定期进行在产品的盘点工作,以便随时掌握在产品的动态,按期确定在产品数量,并保证在产品数量的准确性。

2. 在产品清查及其盈亏核算

为了核实在产品的数量,保证在产品的安全、完整,企业必须认真做好在产品清查工作。在产品可以定期进行清查,也可以不定期轮流清查。一般情况下,每月月末必须清查一次在产品,通过实地盘点,根据盘点结果和"在产品收发存账"记录的结存数进行核对。如有不符,应编制"在产品盘点报告单",填明在产品的账面数、实存数和盘存盈亏数,以及盈亏的原因和处理意见。对报废和毁损的在产品,还要登记残值。

在产品发生盘盈的,按盘盈在产品成本(一般按定额成本核算)借记"生产成本——基本生产成本"账户,贷记"待处理财产损溢——待处理流动资产损溢"账户,使账实相符,经批准后转入"管理费用"账户。

在产品发生盘亏和毁损的,借记"待处理财产损溢——待处理流动资产损溢"账户,贷记"生产成本——基本生产成本"账户。取得的残料,应借记"原材料"等账户,贷记"待处理财产损溢——待处理流动资产损溢"账户,使账实相符,经批准处理时,应根据产生盘亏的原因分别转入相应账户,具体会计处理方法如下。

借:原材料(或银行存款)——毁损在产品的残值
　　其他应收款——过失人或保险公司赔款
　　营业外支出——自然灾害造成的净损失
　　制造费用——正常生产净损耗
　　管理费用——经营性净损失
　贷:待处理财产损溢

2.7.3　生产费用在完工产品和在产品之间的分配方法

每月月末,制造企业生产产品发生的各项生产费用,在各种产品之间进行分配后,要在同一种产品的完工产品和月末在产品之间进行分配,然后计算得出各种产品的实际总成本和单位成本。

制造企业完工产品,包括产成品、自制材料、自制工具和模具等。其中,产成品经产成品仓库验收入库后,其成本从"生产成本——基本生产成本"账户的贷方转入"库存商品"的借方;如由辅助生产车间生产完工的自制材料、自制工具和模具等,经材料仓库验收,其成本从"生产成本——辅助生产成本"账户的贷方分别转入"自制半成品""原材料""周转材料"等账户的借方。"生产成本"账户的期末余额是尚未加工完成的各种产品的成本。

企业应当结合生产特点,根据在产品数量的多少、各月在产品数量变化的大小、各项成本比重的大小,以及定额管理基础的好坏等具体条件,采用适当的分配方法将生产成本在完工产品和在产品之间进行分配。《企业产品成本核算制度(试行)》第三十七条规定,制造企业可以选择原材料消耗量、约当产量法、定额比例法、原材料扣除法、完工百分比法等方法,恰当地确定完工产品和在产品的实际成本,并将完工入库产品的产品成本结转至库存产品科目;在产品数量、金额不重要或在产品期初期末数量变动不大的,可以不计算在产品成本。实际工作中常用的分配方法有:不计算在产品成本法、在产品按年初固定成本计价法、原材料成本扣除法、约当产量比例法、在产品按定额成本计价法、定额比例法、在产品按完工产品计价法等。为保持分配方法的稳定性和成本资料的可比性,生产费用的分配方法一经选定,不能随意变更。

1. 不计算在产品成本法

不计算在产品成本法是指月末不计算在产品成本,**本期归集的生产费用全部由完工产品负担**的方法。这种方法**适用于月初与月末在产品费用很小的产品**。因不计算在产品成本,本月发生的全部生产费用就是本月完工产品的总成本,除以本月完工产品产量,即可求得单位产品成本。如食品行业生产周期短,月末即使有在产品,数量也很少,为简化核算,月末一般不计算在产品成本,本月发生的生产费用即为完工产品成本。

【例 2-22】

根据表 2-25,星辰公司 2×19 年 9 月有关甲产品的基本生产成本明细账,假设甲产品每月月末在产品数量较少,在产品成本可忽略不计,为简化核算,甲产品采用不计算在产品成本法进行完工产品成本的核算。当月甲产品完工 398 件,在产品 2 件,生产费用 110 130 元,其中直接材料 43 000 元,直接人工 34 300 元,动力与燃料费用 8 800 元,制造费用 23 480 元,废品损失 550 元。编制产品成本核算单如表 2-28 所示。

表 2-28 产品成本核算单(不计算在产品成本法)

产品:甲产品　　　　　　　　2×19 年 9 月　　　　　　　　单位:元

项　目	成本项目					合　计
	直接材料	直接人工	制造费用	燃料与动力	废品损失	
本月生产费用合计	43 000	34 300	23 480	8 800	550	110 130
完工产品成本(398 件)	43 000	34 300	23 480	8 800	550	110 130
单位产品成本	108.04	86.18	59	22.11	1.38	276.71
月末在产品成本	0	0	0	0	0	0

2. 在产品按年初固定成本计价法

按年初固定成本计价法是指用**年初在产品成本作为各月在产品成本的方法**。这种方法**适用于各月月末在产品数量较少,或者在产品数量虽多但各月之间变化不大的产品**。这种方法下,各月(1—11 月)的在产品成本相同,本月发生的产品生产费用全部由完工产品负担。

在年终时,企业应根据实际盘点的在产品数量,重新计算在产品成本,作为下年度(1—11 月)的在产品成本,以免在产品固定成本与实际成本差距过大,影响成本核算的准确性。一般来说,炼铁企业和化工企业的产品,由于高炉和化学反应装置的容积固定,其在产品成本就可以采用这种方法计算。

【例 2-23】

星辰公司 2×19 年 9 月有关乙产品的生产成本明细账如表 2-26 所示,假设乙产品每月末在产品数量较稳定,为简化核算,乙产品采用在产品按年初固定成本计价法进行完工产品成本的核算。当月甲产品完工 595 件,在产品 5 件,本月生产费用合计 204 300 元,其中直接材料 78 700 元,直接人工 69 408.6 元,制造费用 47 195.15 元,动力与燃料费用 8 431.05 元,废品损失 565.2 元。编制产品成本核算单如表 2-29 所示。

表 2-29 产品成本核算单（在产品按年初固定成本计价法）

产品：乙产品　　　　　　　　2×19年9月　　　　　　　　单位：元

项　目	成本项目					合　计
	直接材料	直接人工	制造费用	燃料与动力	废品损失	
月初在产品成本	2 000	1 400	640	500	0	4 540
本月生产费用合计	76 700	68 008.6	46 555.15	7 931.05	565.2	199 760
本月生产费用合计	78 700	69 408.6	47 195.15	8 431.05	565.2	204 300
完工产品成本(595件)	76 700	68 008.6	46 555.15	7 931.05	565.2	199 760
单位产品成本	128.91	114.3	78.24	13.33	0.95	335.73
月末在产品成本	2 000	1 400	640	500	0	4 540

3．原材料成本扣除法

采用原材料成本扣除法，**月末在产品只计算其所耗用的直接材料成本**，不计算直接人工等加工费用，其他加工成本全部由完工产品成本负担，又称为在产品按所耗直接材料成本计价法。其计算公式为

$$单位产品直接材料分配率 = \frac{直接材料费用总额}{产成品产量 + 月末在产品约当产量}$$

$$在产品成本 = 在产品约当产量 \times 单位产品直接材料分配率$$

$$完工产品成本 = 完工产品数量 \times 单位产品直接材料分配率 + 其他各项加工成本$$

【例 2-24】

某厂生产的甲产品直接材料费用在产品成本中所占比重较大，在产品只计算材料成本。甲产品 2×19 年 10 月初在产品 20 件，直接材料成本 1 000 元；本月发生生产费用 9 800 元，其中直接材料费用 7 800 元，直接人工费用 1 200 元，制造费用 800 元；甲产品本月完工 80 件，月末在产品 30 件，在产品的原材料费用在生产开始时全部一次投入，材料费用按照完工产品和月末在产品的数量比例分配。

（1）直接材料费用在完工产品与在产品之间进行分配。

原材料费用分配率 =（1 000 + 7 800）÷（80 + 30）= 80（元/件）

完工产品应负担原材料费用 = 80 × 80 = 6 400（元）

在产品应负担原材料费用 = 30 × 80 = 2 400（元）

（2）计算完工产品与在产品成本，如表 2-30 所示。

这种方法**适用于各月月末在产品数量较多，各月在产品数量变化也较大，直接材料成本在生产成本中所占比重较大且材料在生产开始时一次就全部投入的产品**。在这类产品的生产中，加工费用少，按加工程度计算月末在产品成本中负担的加工费用就更少了，为了简化核算，将加工费用全部由完工产品成本负担，月末在产品成本只计算原材料费用。纺织、造纸和酿酒等工业的产品，原材料费用比重较大，可以采用这种分配方法。

表 2-30　产品成本核算单(在产品按所耗直接材料成本计价法)

产品：甲产品　　　　　　　　　　　2×19 年 10 月

月	日	摘　要		产量/件	直接材料/元	直接人工/元	制造费用/元	合计/元
10	1	月初在产品成本		20	1 000			1 000
		根据材料费用分配表			7 800			7 800
		根据职工薪酬分配表				1 200		1 200
		根据制造费用分配表					800	800
		本月生产费用小计			7 800	1 200	800	9 800
		生产费用累计			8 800	1 200	800	10 800
		本月投入		90				
		产成品成本	单位成本	80	80	15	10	105
			总成本		6 400	1 200	800	8 400
		月末在产品成本		30	2 400			2 400

4．约当产量比例法

1）约当产量比例法的含义

约当产量比例法（简称约当产量法）是先将月末在产品的数量按其完工程度（或投料程度）折算为完工产品的数量（约当产量），再将本月产品生产费用按完工产品数量和月末在产品的约当产量比例分配的方法。

约当产量法

约当产量法的计算程序如下。

（1）分成本项目计算在产品的约当产量。计算公式为

在产品约当产量＝月末在产品数量×月末在产品完工程度（或投料程度）

（2）根据不同成本项目的约当产量计算各成本费用项目的单位分配率。计算公式为

$$某项费用单位分配率＝\frac{该费用月初在产品金额＋该费用本月发生额}{产成品产量＋月末在产品约当产量}$$

（3）计算月末完工产品和在产品应分配的生产费用。计算公式为

某月完工产品应分配的某项费用 ＝ 某项费用分配率×完工产品数量

月末在产品应分配的某项费用 ＝ 该项费用分配率×在产品约当产量

或

月末在产品应分配的某项费用 ＝ 该项费用总额－完工产品分配的该项费用

这种方法**适用于月末在产品数量较大，各月月末在产品数量变动也较大，并且产品成本中各项费用比重相差不多的产品。**

2）**月末在产品约当产量的计算方法**

在产品的约当产量应按直接材料、直接人工、制造费用等成本项目分别计算。

（1）**分配"直接材料"成本项目的在产品约当产量的计算。**月末在产品成本中的材料费用与在产品的投料程度密切相关，因此，确定分配直接材料费用的在产品约当产量一般

按投料程度计算。在产品投料程度是指产品已经投入的材料费用占完工产品应投材料费用的比例。在产品的投料程度一般按产品生产的投料方式确定。通常在生产过程中有三种投料方式,因而**根据投料方式确定分配"直接材料"成本项目的投料程度也有三种方法**。

① **原材料在生产开始时一次投入**。产品直接材料在按完工产量和在产品数量分配时,如果原材料系生产开始时一次投入生产,则单位完工产品的材料费与单位在产品的材料费相等。在这种投料方式下,计算材料费用在产品约当产量的投料程度为100%。具体计算公式为

$$计算材料费用在产品的约当产量=月末在产品×100\%$$

② **原材料伴随生产陆续投入**。如果原材料是生产开始后随着生产进度陆续投入的,分配原材料费用时在产品的约当产量必须按在产品完工程度折算,如果原材料投入程度与生产工时投入的进度完全一致或基本一致,分配直接材料时在产品完工程度的确定与分配加工费用一样。因此,在这种投料方式下,计算材料费用在产品约当产量的投料程度等于完工程度。具体计算公式为

$$计算材料费用在产品的约当产量=月末在产品×在产品的完工程度$$

③ **原材料按生产工序分次投入**,则应根据各工序的材料消耗定额来计算投料程度。

情况一:若原材料在各工序开始时一次投入,则

$$\frac{各工序在产品}{完工(投料)程度}=\frac{前面各工序材料定额累计+本工序材料定额}{完工产品材料定额}×100\%$$

情况二:若原材料在各工序开始时逐步投入,则

$$\frac{各工序在产品}{完工(投料)程度}=\frac{前面各工序材料定额累计+本工序材料定额×50\%}{完工产品材料定额}×100\%$$

根据上列各投料程度分别乘以各该工序的在产品数量,计算出各工序直接材料费用分配标准的在产品约当产量。如果企业不要求分步骤(工序)计算半成品(中间产品)的成本,将各工序在产品的约当产量相加,即为计算完工产品成本的在产品约当产量。

【例 2-25】

某企业生产甲产品,2×19年8月初在产品直接材料成本为20 000元;本期投入产品原材料成本为180 000元。本期完工产品949件。甲产品经两道工序加工完成,不要求计算半成品成本,月末第一道工序在产品数量为80件,第二道工序在产品数量为50件。原材料消耗定额见约当产量计算表(表2-31)。原材料在每道工序生产开始时投入,分配原材料费用的约当产量如表2-32所示。

表2-31 约当产量计算表

工序	在产品数量/件	原材料消耗定额/千克	完工(投料)程度	在产品约当产量/件
1	80	60	$\frac{60}{150}×100\%=40\%$	80×40%=32
2	50	90	$\frac{60+90}{150}×100\%=100\%$	50×100%=50
合计		150		82

根据表 2-31,可将原材料费用分配如下。

$$原材料费用分配率 = (20\ 000 + 180\ 000) \div (949 + 82)$$
$$\approx 193.986\ 4(元/件)$$
$$完工产品原材料费用 = 949 \times 193.986\ 4 \approx 184\ 093.09(元)$$
$$月末在产品原材料费用 = (20\ 000 + 180\ 000) - 184\ 093.09$$
$$= 15\ 906.91(元)(倒挤)$$

注:由于保留小数点的缘故,有些数字作了调整。

假设上例原材料在每道工序生产过程中陆续投入,则分配原材料费用的约当产量如表 2-32 所示。

表 2-32 约当产量计算表

工序	在产品数量/件	原材料消耗定额/千克	完工(投料)程度	在产品约当产量/件
1	80	60	$\frac{60 \times 50\%}{150} \times 100\% = 20\%$	$80 \times 20\% = 16$
2	50	90	$\frac{60 + 90 \times 50\%}{150} \times 100\% = 70\%$	$50 \times 70\% = 35$
合计		150		51

根据表 2-32,可将原材料费用分配如下。

$$原材料费用分配率 = (20\ 000 + 180\ 000) \div (949 + 51) = 200(元/件)$$
$$完工产品原材料费用 = 949 \times 200 = 189\ 800(元)$$
$$月末在产品原材料费用 = 51 \times 200 = 10\ 200(元)$$

(2) 分配"直接人工""制造费用"等加工费用的在产品约当产量的计算。加工费用包括除材料费用以外的各成本项目,如直接人工、制造费用和燃料与动力等,一般会随着产品加工程度提高而增加,产品越趋近于完工,产品所应负担的直接人工和制造费用就越多,直至形成完工产品的加工成本,所以,直接人工和制造费用必须按完工产量和约当产量计算分配。例如,在具备产品工时定额的条件下,可按每道工序累计单位工时定额除以单位产品工时定额计算求得。因为存在于各工序内部的在产品加工程度不同,有的正在加工之中,有的已加工完毕,有的还尚未加工。**为了简化核算,在计算各工序内在产品完工程度时,按平均完工 50% 计算**。其测定公式为

$$某工序在产品完工程度 = \frac{前面各工序累计工时定额之和 + 本工序工时定额 \times 50\%}{该产品定额总工时} \times 100\%$$

【例 2-26】

丙产品单位工时定额 50 小时,经两道工序制成。各工序单位工时定额为第一道工序 40 小时,第二道工序 10 小时。假定每道工序的在产品完工程度为 50%。则在产品完工程度计算结果如下。

$$第一道工序在产品完工程度 = \frac{40 \times 50\%}{50} \times 100\% = 40\%$$

$$第二道工序在产品完工程度 = \frac{40 + 10 \times 50\%}{50} \times 100\% = 90\%$$

有了各工序在产品完工程度和各工序在产品盘存数量,即可求得各工序在产品的约当产量。在不要求计算半成品(中间产品)成本的情况下,将各工序在产品约当产量数合计,即为计算完工产品成本的在产品约当产量。各工序产品的完工程度可事先制定,产品工时定额不变时可长期使用。

仍引用例 2-26 的资料,假定期末在产品 80 件,分布在第一工序的有 50 件,第二工序的有 30 件,不要求分工序(步骤)计算半产品成本,则

$$期末在产品约当产量 = 50 \times 40\% + 30 \times 90\% = 47(件)$$

根据上述计算的期末在产品约当产量,可以将产品直接人工和制造费用在完工产品和在产品之间分配。

假定例 2-26 所举完工产品 949 件,月初在产品和本月发生的直接人工和制造费用分别为 498 000 元和 199 800 元。两项费用分配计算如下。

$$直接人工分配率 = 498\ 000 \div (949 + 47) = 500(元/件)$$
$$完工产品直接人工费 = 949 \times 500 = 474\ 500(元)$$
$$月末在产品直接人工费 = 47 \times 500 = 23\ 500(元)$$
$$制造费用分配率 = 199\ 800 \div (949 + 47) = 200.6(元/件)$$
$$完工产品制造费用 = 949 \times 200.6 = 190\ 369.4(元)$$
$$月末在产品制造费用 = 199\ 800 - 190\ 369.4 = 9\ 430.6(元)$$

如果各工序在产品数量和单位工时定额都相差不多,在产品的完工程度也可全部按 50% 计算。

【例 2-27】

某公司乙产品本月完工产品产量 2 000 个,在产品数量 500 个,完工程度按平均 50% 计算,材料在生产开始时一次投入,按约当产量比例法分配生产费用。乙产品本月月初在产品和本月耗用直接材料 180 000 元,直接人工 63 000 元,制造费用 94 500 元。

乙产品各成本项目的分配计算如下。

由于材料在生产开始时一次投入,分配材料费用的在产品约当产量按 100% 计算,分配其他加工费用的在产品约当产量按完工程度 50% 计算。

① 直接材料成本的分配。

$$完工产品应负担的直接材料成本 = 180\ 000 \div (2\ 000 + 500) \times 2\ 000$$
$$= 144\ 000(元)$$
$$在产品应负担的直接材料成本 = 180\ 000 \div (2\ 000 + 500) \times 500$$
$$= 36\ 000(元)$$

② 直接人工成本的分配。

$$直接人工成本和制造费用在产品约当产量 = 500 \times 50\% = 250(个)$$
$$完工产品应负担的直接人工成本 = 63\ 000 \div (2\ 000 + 250) \times 2\ 000$$
$$= 56\ 000(元)$$
$$在产品应负担的直接人工成本 = 63\ 000 \div (2\ 000 + 250) \times 250$$
$$= 7\ 000(元)$$

③ 制造费用的分配。

完工产品应负担的制造费用 = 94 500 ÷ (2 000 + 250) × 2 000 = 84 000(元)
在产品应负担的制造费用 = 94 500 ÷ (2 000 + 250) × 250 = 10 500(元)

通过以上按约当产量法分配计算的结果,汇总乙产品完工产品成本和在产品成本。

乙产品本月完工产品成本 = 144 000 + 56 000 + 84 000 = 284 000(元)
乙产品本月在产品成本 = 36 000 + 7 000 + 10 500 = 53 500(元)

综上所述,约当产量可以用产品所用各种资源(包括劳动力资源或物质资源)的投入量来表示。**不同成本项目费用的分配,其对应的在产品约当产量的计算方法和计算结果可能是不一样的。**

5. 在产品按定额成本计价法

在产品按定额成本计价法是指月末在产品成本按照预先制定的定额成本计价的方法。采用这种方法时,**可根据实际结存的在产品数量、投料和加工程度,以及单位产品定额成本核算出月末在产品的定额成本。**该种产品的全部成本(如果有月初在产品,包括月初在产品成本在内)减去按定额成本核算的月末在产品成本,余额作为完工产品成本;**每月生产成本脱离定额的节约差异或超支差异全部计入当月完工产品成本。**这种方法是事先经过调查研究、技术测定或按定额资料,对各个加工阶段上的在产品直接确定一个单位定额成本。这种方法**适用于各项消耗定额或成本定额比较准确、稳定,而且各月月末在产品数量变化不是很大的产品。**

采用这种方法的计算公式为

在产品单位定额成本 = $\sum$ 该在产品单位产品的直接材料和加工费用定额

月末在产品成本 = 月末在产品约当产量 × 在产品单位定额成本

完工产品总成本 = (月初在产品成本 + 本月发生生产成本) − 月末在产品成本

完工产品单位成本 = 完工产品总成本 ÷ 产成品产量

【例 2-28】

某公司乙产品本月完工产品产量 2 500 个,在产品数量 200 个;在产品单位定额成本为:直接材料 400 元,直接人工 100 元,制造费用 150 元。乙产品本月初在产品和本月耗用直接材料成本共计 1 360 000 元,直接人工成本 640 000 元,制造费用 960 000 元。按定额成本核算在产品成本及完工产品成本,计算结果如表 2-33 所示。

表 2-33 乙产品成本核算表　　　　　　　　　　　　　　单位:元

项　目	在产品定额成本	完工产品成本	完工产品单位成本
直接材料	400×200=80 000	1 360 000−80 000=1 280 000	1 280 000÷2 500=512
直接人工	100×200=20 000	640 000−20 000=620 000	620 000÷2 500=248
制造费用	150×200=30 000	960 000−30 000=930 000	930 000÷2 500=372
合　计	130 000	2 830 000	2 830 000÷2 500=1 132

6. 定额比例法

定额比例法是指按照完工产品和在产品的定额消耗量或定额费用的比例分配费用计算完工产品和月末在产品成本的方法。其中，直接材料成本按直接材料的定额消耗量或定额成本比例分配；加工费用（包括直接人工和制造费用）可以按各该定额成本的比例分配，也可按定额工时比例分配。其计算公式为（假设直接材料费用分配按定额成本比例分配，加工费用按定额工时比例分配）

$$直接材料费用分配率 = \frac{月初在产品实际材料成本 + 本月投入的实际材料成本}{完工产品定额材料成本 + 月末在产品定额材料成本}$$

完工产品应分配的材料成本 = 完工产品定额材料成本 × 直接材料费用分配率

月末在产品应分配的材料成本 = 月末在产品定额材料成本 × 直接材料费用分配率

$$\frac{直接人工}{费用分配率} = \frac{月初在产品直接人工费用 + 本月投入的直接人工费用}{完工产品定额工时 + 月末在产品定额工时}$$

完工产品应分配的直接人工费用 = 完工产品定额工时 × 直接人工费用分配率

月末在产品应分配的直接人工费用 = 月末在产品定额工时 × 直接人工费用分配率

$$制造费用分配率 = \frac{月初在产品制造费用 + 本月投入的制造费用}{完工产品定额工时 + 月末在产品定额工时}$$

完工产品应分配的制造费用 = 完工产品定额工时 × 制造费用分配率

月末在产品应分配的制造费用 = 月末在产品定额工时 × 制造费用分配率

定额比例法弥补了按定额成本核算在产品成本时，实际费用与定额成本的差异完全由完工产品负担的缺陷。这种方法适用于各项消耗定额或成本定额比较准确、稳定，但各月月末在产品数量变动较大的产品。

【例 2-29】

某公司丁产品本月完工产品产量 300 个，在产品数量 40 个。单位产品定额消耗为材料定额 400 元，工时定额 100 小时。单位在产品材料定额 400 元，工时定额 50 小时。有关成本资料如表 2-34 所示。要求按定额比例法计算在产品成本及完工产品成本。

表 2-34　丁产品成本资料表　　　　　　　　　　　　　　单位：元

项　目	直接材料	直接人工	制造费用	合　计
期初在产品成本	400 000	40 000	60 000	500 000
本期发生成本	960 000	600 000	900 000	2 460 000
合　计	1 360 000	640 000	960 000	2 960 000

本例需按完工产品定额与在产品定额各占总额的比例分配成本。

（1）计算完工产品定额。

完工产品直接材料定额消耗 = 400 × 300 = 120 000（元）

完工产品直接人工定额消耗 = 100 × 300 = 30 000（小时）

完工产品制造费用定额消耗 = 100 × 300 = 30 000（小时）

(2) 计算在产品定额。

$$在产品直接材料定额消耗 = 400 \times 40 = 16\,000(元)$$
$$在产品直接人工定额消耗 = 50 \times 40 = 2\,000(小时)$$
$$在产品制造费用定额消耗 = 50 \times 40 = 2\,000(小时)$$

(3) 分配成本。

$$完工产品应负担的直接材料成本 = 120\,000 \times \frac{1\,360\,000}{120\,000 + 16\,000}$$
$$= 1\,200\,000(元)$$

$$在产品应负担的直接材料成本 = 16\,000 \times \frac{1\,360\,000}{120\,000 + 16\,000}$$
$$= 160\,000(元)$$

$$完工产品应负担的直接人工成本 = 30\,000 \times \frac{640\,000}{30\,000 + 2\,000}$$
$$= 600\,000(元)$$

$$在产品应负担的直接人工成本 = 2\,000 \times \frac{640\,000}{30\,000 + 2\,000}$$
$$= 40\,000(元)$$

$$完工产品应负担的制造费用 = 30\,000 \times \frac{960\,000}{30\,000 + 2\,000}$$
$$= 900\,000(元)$$

$$在产品应负担的制造费用 = 2\,000 \times \frac{960\,000}{30\,000 + 2\,000}$$
$$= 60\,000(元)$$

通过以上按定额比例法分配计算的结果,可以汇总丁产品完工产品成本和在产品成本。

$$丁产品本月完工产品成本 = 1\,200\,000 + 600\,000 + 900\,000 = 2\,700\,000(元)$$
$$丁产品本月在产品成本 = 160\,000 + 40\,000 + 60\,000 = 260\,000(元)$$

提示:在定额成本计价法和定额比例法下,如果企业只制定了单位产品的各成本项目定额,计算在产品各成本项目定额时要按在产品的约当产量计算。

7. 在产品按完工产品计价法

采用这种分配方法时,在产品视同完工产品分配费用。这种方法适用于月末在产品已经接近完工,只是尚未包装或尚未验收入库的产品。因为这种情况下在产品成本已经接近完工产品成本,为了简化产品成本核算工作,在产品可以视同完工产品,按两者的数量比例分配原材料费用和各项加工费用。

综上所述,生产费用在完工产品与期末在产品之间的分配,可根据在产品数量的多少及其稳定程度、费用结构等因素,相应地采用既合理又简便的方法,以计算确定月末在产品和完工产品的实际成本。上述各种方法的适用范围大致可归纳如图2-3所示。

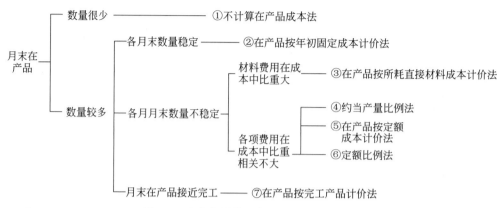

图 2-3 生产费用分配方法适用范围示意图

项目总结 一般制造业产品成本构成要素的归集和分配流程

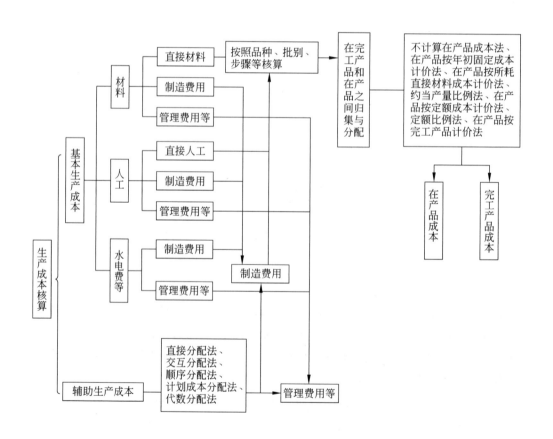

思考与练习

一、思考题

1. 分配材料费用有哪几种方法？
2. 工资制度有哪几种？计时工资制度下工资有哪几种核算方法？
3. 什么是制造费用？它包括哪些费用项目？
4. 制造费用有哪些分配方法？
5. 辅助生产费用分配的方法有哪几种？交互分配法的优缺点及适用条件是什么？
6. 如果企业设置供电辅助生产车间的，外购的电费如何进行核算？
7. 如何界定废品损失的范围？企业的哪些损失不作为废品损失处理？
8. 期末将生产费用在完工产品与在产品之间进行分配的方法有哪几种？
9. 约当产量法的特点和适用范围是什么？
10. 企业为什么要增强安全意识？你个人是如何加强安全意识的？

二、选择题

（一）单项选择题

1. 下列各项中属于直接生产费用的是（   ）。
   A. 生产车间厂房及生产用设备的折旧费
   B. 直接用于产品生产的材料费用
   C. 企业行政管理部门固定资产的折旧费
   D. 生产车间的办公费用

2. 采用辅助生产费用分配的交互分配法，对外分配的费用总额是（   ）。
   A. 交互分配前的费用
   B. 交互分配前的费用加上交互分配转入的费用
   C. 交互分配前的费用减去交互分配转出的费用
   D. 交互分配前的费用再加上交互分配转入的费用，减去交互分配转出的费用

3. "废品损失"账户核算的内容之一是（   ）。
   A. 产品销售后的修理费用
   B. 生产过程中发现的不可修复废品的生产成本
   C. 出售不合格品的降价损失
   D. 库存产品因水灾而变质的损失

4. 应在本月计算折旧费用的固定资产是（   ）。
   A. 以经营租赁方式租入的房屋   B. 本月内购进的机器设备
   C. 未使用的设备   D. 本月减少的设备

5. 下列方法中，属于辅助生产费用分配方法的是（   ）。
   A. 定额成本法   B. 计划成本分配法
   C. 生产工时比例分配法   D. 机器工时比例分配法

6. 在辅助生产费用的各种分配方法中,分配结果最正确的是( )。
   A. 交互分配法　　　　　　　　　　B. 直接分配法
   C. 计划成本分配法　　　　　　　　D. 代数分配法

7. 下列各项中,不应计入废品损失的是( )。
   A. 不可修复废品的生产成本　　　　B. 用于修复废品的人工费用
   C. 可修复废品的生产成本　　　　　D. 用于修复废品的材料费用

8. 可以记入"直接材料"成本项目的材料费用是( )。
   A. 为组织管理生产用的机物料　　　B. 为组织管理生产用的低值易耗品
   C. 生产过程中间接耗用的材料　　　D. 直接用于生产过程中的原材料

9. 辅助生产费用直接分配法的特点是辅助生产费用( )。
   A. 直接记入"生产成本——辅助生产成本"科目
   B. 直接分配给所有受益的车间、部门
   C. 直接分配给辅助生产以外的各受益单位
   D. 直接计入辅助生产提供的劳务成本

10. 如果某种产品所耗原材料费用在产品成本中所占比重很大,在产品成本的确定可使用的方法是( )。
    A. 约当产量比例法　　　　　　　　B. 在产品按年初固定成本计价法
    C. 在产品按所耗直接材料成本计价法　D. 在产品按完工产品计价法

11. 某车间采用按年度计划分配率分配法分配制造费用。该车间全年制造费用计划为 3 780 元。全年各种产品的计划产量为:甲产品 200 件,乙产品 400 件;单件产品的工时定额为:甲产品 5 小时,乙产品 2 小时。据此计算的该车间制造费用年度计划分配率是( )元/小时。
    A. 540　　　　B. 6.3　　　　C. 2.1　　　　D. 0.9

12. 某产品 8 月在生产过程中发现的不可修复废品的生产成本为 800 元,入库后发现的不可修复废品的生产成本为 400 元,可修复废品的修复费用为 300 元,回收废品残料的价值为 100 元。据此计算该产品 8 月废品净损失是( )元。
    A. 1 000　　　B. 1 100　　　C. 1 400　　　D. 1 500

13. 甲产品月末在产品只计算原材料费用。该产品月初在产品原材料费用为 3 600 元,本月发生的原材料费用 2 100 元。原材料均在生产开始时一次投入。本月完工产品 200 件,月末在产品 100 件。据此计算甲产品本月月末在产品原材料费用是( )元。
    A. 5 700　　　B. 3 800　　　C. 2 100　　　D. 1 900

14. 各月在产品数量变动较大的情况下,采用在产品按定额成本计价法将生产费用在完工产品和在产品之间进行分配时,可能导致( )。
    A. 月初在产品成本为负数　　　　　B. 本月发生的生产费用为负数
    C. 本月完工产品成本为负数　　　　D. 月末在产品成本为负数

15. 按年度计划分配率分配制造费用的方法适用于( )。
    A. 制造费用数额较大的企业　　　　B. 季节性生产的企业
    C. 基本生产车间规模较小的企业　　D. 制造费用数额较小的企业

16. 机器工时比例分配法适用于（ ）。
    A. 季节性生产的车间 B. 制造费用较多的车间
    C. 机械化程度大致相同的各种产品 D. 机械化程度较高的车间

17. 除了按年度计划分配率分配制造费用以外，"制造费用"账户月末（ ）。
    A. 没有余额 B. 一定有借方余额
    C. 一定有贷方余额 D. 有借方或贷方余额

18. 在各辅助生产车间相互提供劳务很少的情况下，适宜采用的辅助生产费用分配方法是（ ）。
    A. 直接分配法 B. 交互分配法
    C. 计划成本分配法 D. 代数分配法

19. 辅助生产交互分配后的实际费用，应在（ ）进行分配。
    A. 各基本生产车间 B. 各受益单位之间
    C. 辅助生产以外的受益单位之间 D. 各辅助生产车间

20. 某产品经三道工序加工而成，每道工序的工时定额分别为：15 小时、25 小时、10 小时。各道工序在产品在本道工序的加工程度按工时定额的 50% 计算。第三道工序的累计工时定额为（ ）小时。
    A. 10 B. 50 C. 45 D. 40

21. 某企业 2×19 年 3 月发生的费用有：计提厂房折旧 50 万元，发生车间管理人员工资及福利费 55 万元，支付车间水电费 25 万元，支付车间固定资产修理费用 10 万元。则该企业当期计入制造费用总额为（ ）万元。
    A. 50 B. 60 C. 90 D. 130

22. 某企业生产甲、乙、丙三种产品。10 月三种产品的投入量分别为 500 件、500 件和 375 件，三种产品的消耗定额分别为：4 千克、6 千克和 8 千克，甲、乙、丙三种产品本月共耗原材料 10 000 千克，材料定额为每千克 5.20 元，材料费用共计 52 000 元。按材料定额消耗量比例法计算三种产品应负担的材料费用分配率是（ ）。
    A. 4 B. 6.5 C. 8.5 D. 10

23. 某生产车间生产甲和乙两种产品，该车间共发生制造费用 300 000 元，生产甲产品的工时为 5 000 小时，生产乙产品的工时为 6 000 小时。若按工时比例分配制造费用，乙产品应负担的制造费用为（ ）元。
    A. 136 364 B. 120 000 C. 163 636 D. 180 000

24. 某工业企业下设供水、供电两个辅助生产车间，采用交互分配法进行辅助生产费用的分配。2×19 年 4 月，供水车间交互分配前实际发生的生产费用为 90 000 元，分配后应负担供电车间的电费为 27 000 元；供水总量为 500 000 吨（其中：供电车间耗用 50 000 吨，基本生产车间耗用 350 000 吨，行政管理部门耗用 100 000 吨）。供水车间 2×19 年 4 月对辅助生产车间以外的受益单位分配水费的总成本为（ ）元。
    A. 81 000 B. 108 000 C. 105 300 D. 117 000

25. 定额比例法下，直接材料成本分配率应为（ ）。
    A. $\dfrac{\text{月初在产品实际材料成本}+\text{本月投入的实际材料成本}}{\text{完工产品定额材料成本}+\text{月末在产品定额材料成本}}$

B. $\dfrac{\text{月初在产品实际材料成本} + \text{本月投入的实际材料成本}}{\text{完工产品实际材料成本} + \text{月末在产品实际材料成本}}$

C. $\dfrac{\text{本月投入的实际材料成本}}{\text{完工产品定额材料成本} + \text{月末在产品定额材料成本}}$

D. $\dfrac{\text{本月投入的实际材料成本}}{\text{完工产品实际材料成本} + \text{月末在产品实际材料成本}}$

26. 月初在产品成本、本月发生的生产费用、本月完工产品成本和月末在产品成本四者之间的关系式,下列表达不正确的是( )。

A. 月初在产品成本＝本月完工产品成本＋月末在产品成本－本月发生的生产费用

B. 本月发生的生产费用＝月初在产品成本＋本月完工产品成本－月末在产品成本

C. 月末在产品成本＝月初在产品成本＋本月发生的生产费用－本月完工产品成本

D. 本月完工产品成本＝月初在产品成本＋本月发生的生产费用－月末在产品成本

27. 下列关于"制造费用"科目说法不正确的是( )。

A. 本科目核算企业生产车间为生产产品和提供劳务而发生的各项直接费用

B. 该科目核算直接用于产品生产但管理上不要求或不便于单独核算的费用

C. 该科目可以按照不同的生产车间和费用项目进行明细核算

D. 该科目期末分配计入各成本核算对象,除季节性生产外,期末无余额

28. 某厂辅助生产的供汽车间待分配费用9 840元,提供给辅助生产发电车间5 810吨,基本生产车间38 000吨,行政管理部门5 560吨,共计49 370吨,采用直接分配法,其费用分配率应是( )元/吨。

A. 0.23   B. 0.2   C. 0.22   D. 0.94

29. 某工业企业某月生产甲、乙两种产品,共同耗用A原材料,耗用量无法按产品直接划分。甲产品投产100件,原材料消耗定额为10千克;乙产品投产150件,原材料消耗定额为4千克。A原材料的计划单价为5元/千克。甲、乙两种产品实际消耗A原材料总量为1 440千克。A原材料消耗量分配率应为( )。

A. 0.6   B. 0.9   C. 1.2   D. 2

30. 某工业企业只有一个车间,全年制造费用计划为90 000元。全年各种产品的计划产量为:甲产品1 000件,乙产品900件;单件产品的工时定额为:甲产品3小时,乙产品4小时。2×19年12月实际产量为:甲产品200件,乙产品160件,该月实际制造费用为7 000元。该企业制造费用年度计划分配率应为( )。

A. 8   B. 10.8   C. 12.12   D. 13.64

31. A产品单位工时定额为20小时,经过两道工序加工完成,第一道工序的工时定额为5小时,第二道工序的工时定额为15小时。假设本月末第一道工序有在产品15件,平均完工程度为60%;第二道工序有在产品25件,平均完工程度为40%。则分配人工费用时在产品的约当产量为( )件。

  A. 16   B. 19   C. 20   D. 21

32. 甲、乙两种产品共同消耗的燃料费用为9 000元,甲、乙两种产品的定额消耗量分别为300千克和650千克。则按燃料定额消耗量比例分配计算的甲产品应负担的燃料费用为( )元。

  A. 6 158   B. 2 842   C. 3 873.33   D. 4 285.67

33. 某企业"生产成本"科目的期初余额为95万元,本期为生产产品发生直接材料费用80万元,直接人工费用65万元,制造费用23万元,企业行政管理费用10万元,本期结转完工产品成本为75万元。假定该企业只生产一种产品,则期末"生产成本"科目的余额为( )万元。

  A. 368   B. 273   C. 198   D. 188

(二)多项选择题

1. 发生下列各项费用时,可以直接借记"生产成本——基本生产成本"账户的有( )。

  A. 车间照明用电费   B. 构成产品实体的原材料费用
  C. 车间管理人员工资   D. 车间生产工人工资

2. 在下列方法中,属于辅助生产费用分配方法的有( )。

  A. 交互分配法   B. 代数分配法
  C. 定额比例法   D. 计划成本分配法

3. 采用约当产量比例法,必须正确计算在产品的约当产量,而在产品约当产量计算正确与否取决于产品完工程度的测定,测定在产品完工程度的方法有( )。

  A. 按50%平均计算各工序完工率   B. 分工序分别计算完工率
  C. 按定额比例法计算   D. 按原材料消耗定额计算

4. 分配辅助生产费用,贷记"生产成本——辅助生产成本"科目时,对应的借方科目可能有( )。

  A. 生产成本——基本生产成本   B. 管理费用
  C. 制造费用   D. 营业费用

5. 采用在产品按年初固定成本计价时应具备的条件是( )。

  A. 月末在产品数量大,但较稳定   B. 月末在产品数量大且不稳定
  C. 月末在产品数量较小   D. 月初、月末在产品数量变化不大

6. 下列各项中,属于广义在产品的有( )。

  A. 正在车间返修的废品
  B. 已完工尚未入库的产品
  C. 已入库尚待加工的自制半成品
  D. 已入库用于直接外销的自制半成品

7. 下列各项中,不作为废品损失核算的有( )。

  A. 可降价出售的不合格产品的降价损失
  B. 产品入库后因保管不善造成的变质损失
  C. 不可修复废品的生产成本

D. 产品出售后发生的三包费用

8. 下列方法中,属于制造费用分配方法的有(　　)。
   A. 生产工人工时比例分配法　　B. 生产工人工资比例分配法
   C. 机器工时比例分配法　　　　D. 按年度计划分配率分配法

9. 辅助生产车间不设"制造费用"账户核算是因为(　　)。
   A. 辅助生产车间数量较少　　　B. 辅助生产车间规模较小
   C. 辅助生产车间不对外提供商品　D. 制造费用较少

10. 采用代数分配法分配辅助生产费用(　　)。
    A. 能够提供正确的分配计算结果　B. 能够简化费用的分配计算工作
    C. 适用于实现电算化的企业　　　D. 便于分析考核各受益单位的成本

11. 辅助生产车间发生的固定资产折旧费,可能借记的账户有(　　)。
    A. 制造费用　　　　　　　　　B. 生产成本——辅助生产成本
    C. 生产成本——基本生产成本　D. 管理费用

12. 下列项目中,属于制造费用所属项目的有(　　)。
    A. 生产车间的保险费　　　　　B. 厂部办公楼折旧
    C. 在产品盘亏和毁损　　　　　D. 生产车间低值易耗品摊销

13. 下列各项中,属于企业在确定生产成本在完工产品与在产品之间的分配方法时,应考虑的具体条件有(　　)。
    A. 在产品数量的多少　　　　　B. 定额管理基础的好坏
    C. 各项成本比重的大小　　　　D. 各月在产品数量变化的大小

14. 采用定额比例法分配完工产品和月末在产品费用应具备的条件有(　　)。
    A. 各月月末在产品数量变化较大　B. 各月月末在产品数量变化不大
    C. 消耗定额或成本定额比较稳定　D. 消耗定额或成本定额波动较大

15. 以下通过制造费用科目核算的项目有(　　)。
    A. 车间管理人员的工资和福利费　B. 厂房的折旧费
    C. 机物料消耗　　　　　　　　D. 季节性和修理期间的停工损失

三、判断题

1. 一般情况下,辅助生产车间的制造费用,与基本生产的制造费用一样,先通过"制造费用"科目归集,然后再转入"辅助生产成本"科目;为简化核算也可以不通过"制造费用"科目,直接记入"辅助生产成本"科目。　(　　)

2. 每月发生的成本全部由完工产品负担的成本分配方法,适用于企业各月末在产品数量固定的产品。　(　　)

3. 在约当产量比例法中,在产品的原材料费用不需要计算在产品的约当产量。　(　　)

4. 企业完工产品经产成品仓库验收入库后,其成本应从"生产成本——基本生产成本"科目及所属产品成本明细账的贷方转出,转入"库存商品"科目的借方。　(　　)

5. 采用顺序分配法分配辅助生产费用时,应按辅助生产车间受益多少顺序排列,受益多的排列在前,先将费用分配出去;受益少的排列在后,后将费用分配出去。　(　　)

6. 废品损失采用按废品所耗定额费用计算不可修复废品成本时，废品的生产成本是按废品数量和各项费用定额计算的，不需要考虑废品实际发生的生产费用。（ ）

7. 产品成本是由费用构成的，因此企业发生的费用就是产品的成本。（ ）

8. 不计算在产品成本法、在产品成本按年初固定成本计价法，可以使本月发生的生产费用就是本月完工产品的成本。（ ）

9. 生产车间管理人员的薪酬、福利费、差旅费均计入制造费用。（ ）

10. 不满一个工作日的停工损失，也应计入停工损失中。（ ）

11. 不需要返修、可降价出售的不合格品；入库后保管不善而损坏的产品；实行"三包"企业在产品出售后发现的废品均应包括在废品损失内。（ ）

12. 不单独核算停工损失的企业，不设立"停工损失"科目，直接反映在"制造费用"和"营业外支出"等科目中。单独核算停工损失的企业，应增设"停工损失"科目，在成本项目中增设"停工损失"项目。（ ）

13. 企业消耗定额或成本定额比较准确、稳定，而且各月末在产品数量变化不是很大时，期末在产品适用于按定额比例法计算；如果各项消耗定额或定额成本比较准确、稳定，但各月末在产品数量变动较大时，适用于定额成本计价法。（ ）

14. 本月新投产的产品，当月完工产品成本等于本月生产费用减去期末在产品成本。（ ）

15. 期末在产品成本按年初固定成本计价法，当月完工产品成本等于本月生产费用减去期末在产品成本。（ ）

产品成本核算的基本方法

项目3

【引言】

产品成本是综合反映企业业绩的重要指标,产品成本为企业进行经营决策(如定价决策)提供重要依据,为正确计算企业损益提供基础信息。

产品成本核算方法的选择受产品生产工艺和成本管理要求的影响。成本核算基本方法包括品种法、分批法和分步法。企业在产品生产过程中应该选择哪种方法核算产品成本,每种方法计算的原理,是本章主要阐述的内容。

【知识目标】

1. 理解各种成本核算方法的特点及适用范围。
2. 掌握品种法、分批法、分步法的核算程序和核算方法。

【能力目标】

1. 熟练运用品种法、分批法、分步法核算产品成本,并编制成本核算单。
2. 在运用逐步综合结转分步法核算成本时,能够对综合成本进行成本还原。

【思政目标】

了解国家发展战略,树立为国作贡献的理想。

【关键术语】

品种法(species act)　　分批法(job-order costing)　　分步法(process costing)

逐步结转分步法(make a carry forward step by step)

综合结转分步法(comprehensive carry forward fractional step method)

成本还原(cost revivification)

分项结转分步法(carry forward fractional step method separately)

平行结转分步法(parallel carry forward the process)

 课前案例

双鹤药业的成本管理

北京双鹤药业股份有限公司(以下简称双鹤药业)是由北京制药厂为主要发起人设立的股份制上市公司,1997年5月在上交所上市。其销售网络遍及国内外,主营业务涵盖新药开发、药品制造、医药经营及制药装备等领域,是横贯科研、生产、流通各环节的大型现代化制药集团。

该企业的成本管理工作流程如下。

1. 成本核算方法的选择

北京双鹤药业股份有限公司由三个分厂负责生产：注射剂分厂、片剂分厂和原料药分厂。

各生产厂产品如下。

注射剂分厂：5％葡萄糖100mL……

片剂分厂：降压0号……

原料药分厂：缩合物酯水解……

对于注射剂分厂和片剂分厂的产品生产，从生产工艺而言，属于单步骤生产；从产品生产组织而言，属于大批量生产。因此，对于这两个分厂生产的产品，应采用品种法进行成本核算。

对于原料药厂的生产，从生产工艺而言，属于多步骤生产；从产品生产组织而言，尽管属于大批量生产，但是管理上要求加强各道工序的控制，而且部分半成品需要对外销售。因此，对于原料药厂需要采用分步法进行成本核算。

因此，双鹤药业的成本核算方法为品种法或分步法。

2. 成本费用分配率

经过对料、工、费的来源进行设置，已基本完成了成本费用的初次分配和归集的设置，即将大部分材料费用归集到各产品名下，将其他成本费用归集到各生产部门范围内。为了完成最终产成品的成本核算，还必须将按部门归集的成本在部门内部各产品之间、在产品和完工产品之间进行分配，因此，双鹤药业成本核算过程中，需要进行设置的费用分配率包括共用材料分配率、人工费用分配率、制造费用分配率以及在产品分配率。

3. 双鹤药业成本核算日常处理

成本的归集和分配方法一般于期初确定，期中成本核算日常处理需要归集料、工、费数据。为了月末将成本费用在完工产品和在产品之间进行分配，日常要对本月完工产品和在产品进行统计，为成本分配提供依据。同时，日常要根据不同产品成本核算方法的要求，适时编制实际工时日报表、工序产品耗用表、在产品约当系数表、分配标准表等。

4. 成本核算

通过日常处理，确定成本费用归集的合计数，作为成本分配的具体依据。至此，进行成本核算的准备工作已基本完成，可以采用品种法或分步法进行具体产品成本的核算。

资料来源：比特网，http://news.chinabyte.com/499/210499_2.shtml。

任务3.1 成本核算方法概述

在前面阐述成本核算要求时曾提到，为了正确核算产品成本和期间费用，圆满地完成成本核算任务，充分发挥成本核算的作用，除了正确划分各种费用界限，正确确定财产物资的计价和价值结转方法并扎实地做好各项基础工作外,还要适应企业生产特点和管理要求,采用适当的产品成本核算方法。本项目研究的就是如何将前面阐述的成本核算的一般程序,与企业的生产特点和管理要求结合起来,具体确定计算产品成本的方法。

3.1.1 企业生产类型

尽管不同行业、部门的生产特点千差万别,但按照工业生产的一般特点,仍可做如下分类。

1. 按工艺过程特点分类

制造业企业的产品生产,按其生产工艺过程的特点,可以分为单步骤生产和多步骤生产两种类型。

(1) 单步骤生产。单步骤生产也称简单生产,是指生产工艺过程不能间断,或者因为受工作地点限制,不可能或者不需要划分为几个生产步骤的生产。例如,发电、采掘等工业企业的生产,这类生产由于技术的不可间断(例如发电),或者出于工作地点上的限制,生产地点不便分散(例如采煤),通常只能由一个企业整体进行,而不能由几个车间协作进行。单步骤生产一般生产周期短,没有自制半成品和中间产品。

(2) 多步骤生产。多步骤生产也称复杂生产,是指生产工艺过程可以间断,可以划分为若干个生产步骤的生产。其生产活动可以分散在不同的地点,分别在不同的时间进行,可以由一个企业的各个车间进行,也可以由几个企业协作进行。

多步骤生产按其产品加工方式,又可进一步分为连续加工式生产和装配式生产。连续加工式生产是指对投入生产的原材料,要依次经过各生产步骤的连续加工,后续步骤的生产建立在上一步完工的基础上,直至最后一步才能成为产成品的生产。例如,纺织、钢铁、造纸、服装等工业生产。装配式生产是指先将原材料分别加工为零件、部件,再将零件、部件装配为产品的生产。例如,机械、车辆、仪表制造等工业生产。

2. 按生产组织特点分类

制造企业的产品生产,按其生产组织的特点,可以分为大量生产、成批生产和单件生产三种类型。

(1) 大量生产。大量生产是指不断地重复生产相同产品的生产。在这种生产的企业或车间中,生产的产品品种较少,而且比较稳定,每种产品的产量大,通常采用专用设备重复地进行生产,专业化水平高。例如,采掘、纺织、钢铁、发电、造纸、面粉、化肥、酿酒等工业生产。

(2) 成批生产。成批生产是指按照事先规定的规格和数量,分批生产一定种类的产品的生产。在成批生产的企业或车间中,通常生产的产品品种较多,而且各种产品的生产具有一定的重复性,一般同时采用专用及通用设备进行生产。例如,服装、机械等工业生产。

成批生产按照产品批量的大小,又可以分为大批生产和小批生产。大批生产由于产品的批量大,往往在几个月内不断地重复生产一种或几种产品,因而性质接近于大量生产;小批生产由于生产产品的批量小,一批产品一般可以同时完工,因而其性质接近于单件生产。

（3）单件生产。单件生产类似小批生产，是指根据订货单位的要求，生产个别的、性质特殊的产品的生产。在这种生产的企业或车间中，生产的产品品种较多，而且很少重复生产。例如，重型机器制造、大型电机制造、船舶制造、专用设备制造等。

一般来说，按企业生产工艺特点与生产组织特点，有四种生产类型：大量或大批单步骤生产、大量或大批连续加工式多步骤生产、大量或大批装配式多步骤生产、小批或单件生产。

企业生产类型的划分如图 3-1 所示。

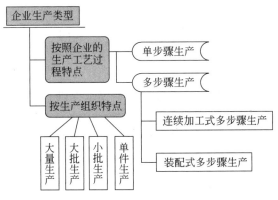

图 3-1　企业生产类型

3.1.2　生产特点和成本管理要求对产品成本核算的影响

企业采用什么成本核算方法，在很大程度上是由产品的生产特点和成本管理的要求所决定的，生产特点和管理要求对产品成本核算的影响主要表现在以下三方面。

1. 对成本核算对象的影响

核算产品成本必须先确定成本核算对象。成本核算对象是为核算成本而确定的归集生产费用的各个对象，也就是成本的承担者。确定成本核算对象是设置产品成本明细账，归集、分配生产费用和核算产品成本的前提，也是区别各种成本核算基本方法的主要标志。总的来说，成本核算的对象就是产品。但是在不同的企业里，由于生产类型不同，对成本管理的要求也不一样，因而具体的成本核算对象要根据产品的生产特点和管理要求来加以确定。

从产品生产工艺过程特点看，在单步骤生产情况下，由于其工艺过程不能间断，因而不可能也不需要按照生产步骤核算产品成本，只能按照生产的每一产品品种或批别核算成本。而在多步骤生产情况下，为了加强各个生产步骤的成本管理，往往不仅要求按照产品的品种或批别核算成本，而且还要求按照产品生产的步骤核算成本。

从产品生产组织特点看，在大量生产情况下，一种或若干种产品连续不断地重复生产，一方面，同样的原材料不断投入生产；另一方面，相同的产品不断产出，因而管理上只要求而且也只能按照每一产品品种核算成本。在大批生产的情况下，往往在几个月内不

断地重复生产一种或若干种产品,因而往往也同大量生产一样,只要求按照产品品种核算成本。此外,大批生产的产品品种一般比较稳定。为了经济合理地组织生产,对耗用量较少的零部件,往往集中一次投料,以供应几批产品耗用;对于耗用量较多的零部件,则可以另行分批生产。这样,零部件生产的批别与产品生产的批别往往是不一致的,因而也就不能按照产品的批别核算成本,而只能按照产品的品种核算成本。在小批、单件生产情况下,由于其生产的产品批量小,一批产品一般可以同时完工,因而有可能按照产品的批别或件别归集生产费用,核算各批或各件产品的成本。同时,从管理要求看,为了分析和考核各批产品成本水平,也有必要按照产品批别或件别核算成本。

综上所述,企业产品成本核算工作中,一般有三种不同的成本核算对象:①以产品品种为成本核算对象;②以产品批别为成本核算对象;③以产品生产步骤为成本核算对象。

《企业产品成本核算制度(试行)》第九条规定,制造企业一般按照产品品种、批次订单或生产步骤等确定产品成本核算对象。

(1) 大量或大批单步骤生产产品或管理上不要求提供有关生产步骤成本信息的,一般按照产品品种确定成本核算对象。

(2) 小批或单件生产产品的,一般按照每批或每件产品确定成本核算对象。

(3) 多步骤连续加工产品且管理上要求提供有关生产步骤成本信息的,一般按照每种(批)产品及各生产步骤确定成本核算对象。

产品规格繁多的,可以将产品结构、耗用原材料和工艺过程基本相同的产品,适当合并作为成本核算对象。

2. 对产品成本核算期的影响

生产类型以及与其相联系的成本管理要求,对产品成本核算期也会产生影响。所谓成本核算期,就是核算产品成本时,对生产费用计入产品成本所规定的起讫日期,也就是每次核算产成品成本的期间。在不同生产类型的企业中,对产品成本核算的要求不同,产品成本核算期也就有所区别,这主要取决于生产组织的特点。

在单件和小批生产情况下,各张订单或各批产品的生产周期各不相同,产品成本一般要等到某件或某批产品全部完工之后才能核算,因而成本核算是不定期的,通常与产品的生产周期相一致。在大量、大批生产情况下,由于生产活动连续不断地进行着,因而产品成本要定期在每月末进行核算,因而与生产周期不相一致。

3. 对完工产品与在产品之间费用分配的影响

生产类型的特点还会影响到月末进行成本核算时有没有在产品、是否需要在完工产品与在产品之间分配费用的问题。

在单步骤生产中,由于生产过程不能间断,生产周期通常也较短,一般没有在产品,或者在产品数量很少,因而核算产品成本时,生产费用不必在完工产品与在产品之间进行分配。产品成本明细账所归集的生产费用,即为完工产品的实际总成本,以总成本除以完工产品产量,可核算出完工产品的单位成本。

在多步骤生产中,是否需要在完工产品与在产品之间分配费用,在很大程度上取决于生产组织的特点。在大量、大批生产中,由于生产连续不断地进行,产品的生产周期通常也较长,月末经常存在一定数量的在产品,因而在核算产品成本时,就需要采用适当的方法将生产费用在完工产品与在产品之间进行分配。在小批、单件生产中,如果成本核算期与生产周期一致,在每批或每件产品完工前,产品成本明细账中所归集的生产费用就是产品成本;产品完工后,其所归集的费用就是完工产品的成本,因而不存在在完工产品与在产品之间分配费用的问题。

3.1.3 产品成本核算方法

从上述生产特点及管理要求对成本核算的影响和成本核算对象与成本核算的关系可以看出,成本核算对象是成本核算的核心,因而也是划分成本核算方法的主要标志。

产品成本核算方法可以分为基本核算方法和辅助核算方法两大类(图3-2)。

1. 产品成本核算的基本方法

为了适应各种类型生产的特点和管理要求,在产品成本核算工作中有三种不同的成本核算对象,以及由此产生的以产品成本核算对象为主要标志的三种不同的产品成本核算方法。

(1)品种法。**以产品品种为成本核算对象的产品成本核算方法**,称为品种法(species act)。一般适用于单步骤的大量生产,如发电、采掘等企业;也可用于不需要分步骤核算成本的多步骤的大量、大批生产,如小型造纸厂、水泥厂等。

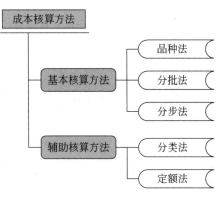

图 3-2 成本核算方法

(2)分批法。**以产品批别为成本核算对象的产品成本核算方法**,称为分批法(job-order costing)。一般适用于单件、小批的单步骤生产或管理上不要求分步骤核算成本的多步骤生产,如修理作业、专用工具模具制造、重型机器制造、船舶制造等企业。

(3)分步法。**以产品生产步骤为成本核算对象的产品成本核算方法**,称为分步法(process costing)。一般适用于大量、大批的多步骤生产,如纺织、冶金、机械制造等企业。

以上三种方法与不同生产类型的特点有着直接联系,而且涉及成本核算对象的确定,是核算产品实际成本必不可少的方法,因而是产品成本核算的基本方法。也就是说,受企业生产类型特点以及相应的管理要求的影响,产品成本核算对象不外就是分品种、分批、分步三种,因而以成本核算对象为主要标志的基本方法也只有这三种。

以上三种产品成本核算方法的适用范围如表3-1所示。

表 3-1 三种产品成本核算方法的适用范围

产品成本核算方法	生产组织	生产工艺过程和管理要求
品种法	大量、大批	单步骤生产或管理上不要求分步骤核算成本的多步骤生产
分批法	小批、单件	单步骤生产或管理上不要求分步骤核算成本的多步骤生产
分步法	大量、大批	管理上要求分步骤核算成本的多步骤生产

2. 产品成本核算的辅助方法

除上述基本核算方法外,在产品品种、规格繁多的工业企业中(如针织厂、灯泡厂等),为了简化成本核算工作,还会应用一种相对简便的产品成本核算方法——分类法;在定额管理工作基础好的工业企业中,为了配合和加强定额管理,加强成本控制,更有效地发挥成本核算的分析和监督作用,还会应用一种将符合定额的费用和脱离定额的差异分别核算的产品成本核算方法——定额法。这些方法与生产特点没有直接联系,不涉及成本核算对象,它们的应用或者是为了简化成本核算工作,或者是为了加强成本管理,只要具备条件,在哪种生产类型企业都能用。因此,从核算产品实际成本的角度来看,它们并不是必不可少的。基于上述情况,这些方法被称为辅助核算方法。

提示:产品成本核算的辅助方法必须与产品成本核算的基本方法结合起来使用,不能单独使用。

产品成本核算的基本方法和辅助方法的划分只是从核算产品实际成本角度考虑的,并不代表辅助方法不重要。

任务3.2 品种法的原理与核算

3.2.1 品种法的概念及分类

产品成本核算的品种法是以产品的品种为成本核算对象,归集和分配生产成本,核算产品成本的一种方法。品种法可进一步分为简单品种法和典型品种法。

简单品种法一般应用于大量、大批、单步骤生产企业,这类企业由于产品品种单一,通常没有或很少有在产品存在,因而成本核算程序相对比较简单。

相对简单品种法,典型品种法的核算更复杂,不仅需要按不同产品品种设置成本明细账,将生产费用在不同品种产品之间进行分配,还需要核算每种产品的完工产品成本和月末在产品成本。

3.2.2 品种法的特点

品种法的特点主要有以下几个方面。

1. 以产品品种作为成本核算对象

采用品种法核算产品成本的企业,如果只生产一种产品,该种产品就是成本核算对象,要为其设置产品成本明细账,按成本项目设专栏,归集生产费用,核算产品成本。所发生的各种生产费用,都是该种产品的直接费用,可以直接记入该种产品的成本明细账。

如果生产多种产品,应按产品品种分别设置成本明细账,归集生产费用,核算产品成本。生产多种产品的直接费用,可以根据有关凭证或费用分配表,直接计入有关成本明细账;应由几种产品共同负担的间接费用,应采用一定的分配方法,编制费用分配表,在有关产品之间进行分配,然后计入各产品成本明细账。

2. 每月末进行成本核算

大量、大批单步骤生产中,由于不断重复生产一种或几种产品,很难确定产品的生产周期,不能在产品完工时核算出其成本,因而,产品的成本核算要在月末定期进行。在多步骤生产中,如果采用品种法核算成本,成本核算也定期于每月末。总之,为了定期反映产品的生产费用信息,在品种法下,成本核算期一般按日历月份划分,与会计报告期一致,而与产品生产周期不一致。

3. 将生产费用在完工产品与在产品之间进行分配

在单步骤生产中,由于生产周期短,月末在产品数量较少,因而可以不核算在产品成本,成本明细账归集的生产费用之和为完工产品成本。在多步骤生产中,月末一般都有在产品,而且数量一般较多,所以应当选择适当的分配方法,将归集的生产费用在完工产品与在产品之间进行分配,以便于核算完工产品的总成本和单位成本。

3.2.3 品种法的适用范围

(1) 大量、大批、单步骤生产,生产过程连续进行不可间断,不能划分车间分散生产,只能由一个企业单独完成,所以其成本核算不能分步骤,只能用最终产品作为成本核算对象,归集生产费用,核算产品成本。如火力发电、采掘工业等企业。

(2) 在大量、大批、多步骤生产条件下,如果企业或车间规模较小,或者车间是封闭式的,从材料投入到产品完工都在一个车间进行,或者生产是按流水线组织的,管理上不要求按照生产步骤核算产品成本,也可以采用品种法核算产品成本。如小型水泥厂。又如大量、大批生产的铸件熔制厂和玻璃制品熔制厂等,如果管理上不要求分熔炼与铸造或制造两个生产步骤核算产品成本,也可以用品种法核算产品成本。

(3) 在大中型企业中设有一些辅助生产车间,为基本生产车间提供产品和劳务,如供水、供气等产品,其成本核算也采用品种法。

3.2.4 品种法成本核算的一般程序

(1) **设立产品成本核算账户**。按产品品种设立成本明细账,根据各项费用的原始凭证及相关资料编制有关记账凭证并登记有关明细账。

(2) **分配各项费用要素**。根据生产过程中发生的各项费用的原始凭证和有关资料,分配各项要素费用,并编制各种费用分配表。

(3) **登记与产品成本核算有关的各类费用明细账**。根据各项费用要素分配表和其他有关费用的原始凭证,登记辅助生产明细账、基本生产明细账、制造费用明细账等。对于直接费用,如直接材料、直接人工等费用,可以直接计入基本生产成本明细账或产品成本核算单相应的成本项目;对于间接费用,可先归集在制造费用等明细账中,然后再按一定的分配标准分配计入有关基本生产成本明细账中的有关成本项目。

(4) **分配辅助生产费用**。根据辅助生产明细账所归集的费用,按各受益单位耗用劳务(产品)数量,采用一定方法分配辅助生产费用,编制辅助生产费用分配表,并根据分配结果登记有关费用明细账。

(5) **分配制造费用**。根据制造费用明细账归集的制造费用,采用一定的方法在生产的各产品之间进行分配,编制制造费用分配表,并根据分配结果登记基本生产成本明细账。

(6) **计算完工产品与月末在产品成本**。根据各产品基本生产明细账归集的生产费用,采用适当的方法分配完工产品与在产品成本,编制"产品成本核算单"和"完工产品成本汇总表"。

(7) **汇编产成品的成本汇总表,结转产成品成本**。

品种法成本核算的一般程序可用图 3-3 表示。

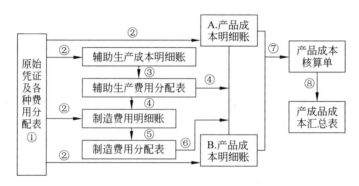

图 3-3　品种法成本核算的一般程序

3.2.5　品种法实例

【例 3-1】

新飞工业制造公司为单步骤生产制造企业,设有一个基本生产车间,大量生产 A、B 两种产品;另设有供电、机修两个辅助生产车间,为全厂提供产品和劳务。根据生产特点和管理要求,A、B 两种产品采用品种法核算产品成本。辅助生产车间发生的间接费用,直接计入辅助生产成本,不通过制造费用总账科目核算。A 产品单位产品直接材料消耗定额为 130 千克,B 产品单位产品直接材料消耗定额为 100 千克。A 产品实际生产工时 5 000 小时,B 产品实际生产工时 10 000 小时。A、B 两种产品原材料都在生产开始时一次投入,加工费用发生比较均衡,月末在产品完工程度平均为 50%,完工产品和在产品成本按约当产量法进行分配,辅助生产费用按计划成本分配。

品种法实例解析

(1) 本月产品产量资料。本月产品产量的资料见表 3-2。

表 3-2　产品产量表

2×19 年 5 月　　　　　　　　　　　　　　　　　　　　　　　　　　单位:件

产品名称	月初在产品	本月投入	本月完工产品	月末在产品
A 产品	100	450	500	50
B 产品	80	720	800	—

(2) A、B 两种产品的月初在产品成本,具体如表 3-3 所示。

表 3-3　A、B 两种产品的月初在产品成本资料表

2×19 年 5 月　　　　　　　　　　　　　　　　　　单位:元

摘　要	直接材料	直接人工	制造费用	合　计
A 产品	14 075	6 750	2 110	22 935
B 产品	12 400	5 000	1 820	19 220

(3) 本月发生的生产费用。

① 本月发出材料汇总表如表 3-4 所示。

表 3-4　本月发出材料汇总表

2×19 年 5 月　　　　　　　　　　　　　　　　　　单位:元

领料部分和用途	主要材料甲	辅助材料乙	合　计
基本生产车间耗用			
A 产品耗用	60 000		60 000
B 产品耗用	72 000		72 000
A、B 产品共同耗用		6 525	6 525
合　计	132 000	6 525	138 525
车间管理部门耗用		2 600	2 600
辅助生产车间耗用			
供电车间耗用	1 600		1 600
机修车间耗用	2 300		2 300
公司厂部管理部门耗用		1 200	1 200
合　计	135 900	10 325	146 225

② 本月职工薪酬汇总表见表 3-5。

表 3-5　本月职工薪酬汇总表

2×19 年 5 月　　　　　　　　　　　　　　　　　　单位:元

人员类别	应付职工薪酬(工资)	应付职工薪酬(福利费)
基本生产车间		
产品生产工人	405 000	56 700
车间管理人员	18 000	2 520
辅助生产车间		
供电车间	10 000	1 400
机修车间	7 200	1 008
厂部管理人员	25 000	3 500
合　计	465 200	65 128

③ 本月应计提固定资产折旧费 22 000 元,其中基本生产车间 10 000 元,供电车间 2 000 元,机修车间 4 000 元,厂部 6 000 元。

④ 本月应分摊财产保险费 3 000 元,其中基本生产车间 1 100 元,供电车间 800 元,机修车间 600 元,厂部管理部门 500 元。

⑤ 本月以银行存款支付的费用为 14 000 元,其中基本生产车间办公费 3 600 元,水费 2 800 元;供电车间水费 1 100 元;机修车间办公费 1 500 元;厂部管理部门办公费 4 000 元,水费 1 000 元。

根据上述经济业务,按照品种法核算成本过程如下。

1. 设置有关成本费用明细账和成本核算单

按品种法设置 A、B 产品基本生产成本明细账和产品成本核算单,按车间设置辅助生产成本明细账和制造费用明细账,设置有关费用明细账,如管理费用明细账等(略)。

2. 进行要素费用分配

(1) **分配材料费用**。A、B 产品共同负担的材料按当月投入产量的直接材料消耗定额分配(表 3-6)。

表 3-6　材料费用分配表

2×19 年 5 月

应借科目			直接计入/元	分配标准/千克	分配率/(元/千克)	分配计入/元	合计/元
总账科目	明细科目	成本项目					
生产成本	基本生产成本　A 产品	直接材料	60 000	58 500	0.05	2 925	62 925
	B 产品	直接材料	72 000	72 000	0.05	3 600	75 600
	小　计		132 000	130 500	0.05	6 525	138 525
	辅助生产成本　供电车间	直接材料	1 600				1 600
	机修车间	直接材料	2 300				2 300
	小　计		3 900				3 900
制造费用	基本生产车间	间接材料	2 600				2 600
管理费用		材料费	1 200				1 200
合　计			139 700			6 525	146 225

根据表 3-6,编制会计分录如下。

借:生产成本——基本生产成本——A 产品　　　62 925
　　　　　　　　　　　　　　　——B 产品　　　75 600
　　生产成本——辅助生产成本——供电车间　　　1 600
　　　　　　　　　　　　　　　——机修车间　　　2 300
　　制造费用——基本生产车间　　　　　　　　　2 600
　　管理费用　　　　　　　　　　　　　　　　　1 200
　贷:原材料——甲　　　　　　　　　　　　　　135 900
　　　　　　——乙　　　　　　　　　　　　　　10 325

（2）**分配职工薪酬费用**。按 A、B 两种产品的实际生产工时比例分配职工薪酬费用（表 3-7）。

表 3-7 职工薪酬费用分配表

2×19 年 5 月

应借科目			工资薪金			福利费用		合计/元
总账账户	明细科目	成本项目	生产工时/小时	分配率/(元/小时)	分配额/元	分配率/(元/小时)	分配额/元	
生产成本——基本生产成本	A 产品	直接人工	5 000	27	135 000	3.78	18 900	153 900
	B 产品	直接人工	10 000	27	270 000	3.78	37 800	307 800
	小 计		15 000	27	405 000	3.78	56 700	461 700
生产成本——辅助生产成本	供电车间	直接人工			10 000		1 400	11 400
	机修车间	直接人工			7 200		1 008	8 208
	小 计				17 200		2 408	19 608
制造费用	基本生产车间	间接人工			18 000		2 520	20 520
管理费用		人工费用			25 000		3 500	28 500
合 计					465 200		65 128	530 328

根据表 3-7，编制会计分录如下（应付职工薪酬、管理费用明细科目略）。

借：生产成本——基本生产成本——A 产品　　153 900
　　　　　　　　　　　　　　——B 产品　　307 800
　　生产成本——辅助生产成本——供电车间　　11 400
　　　　　　　　　　　　　　——机修车间　　8 208
　　制造费用——基本生产车间　　20 520
　　管理费用　　28 500
　　贷：应付职工薪酬——工资　　465 200
　　　　　　　　　　——福利费用　　65 128

（3）**分配固定资产折旧费用**。固定资产折旧费用分配表见表 3-8。

表 3-8 固定资产折旧费用分配表

2×19 年 5 月　　　　　　　　　　　　　　　　单位：元

车间、部门	会计科目	明细科目		分配金额
基本生产车间	制造费用	基本生产车间		10 000
供电车间	生产成本	辅助生产成本	供电车间	2 000
机修车间			机修车间	4 000
厂部管理部门	管理费用	折旧费		6 000
合 计				22 000

根据表 3-8,编制会计分录如下(管理费用明细科目略)。

借:制造费用——基本生产车间　　　　　　10 000
　　生产成本——辅助生产成本——供电车间　2 000
　　　　　　　　　　　　　　　——机修车间　4 000
　　管理费用　　　　　　　　　　　　　　　6 000
　　贷:累计折旧　　　　　　　　　　　　　　　22 000

(4) **分配财产保险费**。财产保险费分配表见表 3-9。

表 3-9　财产保险费分配表

2×19 年 5 月　　　　　　　　　　　　　　　　单位:元

车间、部门	会计科目	明细科目		分配金额
基本生产车间	制造费用	基本生产车间		1 100
供电车间	生产成本	辅助生产成本	供电车间	800
机修车间			机修车间	600
厂部管理部门	管理费用	保险费		500
合　　　计				3 000

根据表 3-9,编制会计分录如下(预付账款、管理费用明细科目略)。

借:制造费用——基本生产车间　　　　　　1 100
　　生产成本——辅助生产成本——供电车间　800
　　　　　　　　　　　　　　　——机修车间　600
　　管理费用　　　　　　　　　　　　　　　500
　　贷:预付账款　　　　　　　　　　　　　　3 000

(5) **分配其他费用**。其他费用分配表见表 3-10。

表 3-10　其他费用分配表

2×19 年 5 月　　　　　　　　　　　　　　　　单位:元

车间、部门	会计科目	明细科目		分配金额
基本生产车间	制造费用	基本生产车间		6 400
供电车间	生产成本	辅助生产成本	供电车间	1 100
机修车间			机修车间	1 500
厂部管理部门	管理费用	其他费用		5 000
合　　　计				14 000

根据表 3-10,编制会计分录如下。

借:制造费用——基本生产车间　　　　　　6 400
　　生产成本——辅助生产成本——供电车间　1 100
　　　　　　　　　　　　　　　——机修车间　1 500

　　　　管理费用　　　　　　　　　　　　　　　　　5 000
　　　贷：银行存款　　　　　　　　　　　　　　　　　　14 000

3. 根据各项要素费用分配表登记有关辅助生产成本明细账、制造费用明细账

（1）辅助生产成本明细账。供电车间、机修车间的辅助生产成本明细账分别见表3-11和表3-12。

表3-11　辅助生产成本明细账

车间名称：供电车间　　　　　2×19年5月　　　　　　　　单位：元

月	日	凭证字号	摘　要	直接材料	直接人工	制造费用	合　计
5	31		根据表3-6 材料费用转入	1 600			1 600
5	31		根据表3-7 工资费用转入		11 400		11 400
5	31		根据表3-8 折旧费用转入			2 000	2 000
5	31		根据表3-9 保险费用转入			800	800
5	31		根据表3-10 其他费用转入			1 100	1 100
5	31	略	合　计	1 600	11 400	3 900	16 900
5	31		根据表3-13 分入机修费用			800	800
5	31		根据表3-13 辅助生产费分配转出				15 000
5	31		根据表3-13 调整辅助生产成本差异转入管理费用				2 700
5	31		余　额				0

表3-12　辅助生产成本明细账

车间名称：机修车间　　　　　2×19年5月　　　　　　　　单位：元

月	日	凭证字号	摘　要	直接材料	直接人工	制造费用	合　计
5	31		根据表3-6 材料费用转入	2 300			2 300
5	31		根据表3-7 工资费用转入		8 208		8 208
5	31		根据表3-8 折旧费用转入			4 000	4 000
5	31		根据表3-9 保险费用转入			600	600
5	31		根据表3-10 其他费用			1 500	1 500
5	31	略	合　计	2 300	8 208	6 100	16 608
5	31		根据表3-13 分入耗电费用			600	600
5	31		根据表3-13 辅助生产费分配转出				15 750
5	31		根据表3-13 调整辅助生产成本差异转入管理费用				1 458
5	31		余　额				0

辅助生产费用分配表见表3-13。

表 3-13　辅助生产费用分配表

（按计划成本分配法）

2×19 年 5 月

辅助生产车间名称			机修车间	供电车间	合　计
待分配辅助生产费用/元			16 608	16 900	33 508
供应劳务数量/小时（或度）			6 300	100 000	
计划单位成本/元			2.5	0.15	
辅助生产车间耗用	机修车间	耗用量/度		4 000	
		分配金额/元		600	600
	供电车间	耗用量/小时	320		
		分配金额/元	800		800
	分配金额小计		800	600	1 400
基本生产耗用	耗用量/小时（或度）		5 880	93 000	
	分配金额/元		14 700	13 950	28 650
行政部门耗用	耗用量/小时（或度）		100	3 000	
	分配金额/元		250	450	700
按计划成本分配金额合计/元			15 750	15 000	30 750
辅助生产实际成本/元			17 208	17 700	34 908
辅助生产成本差异/元			+1 458	+2 700	+4 158

辅助生产成本差异规定计入管理费用的"其他"项目。

根据表 3-13，编制会计分录如下。

借：生产成本——辅助生产成本——机修车间　　　　600
　　　　　　　　　　　　　　　　——供电车间　　　　800
　　制造费用——基本生产车间　　　　　　　　　　28 650
　　管理费用　　　　　　　　　　　　　　　　　　　700
　　贷：生产成本——辅助生产成本——机修车间　　15 750
　　　　　　　　　　　　　　　　——供电车间　　15 000
借：管理费用　　　　　　　　　　　　　　　　　　4 158
　　贷：生产成本——辅助生产成本——机修车间　　 1 458
　　　　　　　　　　　　　　　　——供电车间　　 2 700

（2）填制制造费用明细账（表 3-14），分配基本生产车间制造费用，填制制造费用分配表（表 3-15）。

表 3-14　制造费用明细账

车间名称：基本生产车间　　　　2×19 年 5 月　　　　　　　　　单位：元

月	日	摘　要	直接材料	直接人工	制造费用	合　计
5	31	根据表 3-6 材料费用转入	2 600			2 600
5	31	根据表 3-7 职工薪酬费用转入		20 520		20 520
5	31	根据表 3-8 折旧费用转入			10 000	10 000
5	31	根据表 3-9 保险费用转入			1 100	1 100
5	31	根据表 3-10 其他费用			6 400	6 400
5	31	根据表 3-13 辅助生产费用转入			28 650	28 650
5	31	合　计	2 600	20 520	46 150	69 270
5	31	根据表 3-15 分配转出				69 270
5	31	余　额				0

基本生产车间制造费用分配表见表 3-15。

表 3-15　基本生产车间制造费用分配表

2×19 年 5 月

应借科目		实际生产工时/小时	分配率/(元/小时)	分配金额/元
总账科目	明细科目			
生产成本	基本生产成本　A 产品	5 000	4.618	23 090
	基本生产成本　B 产品	10 000	4.618	46 180
合　计		15 000	4.618	69 270

根据表 3-15，编制会计分录如下。

　　借：生产成本——基本生产成本——A 产品　　　23 090
　　　　　　　　　　　　　　　　　——B 产品　　　46 180
　　　贷：制造费用——基本生产车间　　　　　　　　　　69 270

4. 核算 A、B 产品成本，填制产品成本核算单、基本生产成本明细账和完工产品成本汇总表

A 产品、B 产品的成本核算单分别见表 3-16 和表 3-17。

表 3-16　产品成本核算单

产品名称：A 产品　　　　2×19 年 5 月

月	日	摘　要	产量/件	直接材料/元	直接人工/元	制造费用/元	合计/元
5	31	期初在产品费用	100	14 075	6 750	2 110	22 935
5	31	根据表 3-6 材料费用转入		62 925			62 925
5	31	根据表 3-7 职工薪酬费用转入			153 900		153 900

续表

月	日	摘　要		产量/件	直接材料/元	直接人工/元	制造费用/元	合计/元
5	31	根据表 3-15 制造费用转入					23 090	23 090
5	31	本月生产费用小计			62 925	153 900	23 090	239 915
5	31	生产费用累计			77 000	160 650	25 200	262 850
5	31	本月投入		450				
5	31	完工产成品成本	单位成本	500	140	306	48	494
5	31		总成本		70 000	153 000	24 000	247 000
5	31	月末在产品数量		50	7 000	7 650	1 200	15 850
5	31	月末在产品约当量		25				

表 3-17　产品成本核算单

产品名称：B 产品　　　　　　　　2×19 年 5 月

月	日	摘　要		产量/件	直接材料/元	直接人工/元	制造费用/元	合计/元
5	31	期初在产品费用		80	12 400	5 000	1 820	19 220
5	31	根据表 3-6 材料费用转入			75 600			75 600
5	31	根据表 3-7 职工薪酬费用转入				307 800		307 800
5	31	根据表 3-15 制造费用转入					46 180	46 180
5	31	本月生产费用小计			75 600	307 800	46 180	429 580
5	31	生产费用累计			88 000	312 800	48 000	448 800
5	31	本月投入		720				
5	31	产成品成本	单位成本	800	110	391	60	561
5	31		总成本		88 000	312 800	48 000	448 800

A 产品、B 产品的基本生产成本明细账分别见表 3-18 和表 3-19。

表 3-18　基本生产成本明细账

产品名称：A 产品　　　　　　　　2×19 年 5 月　　　　　　　　单位：元

月	日	凭证字号	摘　要	直接材料	直接人工	制造费用	合　计
5	31		期初在产品费用	14 075	6 750	2 110	22 935
5	31		根据表 3-6 材料费用转入	62 925			62 925
5	31		根据表 3-7 职工薪酬费用转入		153 900		153 900
5	31	略	根据表 3-15 制造费用转入			23 090	23 090
5	31		本月生产费用小计	62 925	153 900	23 090	239 915
5	31		生产费用累计	77 000	160 650	25 200	262 850
5	31		结转完工入库产品成本	70 000	153 000	24 000	247 000
5	31		月末在产品成本	7 000	7 650	1 200	15 850

表 3-19 基本生产成本明细账

产品名称：B产品　　　　　　　　　2×19年5月　　　　　　　　　　　单位：元

月	日	凭证字号	摘　要	直接材料	直接人工	制造费用	合　计
5	31		期初在产品费用	12 400	5 000	1 820	19 220
5	31		根据表3-6材料费用转入	75 600			75 600
5	31		根据表3-7职工薪酬费用转入		307 800		307 800
5	31	略	根据表3-15制造费用转入			46 180	46 180
5	31		本月生产费用小计	75 600	307 800	46 180	429 580
5	31		生产费用累计	88 000	312 800	48 000	448 800
5	31		结转完工入库产品成本	88 000	312 800	48 000	448 800

根据表3-18和表3-19中的分配结果，编制完工产品成本汇总表（表3-20）。

表 3-20 完工产品成本汇总表

2×19年5月　　　　　　　　　　　单位：元

成本项目	A产品（产量500件）		B产品（800件）	
	总成本	单位成本	总成本	单位成本
直接材料	70 000	140	88 000	110
直接人工	153 000	306	312 800	391
制造费用	24 000	48	48 000	60
合　计	247 000	494	448 800	561

根据完工产品成本汇总表、产品成本核算单及成本入库单，结转完工入库产品的生产成本，编制会计分录如下。

借：库存商品——A产品　　　　　　　　　247 000
　　　　　　——B产品　　　　　　　　　448 800
　　贷：生产成本——基本生产成本——A产品　　　247 000
　　　　　　　　——基本生产成本——B产品　　　448 800

任务3.3　分步法的原理与核算

3.3.1　分步法的概念及适用范围

1. 分步法的概念

产品成本核算的分步法，是以产品品种的生产步骤作为产品成本核算对象的一种成本核算方法。

分步法旨在按照产品的生产步骤核算成本,提供产品各步骤的生产资料,所以,多步骤生产且管理上需要分步核算产品成本的企业,都可以采用分步法。作为成本核算对象的生产步骤是按照成本管理的要求划分的,它与实际的生产步骤可能一致,也可能不一致。一般来讲,如果企业是按照生产步骤设置生产车间的,那么分步核算成本也就是分车间核算成本。但是,如果企业规模较大,在一个生产车间里就可以分成几个生产步骤,而从成本管理的角度来看,又要求分步核算产品成本时,就不能按车间来核算产品成本。如果一个企业规模较小,从成本管理的角度来看,又不要求分车间来核算产品成本,本着简化成本核算工作的考虑,可以将几个生产车间合并为一个生产步骤来核算成本。

2. 分步法的适用范围

分步法适用于大量、大批的生产,在管理上要求分步骤核算产品成本的多步骤生产企业。例如,冶金企业、纺织企业、造纸企业,以及大量、大批生产的机械制造企业等。在这些生产企业中,产品生产可以分为若干个生产步骤进行,如钢铁企业可分为炼钢、轧钢等步骤;纺织企业可以分为纺纱、织布等步骤;造纸企业可以分为制浆、制纸、包装等步骤;机械制造企业可以分为铸造、加工、装配等步骤。在具体的生产过程中,从原材料的投入到产品的制造完成,除最后一个步骤外,其他各个步骤所生产完成的都是半成品。为了适应这些生产企业的生产特点和成本管理要求,不仅需要按照产品品种核算成本,而且还要求按照生产步骤核算成本。

3.3.2 分步法的特点

1. 以生产步骤作为成本核算对象

分步法的成本核算对象是产品的生产步骤。产品成本明细账按生产步骤和产品品种设立。在大量、大批、多步骤生产企业中,每经过一个加工步骤产出的半成品,由于形态和性质可能不同,计量单位也可能不尽相同,因此,成本核算必须按各步骤的各种产品进行。

2. 每月末进行成本核算

分步法一般是应用在大量、大批、分步骤生产的企业中,由于这类企业的产品生产过程长,可以间断,而且往往都是跨月陆续完工,因此,产品成本核算按月进行,产品成本期与生产周期不一致,而与会计报告期一致。

3. 月末需要进行完工产品与月末在产品的费用划分

在多步骤生产企业中,产品的生产周期较长,各步骤在产品的数量较多,因此,采用分步法计算产品成本时,各生产步骤明细账户按本步骤生产的半产品(产成品)归集的生产费用,要采用适当的分配方法在完工产品和月末在产品之间进行分配。

3.3.3 分步法的种类

采用分步法时,上一步骤生产的半成品是下一步骤的加工对象。此半成品实物要转移到下一步骤,而其成本可能会跟着一同结转,也可能不随实物结转,根据这两种可能性,逐步结转分步法按照半成品成本在下一步骤成本核算单中的反映方法不同,可以分为逐步结转分步法和平行结转分步法两种。逐步结转分步法按照成本在下一步骤成本核算单中的反映方式,还可以分为综合结转和分项结转两种方法(图3-4)。

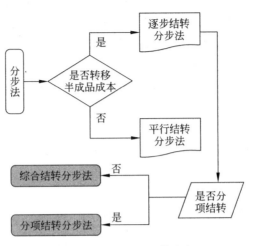

图 3-4 分步法的具体分类

3.3.4 逐步结转分步法

逐步结转分步法是按生产步骤的先后顺序,逐步核算并结转半成品成本,直到最后步骤计算出产成品成本的方法。该种方法下,每个生产步骤按所产半成品设置基本生产成本明细账,归集成本、费用和产量,核算本步骤自制半成品成本;自制半成品的成本随着半成品实物在各步骤之间按先后顺序结转,最后步骤按产成品设置基本生产成本明细账,最终计算出产成品成本。这种方法在成本管理上要求提供半成品成本资料,因此,又称为计算半成品成本的分步法。

1. 逐步结转分步法的特点及其适用范围

逐步结转分步法能够提供各个生产步骤的半成品的成本资料。采用逐步结转分步法,在核算各生产步骤的在产品成本时,上一步骤所生产的半成品成本,要随着半成品实物的转移,从上一步骤的产品成本明细账中转入下一步骤相同产品的成本明细账中,以便逐步核算各步骤的半成品成本以及最后一个步骤的产成品成本。每月末,各项生产费用(包括上一步骤转入的半成品的费用),在各步骤产品成本明细账中归集,如果本步骤既有完工半成品,又有正在加工中的在产品,则应将各步骤的生产费用采用适当的分配方法在其完工半成品与加工中的在产品之间进行分配。

这种方法适用于大量、大批、连续式复杂生产的企业。在这种类型的企业中,从原材料投入生产到产成品完工,要经过一系列连续加工步骤,除最后一个步骤生产出产成品以外,其他各个步骤所生产的都是半成品,这些半成品不仅由本企业进一步加工,可能还要作为商品单独销售,例如,棉纺厂的棉纱、钢铁厂的钢锭这些半成品都需要单独核算成本;有的半成品不一定对外销售,但一种半成品为本企业的几种产品所耗用,为了分别核算各产品的成本,也需要核算半成品成本。另外,为进行同行业之间的对比,或为了实行厂内经济核算,也需要核算半成品成本。

2. 逐步结转分步法的成本核算程序

采用逐步结转分步法核算各生产步骤的产品成本时,需要按产品的生产步骤设置成本明细账(图 3-5)。直接费用(直接材料、直接人工和其他直接费用)直接记入"生产成本"明细账的借方;间接费用(制造费用)先进行归集,然后再采用一定的分配方法记入"生产成本"明细账的借方。月末归集的生产费用合计数,要采用一定的分配方法在完工的半成品(最后一个步骤为产成品)之间进行分配,最终核算出完工的半成品(最后一个步骤为产成品)的总成本和单位成本。

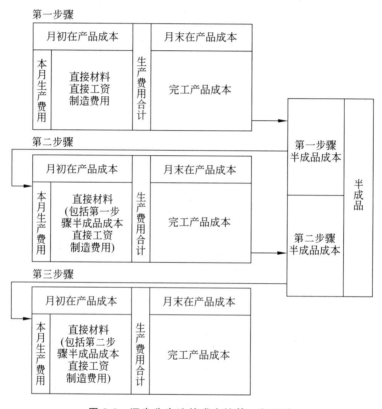

图 3-5 逐步分步法的成本核算一般程序

在逐步结转分步法下,各步骤完工的半成品(最后一步骤除外)成本,要随着半成品实物的转移而结转至下一步相同产品的成本明细账中,直至最后一个加工步骤,逐步核算出半成品成本和最后一个步骤的产成品成本。

各步骤的半成品成本在各步骤之间的转移,根据是否通过半成品仓库存在有两种核算程序。

(1) 半成品收发不通过半成品仓库。这种结转方式下,各步骤的半成品成本直接转入下一生产步骤的成本核算单中;下一步骤核算半成品成本时要包含从上一步转来的半成品成本,以此类推,直到最后一步核算出产成品成本。其核算程序如图 3-6 所示(材料于生产开始时一次投入)。

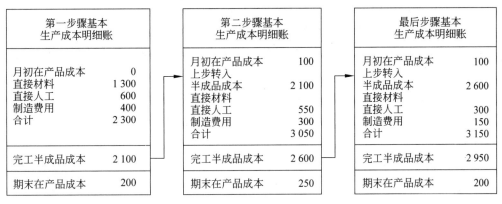

图 3-6 半成品不通过半成品仓库转移的成本核算程序示意图

(2) 半成品收发经过半成品仓库。各步骤的半成品成本先进入半成品仓库,然后再从半成品仓库根据领用数量转入下一生产步骤的成本核算单中。其核算程序如图 3-7 所示(材料于生产开始时一次投入)。

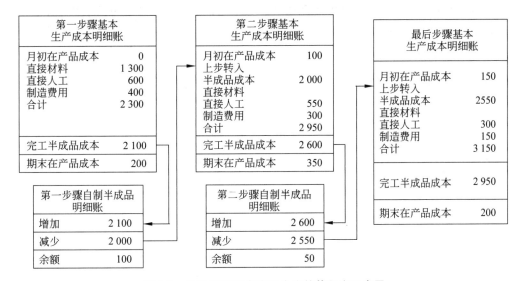

图 3-7 半成品通过半成品仓库核算程序示意图

这种结构方式下,成本核算的基本步骤与上述半成品不通过仓库收发基本相同,唯一不同的是,在各步骤设立"自制半成品"账户,核算各步骤半成品的收、发、存情况。完工半成品验收入库时,借记"自制半成品",贷记"生产成本——基本生产成本(××车间)",在下一步骤领用时再编制相反的会计分录。由于各月半成品的成本水平不同,因此,半成品的收发核算要与材料核算一样,发出半成品的单位成本可用先进先出法、加权平均法或个别计价法等计件方法计算。

综上所述,逐步结转分步法本质上是品种法的多次连续应用,其成本核算对象是各个步骤的半成品和最后步骤的产成品。不论半成品的转移是否通过半成品仓库,逐步结转分步法的成本核算都遵循以下基本程序。

① 按照产品的生产步骤和产品品种设置产品成本明细账。

② 各步骤的直接费用(直接材料费用、直接人工费用及其他直接费用),直接记入各步骤的成本明细账内,间接费用(制造费用)则要先归集,然后采用一定的分配方法,在各步骤之间进行分配之后再记入各步骤的成本明细账内。

③ 将上一步骤所产半成品的成本,随着半成品实物的转移,从上一步骤的成本明细账中转入下一步骤相同产品的明细账中,这样逐步核算出半成品成本直至最后一个步骤的产成品成本。

④ 月末,各生产步骤成本明细账中归集的各项生产费用(包括所耗上一步骤半成品的费用)要在完工的半成品(最后一步骤为产成品)和在产品之间分配,最后核算完工产品的总成本和单位成本。

3. 逐步结转分步法实例

1)**综合结转法**

综合结转法是指上一步骤转入下一步骤的半成品成本,以"直接材料"或专设的"半成品"项目综合列入下一步骤的成本核算单中。如果半成品通过半成品仓库收发,由于各月所生产的半成品的单位成本不同,因而所耗半成品的单位成本可以如同材料核算一样,采用先进先出法或加权平均法核算。

【例 3-2】

华盛机械制造公司生产的甲产品经过三个基本生产车间连续加工制成。第一车间生产完工的 A 半成品,不经过仓库收发,直接转入第二车间加工制成 B 半成品;B 半成品通过半成品仓库收发入库;第三车间向半成品仓库领用 B 半成品继续加工成甲产品。其中,1 件甲产品耗用 1 件 B 半成品,1 件 B 半成品耗用 1 件 A 半成品。

生产甲产品所需的原材料在生产开始时一次投入,第二、第三车间不再投入材料。该公司生产比较均匀,各基本生产车间的月末在产品的完工率均为 50%。各车间的月末生产费用在完工产品和在产品之间的分配采用约当产量法。第三车间领用的 B 半成品成本的结转采用加权平均法。月初 B 半成品的数量为 15 件,单位成本 122 元,共计 1 830 元。

华盛机械制造公司 2×19 年 10 月生产甲产品的有关成本核算资料如表 3-21 和表 3-22 所示。

表 3-21 各车间产量资料表

2×19 年 10 月 单位:件

项目	月初在产品数量	本月投产或上步转入	本月完工产品数量	月末在产品数量
第一车间	20	180	160	40
第二车间	50	160	180	30
第三车间	40	190	200	30

表 3-22　各车间月初及本月生产费用

2×19 年 10 月　　　　　　　　　　　　　　　　　　　　　　　　　单位：元

项　　目		直接材料（或半成品）	直接人工	制造费用	合　计
第一车间	月初在产品成本	1 000	120	100	1 220
	本月生产费用	20 400	3 120	2 060	25 580
第二车间	月初在产品成本	2 230	295	140	2 665
	本月生产费用		3 800	2 200	6 000
第三车间	月初在产品成本	1 240	230	115	1 585
	本月生产费用		4 500	2 250	6 750

根据上述资料，编制各步骤成本核算单，采用综合结转分步法计算各步骤的半成品及最终的产成品成本。

(1) 编制第一车间的生产成本明细账，计算第一车间（第一步骤）A 半成品的实际生产成本（表 3-23）。

表 3-23　第一车间基本生产成本明细账

产品名称：A 半成品

月	日	摘　　要	产量/件	直接材料（或半成品）/元	直接人工/元	制造费用/元	成本合计/元
10	31	月初在产品成本	20	1 000	120	100	1 220
		本月发生生产费用	180	20 400	3 120	2 060	25 580
		生产费用合计		21 400	3 240	2 160	26 800
		约当总产量		200	180	180	—
		产品单位成本（分配率）		107	18	12	137
		完工的 A 产品成本	160	17 120	2 880	1 920	21 920
		月末在产品成本	40	4 280	360	240	4 880

表 3-23 中有关数据计算如下。

采用约当产量法分配计算第一车间完工 A 半成品和在产品成本。

① 直接材料耗费的分配。

约当总产量＝160＋40＝200（件）

完工 A 半成品直接材料成本项目单位成本（分配率）＝21 400÷200＝107（元/件）

完工 A 半成品应承担的直接材料费用＝107×160＝17 120（元）

月末在产品直接材料耗费＝107×40＝4 280（元）

② 直接人工费用的分配。

约当总产量＝160＋40×50％＝180（件）

完工 A 半成品直接人工成本项目单位成本（分配率）＝3 240÷180＝18（元/件）

完工 A 半成品应承担的直接人工费用＝18×160＝2 880（元）

月末在产品直接人工费用＝18×40×50%＝360(元)

③ 制造费用的分配。

约当总产量＝160+40×50%＝180(件)

完工A半成品制造费用成本项目单位成本(分配率)＝2 160÷180＝12(元/件)

完工A半成品应承担的制造费用＝12×160＝1 920(元)

月末在产品制造费用＝12×40×50%＝240(元)

(2) 根据第一车间基本生产成本明细账,编制结转A半成品成本的会计分录如下。

借:生产成本——基本生产成本(第二车间)——B半成品　　21 920
　　贷:生产成本——基本生产成本(第一车间)——A半成品　　21 920

(3) 编制第二车间的生产成本明细账,计算第二车间(第二步骤)B半成品的实际生产成本(表3-24)。

表3-24　第二车间基本生产成本明细账

产品名称:B半成品

月	日	摘　要	产量/件	直接材料(或半成品)/元	直接人工/元	制造费用/元	成本合计/元
10	31	月初在产品成本	50	2 230	295	140	2 665
		本月发生生产费用	160	21 920	3 800	2 200	27 920
		生产费用合计		24 150	4 095	2 340	30 585
		约当总产量		210	195	195	—
		产品单位成本(分配率)		115	21	12	148
		完工的B产品成本	180	20 700	3 780	2 160	26 640
		月末在产品成本	30	3 450	315	180	3 945

表3-24中有关数据计算如下。

采用约当产量法分配计算第二车间完工A半成品和在产品成本。

① 直接材料耗费的分配。

约当总产量＝180+30＝210(件)

完工B半成品直接材料成本项目单位成本(分配率)＝24 150÷210＝115(元/件)

完工B半成品应承担的直接材料费用＝115×180＝20 700(元)

月末在产品直接材料耗费＝115×30＝3 450(元)

② 直接人工费用的分配。

约当总产量＝180+30×50%＝195(件)

完工B半成品直接人工成本项目单位成本(分配率)＝4 095÷195＝21(元/件)

完工B半成品应承担的直接人工费用＝21×180＝3 780(元)

月末在产品直接人工费用＝21×30×50%＝315(元)

③ 制造费用的分配。

约当总产量＝180+30×50%＝195(件)

完工B半成品制造费用成本项目单位成本(分配率)＝2 340÷195＝12(元/件)

完工 B 半成品应承担的制造费用＝12×180＝2 160(元)

月末在产品制造费用＝12×30×50％＝180(元)

(4) 根据第二车间基本生产成本明细账,编制结转 B 半成品成本入库的会计分录如下。

　　借:自制半成品——B 半成品　　　　　　　　　　　26 640

　　　　贷:生产成本——基本生产成本(第二车间)——B 半成品　　26 640

(5) 自制半成品明细账见表 3-25。

表 3-25　自制半成品明细账

半成品:B 半成品

摘要	收入			发出			结存		
	数量/件	单位成本/(元/件)	金额/元	数量/件	单位成本/(元/件)	金额/元	数量/件	单位成本/(元/件)	金额/元
期初结存							15	122	1 830
本期入库	180	148	26 640						
本期发出				190	146	27 740			
期末结存							5	146	730

(6) 第三车间(第三步骤)领用 B 半成品会计分录如下。

　　借:生产成本——基本生产成本(第三车间)——甲产品

　　　　　　　　　　　　　　　　　　　　　　　　27 740

　　　　贷:自制半成品——B 半成品　　　　　　　27 740

(7) 编制第三车间的生产成本明细账,核算第三车间(第三步骤)甲产成品的实际生产成本(表 3-26)。

表 3-26　第三车间基本生产成本明细账

产品名称:甲产品

月	日	摘要	产量/件	直接材料(或半成品)/元	直接人工/元	制造费用/元	成本合计/元
10	31	月初在产品成本	40	1 240	230	115	1 585
		本月发生生产费用	190	27 740	4 500	2 250	34 490
		生产费用合计		28 980	4 730	2 365	36 075
		约当总产量/件		230	215	215	—
		产品单位成本(分配率)/(元/件)		126	22	11	159
		完工的甲产成品成本	200	25 200	4 400	2 200	31 800
		月末在产品成本	30	3 780	330	165	4 275

表 3-26 中有关数据计算如下。

采用约当产量法分配核算第三车间完工甲产品和在产品成本。

① 直接材料耗费的分配

约当总产量＝200＋30＝230(件)

完工甲产品成品直接材料成本项目单位成本(分配率)＝28 980÷230＝126(元/件)

完工甲产品成品应承担的直接材料费用＝126×200＝25 200(元)

月末在产品直接材料耗费＝126×30＝3 780(元)

② 直接人工费用的分配

约当总产量＝200＋30×50％＝215(件)

完工甲产品成品直接人工成本项目单位成本(分配率)＝4 730÷215＝22(元/件)

完工甲产品成品应承担的直接人工费用＝22×200＝4 400(元)

月末在产品直接人工费用＝22×30×50％＝330(元)

③ 制造费用的分配

约当总产量＝200＋30×50％＝215(件)

完工甲产品成品制造费用成本项目单位成本(分配率)＝2 365÷215＝11(元/件)

完工甲产品成品应承担的制造费用＝11×200＝2 200(元)

月末在产品制造费用＝11×30×50％＝165(元)

(8) 完工产成品验收入库，财务部门根据成品库送交的产成品入库单，结转产品成本，编制会计分录如下。

借：库存商品——甲产品　　　　　　　　　　　　31 800
　　贷：生产成本——基本生产成本——甲产品　　　　31 800

2) 逐步综合结转分步法的成本还原

从表 3-26 反映的完工产品的各成本项目看，未能真实反映出产品成本的原始构成情况。该表"直接材料(或半成品)"项目的 25 200 元并非生产 200 件甲产品所耗的材料成本，而是包含着第二车间生产 B 半成品的直接人工和制造费用，以及第一车间生产的 A 半成品耗费的直接材料、直接人工和制造费用的一种"综合性成本"；"直接人工" 4 400 元和"制造费用" 2 200 元，也只是第三车间发生的直接人工费用和制造费用，在产品成本中所占的比重很小，这显然不符合企业产品成本结构的实际情况。因此，按综合结转法计算的各步骤半成品成本，尤其是最后一个步骤的产成品成本，不能真正反映产品的成本结构，不能从整个企业的角度来考核和分析产品成本的构成水平，所以应进行成本还原处理。

(1) 成本还原的概念。产品成本还原是将月末产成品成本中所耗上一步骤半成品的综合成本还原成直接材料、直接人工和制造费用等原始成本项目，从而取得按原始成本项目反映的产成品成本资料。也就是将产成品中的半成品成本分解成为原始成本项目，从而按原始成本项目反映产成品的成本构成。将产品成本中的"半成品"项目的成本逐步分解为"直接材料""直接人工""制造费用"等原始成本项目。

(2) 成本还原的方法是从最后一个生产步骤起，将其耗用的上一个生产步骤的自制半成品的综合成本，按照上一生产步骤完工半成品的成本项目的比例，分解还原为原来的成本项目。如此自后向前逐步分解还原，直到第一个生产步骤为止，然后再将各生产步骤相同成本项目的数额加以汇总，即可求得按原始成本项目反映的产品成本。进行成本还原时可采用成本还原分配率还原法,计算过程如下。

① 核算成本还原分配率:

$$成本还原分配率=\frac{本月产成品所耗上一步骤半成品成本}{本月上一步骤所产该种完工半成品成本合计}$$

② 核算半成品各成本项目还原值:

$$\frac{半成品某成本}{项目还原值}=\frac{上一步骤完工半成品}{该成本项目金额}\times 成本还原分配率$$

③ 核算产成品还原后各成本项目金额:

在成本还原的基础上,将各步骤还原前和还原后相同的成本项目金额相加,即可计算出产成品还原后各成本项目金额,从而取得按原始成本项目反映的产成品成本资料。

【例 3-3】

根据例 3-2 核算的甲产品成本资料,采用成本还原分配率法进行甲产品的成本还原。核算过程如表 3-27 所示。

表 3-27 中各项目的核算方法如下。

① 核算 B 半成品各成本项目还原值

还原直接材料 = 20 700 × 0.95 = 19 665(元)

还原直接人工 = 3 780 × 0.95 = 3 591(元)

还原制造费用 = 25 200 − 19 665 − 3 591 = 1 944(元)

② 核算 A 半成品各成本项目还原值

还原直接材料 = 17 120 × 0.9 = 15 408(元)

还原直接人工 = 2 880 × 0.9 = 2 592(元)

还原制造费用 = 19 665 − 15 408 − 2 592 = 1 665(元)

表 3-27 产成品成本还原核算表

产品: 甲产品 2×19 年 10 月 产量:200 件

项目	还原分配率	B半成品/元	A半成品/元	直接材料/元	直接人工/元	制造费用/元	合计/元
还原前甲产品成本		25 200			4 400	2 200	31 800
B 半成品成本			20 700		3 780	2 160	26 640
第一次成本还原	25 200÷26 640≈0.95	−25 200	19 665		3 591	1 944*	
A 半成品成本				17 120	2 880	1 920	21 920
第二次成本还原	19 665÷21 920≈0.9		−19 665	15 408	2 592	1 665*	
还原后甲产品的生产成本				15 408	10 583	5 809	31 800
甲产品单位成本				77.04	52.915	29.045	159

说明:* 因还原分配率有余数,倒挤核算。

③ 核算产成品还原后各成本项目金额

还原后产成品直接材料 = 15 408(元)

还原后产成品直接人工 = 4 400 + 3 591 + 2 592 = 10 583(元)

还原后产成品制造费用 = 2 200 + 1 944 + 1 665 = 5 809(元)

还原后甲产品总成本合计 = 15 408 + 10 583 + 5 809 = 31 800(元)

提示：还原后甲产品总成本等于还原后总成本，还原后成本各项目的比例趋于合理，利于企业的成本考核和管理。

综合结转法的优点：半成品成本的结转简便，可以加速成本的核算工作，同时可以在各生产步骤的产品明细账中反映各步骤所耗半成品的费用和加工费用，有利于各步骤的成本管理。

综合结转法的缺点：为了从整个企业的角度反映产品成本的构成，加强成本管理，必须进行成本还原，成本还原工作复杂，从而增加了核算的工作量。因此，这种结转方法适合于在管理上要求核算各步骤完工产品所耗的半成品费用，而不要求进行成本还原的企业。

3) **分项结转法**

分项结转法是将各步骤所耗上一步骤半成品成本，按照成本项目分项转入各该步骤基本生产成本明细账的各个成本项目。如果半成品通过半成品仓库收发，在自制半成品明细账中登记半成品成本时，也要按照成本项目分别予以登记。

【例 3-4】

沿用例 3-2，假定华盛机械制造公司采用分项结转法核算甲产品成本。

其成本核算过程如下。

(1) 第一车间(第一步骤)A 半成品的生产成本核算，同表 3-23。

(2) 将 A 半成品转入第二车间，会计分录如下。

借：生产成本——基本生产成本(第二车间)——B 半成品——直接材料 17 120
　　　　　　　　　　　　　　　　　　　　　　　　　　　　——直接人工 2 880
　　　　　　　　　　　　　　　　　　　　　　　　　　　　——制造费用 1 920
　　贷：生产成本——基本生产成本(第一车间)——A 半成品　　　　　　21 920

(3) 计算第二车间 B 半成品的生产成本(表 3-28)。

表 3-28　基本生产成本明细账

2×19 年 10 月

车间名称：第二车间　　　产品名称：B 半成品(完工 180 件；在产品 30 件)　　　单位：元

项　目		期初在产品成本	本期发生费用	合　计	期末在产品成本	完工半成品成本	
						总成本	单位成本
直接材料	半成品成本	2 230	17 120	19 350	2 764.8	16 585.2	92.14
	本生产步骤成本						
	合计	2 230	17 120	19 350	2 764.8	16 585.2	92.14
直接人工	半成品成本	295	2 880	3 175	453.4	2 721.6	15.12
	本生产步骤成本		3 800	3 800	291.8	3 508.2	19.49
	合计	295	6 680	6 975	745.2	6 229.8	34.61

续表

项　　目		期初在产品成本	本期发生费用	合　计	期末在产品成本	完工半成品成本	
						总成本	单位成本
制造费用	半成品成本	140	1 920	2 060	294.2	1 765.8	9.81
	本生产步骤成本		2 200	2 200	169.6	2 030.4	11.28
	合计	140	4 120	4 260	463.8	3 796.2	21.09
成本项目合计	半成品成本	2 665	21 920	2 4585	3 512.4	21 072.6	117.07
	本生产步骤成本		6 000	6 000	461.4	5 538.6	30.77
	合计	2 665	27 920	30 585	3 973.8	26 611.2	147.84

表 3-28 中 B 半成品耗用的上一步骤转来的 A 半成品成本在本月完工半成品与月末在产品之间分配的计算过程如下。

本步骤所耗上一步骤的半成品成本是一次投入的费用,将本步骤所耗上一步骤的半成品成本,采用约当产量比例法在本期完工半成品(或产成品)与期末在产品之间分配时,在产品约当产量按实际产量的 100% 计算。

① 直接材料成本项目。

半成品成本分配率 $= 19\ 350 \div (180 + 30) \approx 92.14$(元/件)

完工半成品应分配的半成品成本 $= 92.14 \times 180 = 16\ 585.2$(元)

期末在产品应分配的半成品成本 $= 19\ 350 - 16\ 585.2 = 2\ 764.8$(元)

② 直接人工成本项目。

半成品成本分配率 $= 3\ 175 \div (180 + 30) \approx 15.12$(元/件)

完工半成品应分配的半成品成本 $= 15.12 \times 180 = 2\ 721.6$(元)

期末在产品应分配的半成品成本 $= 3\ 175 - 2\ 721.6 = 453.4$(元)

③ 制造费用成本项目。

半成品成本分配率 $= 2\ 060 \div (180 + 30) \approx 9.81$(元/件)

完工半成品应分配的半成品成本 $= 9.81 \times 180 = 1\ 765.8$(元)

期末在产品应分配的半成品成本 $= 2\ 060 - 1\ 765.8 = 294.2$(元)

B 半成品各成本项目的本生产步骤成本在本月完工半成品与月末在产品之间分配的计算过程如下。

本步骤发生的费用(陆续发生时)由于与本步骤半成品的完工程度相关,在产品应按完工程度 50% 计算约当产量,并用完工产品数量和在产品的约当产量合计数分配本步骤发生的生产费用。

① 直接人工成本项目。

本生产步骤成本分配率 $= 3\ 800 \div (180 + 30 \times 50\%) \approx 19.49$(元/件)

完工半成品应分配的本生产步骤成本 $= 19.49 \times 180 = 3\ 508.2$(元)

期末在产品应分配的本生产步骤成本 $= 3\ 800 - 3\ 508.2 = 291.8$(元)

② 制造费用成本项目。

本生产步骤成本分配率 $= 2\ 200 \div (180 + 30 \times 50\%) \approx 11.28$(元/件)

完工半成品应分配的本生产步骤成本 = 11.28 × 180 = 2 030.4(元)

期末在产品应分配的本生产步骤成本 = 2 200 − 2 030.4 = 169.6(元)

(4) 完工 B 半成品验收入库,编制入库会计分录及登记自制半成品明细账(表 3-29)。

表 3-29 自制半成品明细账

半成品:B

月	日	项目	数量/件	直接材料/元	直接人工/元	制造费用/元	成本合计/元
10	31	期初结存	15	1 150	420	260	1 830
		本期入库	180	16 585.2	6 229.8	3 796.2	26 611.2
		本期发出	190	17 280.5	6 479	3 952	27 711.5
		期末结存	5	454.7	170.8	104.2	729.7

B 半成品完工入库后,财会部门根据成品库送交的产成品入库单,结转产成品成本。

借:自制半成品——B 半成品——直接材料(半成品)

　　　　　　　　　　　　　　　　　　　16 585.2

　　　　　　　　——直接人工　6 229.8

　　　　　　　　——制造费用　3 796.2

　贷:生产成本——基本生产成本(第二车间)——B 半成品

　　　　　　　　　　　　　　　　　　　26 611.2

(5) 第三车间(第三步骤)领用 B 半成品,编制领用半成品会计分录如下。

借:生产成本——基本生产成本(第三车间)——甲产品——直接材料(半成品)

　　　　　　　　　　　　　　　　　　　17 280.5

　　　　　　　　——直接人工　6 479

　　　　　　　　——制造费用　3 952

　贷:自制半成品——B 半成品——直接材料(半成品)　17 280.5

　　　　　　　　——直接人工　　　　　　　　　　　6 479

　　　　　　　　——制造费用　　　　　　　　　　　3 952

(6) 核算第三车间甲产品的基本生产成本(表 3-30)。

表 3-30 基本生产成本明细账

2×19 年 10 月

车间名称:第三车间　　产品名称:甲产品(完工 200 件;在产品 30 件)　　单位:元

	项目	期初在产品成本	本期发生费用	合计	期末在产品成本	完工半成品成本	
						总成本	单位成本
直接材料	半成品成本	1 240	17 280.5	18 520.5	2 416.5	16 104	80.52
	本生产步骤成本						
	合计	1 240	17 280.5	18 520.5	2 416.5	16 104	80.52

续表

项目		期初在产品成本	本期发生费用	合计	期末在产品成本	完工半成品成本	
						总成本	单位成本
直接人工	半成品成本	230	6 479	6 709	875	5 834	29.17
	本生产步骤成本		4 500	4 500	314	4 186	20.93
	合计	230	10 979	11 209	1 189	10 020	50.1
制造费用	半成品成本	115	3 952	4 067	531	3 536	17.68
	本生产步骤成本		2 250	2 250	156	2 094	10.47
	合计	115	6 202	6 317	687	5 630	28.15
成本项目合计	半成品成本	1 585	27 711.5	29 296.5	3 822.5	25 474	127.37
	本生产步骤成本		6 750	6 750	470	6 280	31.4
	合计	1 585	34 461.5	36 046.5	4 292.5	31 754	158.77

表3-30中甲产品耗用的上一步骤转来的B半成品成本在本月完工产品与月末在产品之间分配核算过程如下。

本步骤所耗上一步骤的半成品成本是一次投入的费用,将本步骤所耗上一步骤的半成品成本采用约当产量比例法在本期完工半成品(或产成品)与期末在产品之间分配时,在产品约当产量按实际产量的100%计算。

① 直接材料成本项目。

半成品成本分配率 = 18 520.5 ÷ (200 + 30) ≈ 80.52(元/件)

完工半成品应分配的半成品成本 = 80.52 × 200 = 16 104(元)

期末在产品应分配的半成品成本 = 18 520.5 − 16 104 = 2 416.5(元)

② 直接人工成本项目。

半成品成本分配率 = 6 709 ÷ (200 + 30) ≈ 29.17(元/件)

完工半成品应分配的半成品成本 = 29.17 × 200 = 5 834(元)

期末在产品应分配的半成品成本 = 6 709 − 5 834 = 875(元)

③ 制造费用成本项目。

半成品成本分配率 = 4 067 ÷ (200 + 30) ≈ 17.68(元/件)

完工半成品应分配的半成品成本 = 17.68 × 200 = 3 536(元)

期末在产品应分配的半成品成本 = 4 067 − 3 536 = 531(元)

甲产品各成本项目的本生产步骤成本在本月完工半成品与月末在产品之间分配核算过程如下。

本步骤发生的费用(陆续发生时)由于与本步骤半成品的完工程度相关,在产品应按约当产量计算。如不能准确计量在产品的完工程度,通常按50%确定。

① 直接人工成本项目。

本生产步骤成本分配率 = 4 500 ÷ (200 + 30 × 50%) ≈ 20.93(元/件)

完工半成品应分配的本生产步骤成本 = 20.93 × 200 = 4 186(元)

期末在产品应分配的本生产步骤成本 = 4 500 − 4 186 = 314(元)

② 制造费用成本项目。

本生产步骤成本分配率 = 2 250 ÷ (200 + 30 × 50%) ≈ 10.47(元/件)

完工半成品应分配的本生产步骤成本 = 10.47 × 200 = 2 094(元)

期末在产品应分配的本生产步骤成本 = 2 250 - 2 094 = 156(元)

(7) 完工甲产品验收入库。甲产品完工入库后，财会部门根据成品库送交的产成品入库单，结转产成品成本。

借：库存商品——甲产品　　　　　　　　　　　　　　31 754

　　贷：生产成本——基本生产成本(第三车间)——甲产品　　31 754

采用分项结转法逐步结转半成品成本的优点：可以直接、正确地提供按原始成本项目反映的企业产品成本资料，便于从整个企业的角度考核和分析成本计划执行情况，不需要进行成本还原。

采用分项结转法逐步结转半成品成本的缺点：①成本结转工作比较复杂，特别是半成品通过半成品库收发，自制半成品明细账的登记工作会更为复杂；②在各步完工产品成本中看不出所耗上一步骤的半成品费用和本步骤加工费用是多少，不便于进行各步骤完工产品的成本分析。因此，这种方法适合于管理上不要求核算各步骤完工产品所耗半成品成本和本步骤加工费用，而要求提供按原始成本项目反映的产品成本资料的情况。

4. 逐步结转分步法的优缺点

逐步结转分步法是采用分步法核算产品成本的基本方法，其优点可以概括如下。

(1) 逐步结转分步法的成本核算步骤符合产品价值形成和资金耗费的客观过程，其原理容易理解和掌握。

(2) 逐步结转分步法能够提供各个步骤半成品的成本资料，便于分析和考核企业产品成本计划和各个步骤半成品成本计划的执行情况。

(3) 逐步结转分步法下半成品成本是随其实物的转移而结转的，各步骤产品生产成本明细账中的月末在产品成本，反映着留存于各步骤在产品的成本，因而有利于在产品的实物管理和生产资金(在产品成本)的日常管理。

(4) 逐步结转分步法能够全面地反映各步骤所耗用上一步骤半成品费用和本步骤所发生的加工费用水平，因而有利于加强各步骤的成本管理。

但是，逐步结转分步法下各生产步骤半成品成本要逐步结转，核算工作量大；同时采用综合结转半成品成本，需要进行成本还原；采用分项结转半成品成本，各步骤成本结转工作又比较复杂，核算工作量大。所以，逐步结转分步法适合于半成品的种类不多、逐步结转半成品成本的工作量不是很大的情况，或者在半成品种类较多，但管理上要求提供各个生产步骤半成品成本数据的情况下采用。

3.3.5 平行结转分步法

平行结转分步法是指在核算各步骤成本时，不核算各步骤所产半成品的成本，也不核算各步骤所耗上一步骤半成品的成本，而只核算本步骤发生的各项生产成本，以及这些成本中应计入产成品的份额，将相同产品各步骤成本明细账中的这些份额平行结转、汇总，即可计算出该种产品的产成品成本。这种结转各步骤成本的方法,也称不计算半成品成本的分步法。

1. 平行结转分步法的特点

采用平行结转分步法时,半成品成本并不随半成品实物的转移而结转,而是哪一步骤发生就留在该步骤的基本生产明细账内,月终,将相同产品的各个生产步骤应计入产成品成本的"份额"平行结转、汇总,核算出该种产品的产成品成本。其主要特点如下。

(1)半成品实物逐步结转,但半成品成本并不逐步结转。

(2)半成品在各步骤间转移,无论是否通过半成品库收发,均不通过"自制半成品"账户进行总分类核算。

(3)将每一生产步骤发生的费用在产成品和尚未最后制成的在产品之间进行分配,核算出各生产步骤发生的费用中应计入产成品成本的"份额"。这里的在产品包括:正在本步骤加工中的在产品(狭义在产品);本步骤已经完工转入以后各步骤继续加工的半成品;已入半成品库准备进一步加工、尚未最终形成产成品的半成品;未验收入库的完工产品和待返修的废品。它是广义的在产品概念,是从整个企业的角度而言的在产品。

(4)将各步骤费用中应计入产成品成本的"份额"平行结转,汇总核算出产成品的总成本和单位成本。

2. 平行结转分步法的适用范围

平行结转分步法主要运用于装配式多步骤大量、大批生产的企业,在这类企业里,各生产步骤所生产的半成品种类较多,但是半成品对外销售的情况很少,管理上不要求核算半成品成本。如果采用逐步结转半成品成本的方法工作量较大,为了简化和加快成本核算工作,可以采用平行结转分步法。例如,砖瓦厂、瓷厂以及不计算零配件成本的装配式多步骤大量、大批复杂生产的机械制造企业等。

3. 平行结转分步法的成本核算程序

运用平行结转分步法核算产品成本的一般程序如下。

(1)按产品加工步骤和产品品种设置生产成本明细账,各步骤按成本项目归集本步骤发生的生产费用(不包括耗用上一步骤半成品的成本)。

(2)月末将各步骤归集的生产耗费在产成品与广义的在产品之间进行分配,计算各步骤耗费中应计入产成品成本的份额。

(3)将各步骤耗费中应计入产成品成本的份额按成本项目平行结转,汇总计算出产成品的总成本及单位成本。

平行结转分步法的成本核算程序如图3-8所示。

4. 应计入产成品成本费用"份额"的核算

在平行结转分步法下,合理确定各步骤应计入产成品成本中的"份额"是关键。在这种方法下,各步骤在产品成本不再与各步骤的在产品实物保持对应关系,各步骤发生的费用要在完工产成品与广义在产品之间进行分配,从而确定各步骤应计入完工产成品成本的"份额"。具体分配方法有定额比例法(或称定额成本法)和约当产量比例法。

(1)**采用定额比例分配法核算应计入产成品成本中的份额**。采用定额比例分配法计

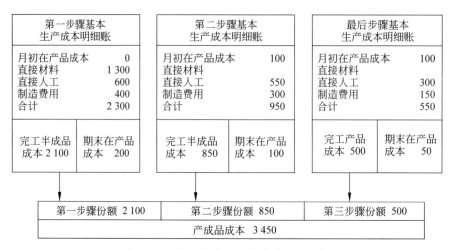

图 3-8　平行结转分步法的成本核算程序

算应计入产成品成本中的份额,就是将各步骤生产耗费按照完工产成品与月末广义在产品定额消耗量或定额耗费的比例进行分配,以确定各步骤耗费中应计入产成品成本的份额。其中,原材料费用按原材料的定额消耗量或定额耗费的比例分配;职工薪酬等加工费可以按各项定额耗费的比例分配,也可按定额工时比例分配。由于职工薪酬等加工费的定额一般根据定额工时乘以每小时的各该耗费定额计算,因而这些耗费一般按定额工时比例分配。

某步骤应计入产成品成本中的份额分配计算公式为

$$\text{某步骤产品材料费用分配率} = \frac{\text{该步骤月初在产品成本} + \text{该步骤本月发生的生产耗费}}{\text{按最后一步完工产成品数量计算的材料费用总定额} + \text{月末该步骤广义在产品定额消耗量}}$$

$$\text{某步骤产品人工（制造等）费用分配率} = \frac{\text{该步骤人工（制造等）费用月初与本月实际发生额合计}}{\text{按最后一步完工产成品数量计算的该步骤的总定额工时} + \text{月末该步骤广义在产品定额工时}}$$

由于广义在产品的实物分散在各个生产步骤和半成品仓库,具体的盘存、计算比较复杂,通常采用倒挤的方法计算。计算公式为

$$\begin{matrix}\text{月末广义在产品定额消耗量} \\ \text{（定额耗费、定额工时）}\end{matrix} = \begin{matrix}\text{月初在产品定额消耗量} \\ \text{（定额耗费、定额工时）}\end{matrix} + \begin{matrix}\text{本月投入产品定额消耗量} \\ \text{（定额耗费、定额工时）}\end{matrix}$$

$$- \begin{matrix}\text{本月完工产成品定额消耗量} \\ \text{（定额耗费、定额工时）}\end{matrix}$$

$$\text{计入产成品成本的份额} = \begin{matrix}\text{完工产成品定额消耗量} \\ \text{（或定额耗费等）}\end{matrix} \times \text{耗费分配率}$$

(2) **采用约当产量法核算应计入产成品成本的份额**。采用约当产量法核算应计入产成品成本的份额,就是将各步骤生产耗费按照完工产成品的数量与月末广义在产品约当产量的比例进行分配,以确定各步骤耗费中应计入产成品成本中的份额。计算公式为

完工产品数量 = 最后一步产成品数量(这与逐步结转分步法不同)

$$\begin{aligned}\text{某步骤月末广义} \\ \text{在产品约当产量}\end{aligned} = \begin{aligned}\text{该步骤月末} \\ \text{狭义在产品}\end{aligned} \times \begin{aligned}\text{该步骤投料} \\ \text{(完工)程度}\end{aligned} + \begin{aligned}\text{该步骤完工转入半成品} \\ \text{仓库的半成品期末结存数量}\end{aligned}$$

$$+ \begin{aligned}\text{从半成品库转入下一步骤} \\ \text{正在加工的在产品数量}\end{aligned}$$

注：适用于半成品实际物体通过半成品库转移的情况。

$$\begin{aligned}\text{某步骤月末广义} \\ \text{在产品约当产量}\end{aligned} = \begin{aligned}\text{该步骤月末} \\ \text{狭义在产品}\end{aligned} \times \begin{aligned}\text{该步骤投料} \\ \text{(完工)程度}\end{aligned} + \begin{aligned}\text{该步骤完工转入以后各步骤} \\ \text{正在加工的在产品数量}\end{aligned}$$

注：适用于半成品实际物体不通过半成品库转移的情况。

提示：为什么计算某步骤月末广义在产品约当产量时，该步骤的在产品要考虑投料（完工）程度，而以后步骤的在产品就不考虑完工程度呢？这是因为后面步骤的半成品对于上一步骤来说已经完工，在平行结转分步法中半成品的成本不随实物转移而转移，每一步中只包括本步骤发生的费用，不包括上一步骤转入的费用。

$$\begin{aligned}\text{某步骤产品} \\ \text{单位成本}\end{aligned} = \frac{\text{该步骤月初在产品成本} + \text{该步骤本月生产耗费}}{\text{完工产品数量} + \text{该步骤月末广义在产品约当产量}}$$

$$\begin{aligned}\text{某步骤应计入} \\ \text{产成品成本的份额}\end{aligned} = \begin{aligned}\text{最后一步} \\ \text{完工产品数量}\end{aligned} \times \begin{aligned}\text{该步骤产品} \\ \text{单位成本}\end{aligned}$$

5. 平行结转分步法实例

【例 3-5】

大华机械制造公司生产 H 产品，生产分两个步骤在两个车间内进行，第一车间为第二车间提供半成品 A，第二车间加工完成为产成品 H。有关生产成本资料如表 3-31～表 3-33 所示。产成品和月末在产品之间分配生产成本的方法采用平行结转分步法的定额比例法；材料成本按定额材料成本比例分配，其他成本按定额工时比例分配。

（1）定额资料（表 3-31）。

假定该公司月末没有盘点在产品，月末在产品的定额资料要根据月初在产品定额资料加上本月投产的定额资料减去产成品的定额资料计算求出。

表 3-31 H 产品定额资料

2×19 年 10 月

生产步骤	月初在产品		本月投入		产成品				
					单价定额		产量/件	总定额	
	材料成本/元	工时/小时	材料成本/元	工时/小时	材料成本/元	工时/小时		材料成本/元	工时/小时
第一车间份额	27 945	1 350	97 985	3 150	220	8	500	110 000	4 000
第二车间份额		1 200		3 800	—	9.5	500	—	4 750
合　计	27 945	2 550	97 985	6 950	—	17.5	—	110 000	8 750

（2）核算第一车间应计入产成品成本的份额（表 3-32）。

表 3-32 基本生产成本明细账

车间名称：第一车间　　　　　　产品：A 半成品　　　　　　产量：500 件

月	日	摘　要	直接材料	直接人工	制造费用	成本合计
10	1	月初在产品成本/元	12 437	9 775	11 985	34 197
	31	本月生产耗费/元	100 900	19 475	15 600	135 975
	31	生产耗费累计/元	113 337	29 250	27 585	170 172
	31	分配率/(元/小时)	0.9	6.5	6.13	
	31	计入产成品成本份额/元	99 000	26 000	24 520	149 520
	31	月末广义在产品成本/元	14 337	3 250	3 065	20 652

表 3-32 中，第一车间应计入产成品成本的份额计算如下。

① 采用倒挤的方法核算月末广义在产品定额材料耗费和定额工时

月末广义在产品定额材料耗费 $= 27\,945 + 9\,7985 - 110\,000 = 15\,930$（元）

月末广义在产品定额工时 $= 1\,350 + 3\,150 - 4\,000 = 500$（小时）

② 核算各耗费分配率。

$$直接材料耗费分配率 = \frac{113\,337}{110\,000 + 15\,930} = 0.9（元/小时）$$

$$直接人工耗费分配率 = \frac{29\,250}{4\,000 + 500} = 6.5（元/小时）$$

$$制造费用分配率 = \frac{27\,585}{4\,000 + 500} = 6.13（元/小时）$$

③ 核算应计入产成品成本中的份额。

直接材料应计入产成品成本的份额 $= 110\,000 \times 0.9 = 99\,000$（元）

直接人工应计入产成品成本的份额 $= 4\,000 \times 6.5 = 26\,000$（元）

制造费用应计入产成品成本的份额 $= 4\,000 \times 6.13 = 24\,520$（元）

④ 核算月末广义在产品成本。

广义在产品成本直接材料耗费 $= 113\,337 - 99\,000 = 14\,337$（元）

广义在产品成本直接人工耗费 $= 29\,250 - 26\,000 = 3\,250$（元）

广义在产品成本制造费用 $= 27\,585 - 24\,520 = 3\,065$（元）

当月完工 A 半成品应计入产成品 H 成本中的份额 $= 99\,000 + 26\,000 + 24\,520$

$= 149\,520$（元）

（3）**核算第二车间应计入产成品成本的份额**。根据上月有关数据及本月各要素耗费分配表，核算第二车间应计入产品成本中的份额，填制第二车间基本生产成本明细账（表 3-33）。

表 3-33 中，第二车间应计入产成品成本的份额计算如下。

① 采用倒挤的方法核算月末广义在产品定额工时。

月末广义在产品定额工时 $= 1\,200 + 3\,800 - 4\,750 = 250$（小时）

② 计算各耗费分配率。

$$直接人工耗费分配率 = \frac{31\,100}{4\,750 + 250} = 6.22(元/小时)$$

表 3-33 基本生产成本明细账

车间名称：第二车间　　　　　产品：H 产品　　　　　　产量：500 件

月	日	摘　　要	直接材料	直接人工	制造费用	成本合计
10	1	月初在产品成本/元		10 600	9 600	20 200
	31	本月生产耗费/元		20 500	16 500	37 000
	31	生产耗费累计/元		31 100	26 100	57 200
	31	分配率/(元/小时)		6.22	5.22	
	31	计入产成品成本份额/元		29 545	24 795	54 340
	31	月末广义在产品成本/元		1 555	1 305	2 860

$$制造费用分配率 = \frac{26\,100}{4\,750 + 250} = 5.22(元/小时)$$

③ 核算应计入产成品成本的份额。

直接人工应计入产成品成本的份额 = 4 750 × 6.22 = 29 545(元)

制造费用应计入产成品成本的份额 = 4 750 × 5.22 = 24 795(元)

④ 核算月末广义在产品成本。

广义在产品成本直接人工耗费 = 31 100 − 29 545 = 1 555(元)

广义在产品成本制造费用 = 26 100 − 24 795 = 1 305(元)

当月第二车间生产费用应计入产品 H 成本中的份额 = 29 545 + 24 795 = 54 340(元)

（4）核算完工产品成本。财会部门将第一车间、第二车间基本生产成本明细账中应计入产品 H 成本中的份额，平行结转汇总计入"产品成本汇总表"（表 3-34）。

表 3-34　产品成本汇总表

产品名称：H 产品　　　　　2×19 年 10 月

车间份额	产量/件	直接材料/元	直接人工/元	制造费用/元	成本合计/元
第一车间		99 000	26 000	24 520	149 520
第二车间			29 545	24 795	54 340
合　　计	500	99 000	55 545	49 315	203 860
单位成本		198	111.09	98.63	407.72

（5）结转完工验收入库的产品成本。财务部根据上述产成品成本汇总表和产品交库单，编制会计分录如下。

借：库存商品——H 产品　　　　　　　　　　　203 860
　　贷：生产成本——基本生产成本——第一车间　　149 520
　　　　　　　　　　　　　　　　　　——第二车间　　 54 340

6. 平行结转分步法的优缺点

平行结转分步法是采用分步法核算产品成本的一种简化方法,其优点可以概括如下。

(1) 采用平行结转分步法,各步骤可以同时核算产品成本,并且将应计入完工产品成本的份额平行结转,汇总计入产成品成本,不必等待上一步骤的成本核算结果,能够加速成本核算工作。

(2) 采用平行结转分步法,各步骤分别按成本项目将各项费用平行汇总计入产品成本中,能够直接提供按原始成本项目反映的产品成本资料,不必进行成本还原。

但是这种方法,由于各步骤不核算和结转半成品成本,也有其缺点。

(1) 不能提供各步骤半成品成本资料(只有在间接分配法下,第一步骤可以提供半成品成本资料),不易分清各步骤的经济责任。

(2) 在各步骤生产成本明细账中反映的在产品成本是广义在产品成本,造成各步骤在产品成本反映不出各步骤在产品实际占用的资金,不利于在产品的实物管理和资金管理。

(3) 各步骤的成本不能全面反映该步骤生产耗费的水平(第一步骤除外),因而不能更好地满足各步骤成本管理的要求。

平行结转分步法在半成品种类较多、逐步结转半成品成本的工作量太大,管理上又不要求提供各步骤半成品成本资料的情况下采用比较适宜。

3.3.6 逐步结转分步法与平行结转分步法的比较

(1) 在产品的含义不同。逐步结转分步法下,在产品是狭义的,仅指本步骤正在加工的在产品,它的成本按实物所在地反映,有利于在产品资金管理。平行结转分步法的在产品是广义的,它不仅包括本步骤加工的在产品,还包括经过本步骤加工完毕,但还没有加工成为产成品的所有半成品。它的成本在成本发生地,按发生地反映,不随实物转移而转移。

(2) 逐步结转分步法核算各步骤的半成品成本,半成品成本随着实物转移而转移;平行结转分步法不核算各步骤半成品成本,半成品成本不随实物转移而转移。

(3) 逐步结转分步法的产成品成本是将最后加工步骤的半成品成本加上最后加工步骤的生产费用而得到的。在采用综合逐步结转法时,还有个成本还原问题。在平行结转分步法下,产成品成本是由直接材料加上各步骤应计入产成品的加工费用(直接人工、制造费用)而得到,所以不存在成本还原问题。

(4) 用逐步结转分步法时,要按加工步骤的先后逐步累计结算产品成本,即上一步骤半成品成本结算后,才能进行下一步骤的核算,这样会造成相互等待的局面,以致影响成本核算工作的时效性。平行结转法各步骤可以同时结算成本,最后平行计入产成品成本,不存在相互等待的问题,所以成本核算工作更及时。

(5) 由于逐步结转法和平行结转法是分步法核算产品成本的两种不同方法,因此,核算出来的成本数值存在着一定的差异。

任务3.4 分批法的原理与核算

3.4.1 分批法的特点和适用范围

产品成本核算的分批法是按照产品的批别归集生产费用、核算产品成本的一种方法。这种方法主要适用于小批、单件,管理上不要求分步骤核算半成品成本的多步骤生产,例如重型机器制造、船舶制造、精密工具仪器制造、家具制造,以及服装、制鞋、印刷企业等。在这种生产类型的企业中,由于生产多是根据购货单位的订单组织的,因此,分批法也称为订单法。

1. 成本核算对象

用分批法时,成本核算对象是产品的批别(单件生产为件别)。在小批、单件生产的企业中,生产活动基本上是根据购买单位的订单直接分批组织的,所以分批法的成本核算对象是各批(或各订单)产品。但是,如果一张订单中规定的产品不止一种,为了便于生产管理、考核和分析各种产品成本计划的完成情况,还要按照产品种类划分批别,然后组织生产并核算成本。如果一张订单中只有一种产品,但产品数量较大,不便于集中一次投产,或者需用单位要求分批交货,也可以分为数批组织生产并核算成本。如果在一张订单中只规定一件产品,但这件产品属于大型复杂的产品,价值较大,生产周期较长,也可以按产品的组成部分分批组织生产。如果在同一时期内,不同订单规定有相同的产品,而且数量又不多,为了经济、合理地组织生产,也可以将相同产品合为一批组织生产并核算成本。

总之,无论如何分批组织生产,成本核算始终依据的是产品的批别。但是,按照产品批别组织生产时,生产计划部门要发出"生产任务通知单",将生产任务命令下达车间,并通知会计部门。生产通知单中对该批生产任务进行的编号,称为产品批号或生产令号。会计部门应根据生产计划部门下达的产品批号或生产令号来开设成本明细账(产品成本核算单),并且按照成本项目归集生产费用,核算本批产品的成本。由于分批法下可能存在多个成本核算对象,间接计入费用多,为了提高成本核算的正确性,要合理选择间接计入费用的分配标准。

2. 成本核算期

为了保证各批产品成本核算的正确性,各批产品成本明细账的设立和结算应与生产任务通知单的签发和结束密切配合,协调一致,即各批或各订单产品的成本总额在其完工以后(完工月份的月末)核算确定。所以采用分批法时,**产品成本核算是不定期的,成本核算期与生产周期一致**,与会计期间不一致。

3. 完工产品与在产品之间费用分配

如果是单件生产,产品完工以前,成本核算单中所记生产费用都是在产品成本;产品完工时,其所记的生产费用就是产成品成本。因而在月末核算成本时,没有完工产品和在产品之间分配费用的问题。

如果是小批生产,由于产品批量小,批内产品一般都能同时完工。月末核算成本时,往往全部已经完工,或者全部没有完工,因而**通常也不需要在完工产品和在产品之间分配费用**。

但在批内产品跨月陆续完工的情况下,月末核算成本时,一部分产品已完工,另外一部分尚未完工,这时就有**必要在完工产品和在产品之间分配费用**,以便正确核算产成品成本和月末在产品成本。由于小批生产的批量不大,批内产品跨月陆续完工的情况不多,可用简单的分配方法,即按核算单位成本、定额单位成本或最近一期相同产品的实际单位成本核算产品成本,并从成本核算单中转出,以其余额作为在产品成本。

如果批内产品跨月完工的情况较多,期末批内完工产品数量占全部批量的比重较大,为了正确核算产品成本,就要根据具体情况采用适当的分配方法,将生产费用在完工产品和在产品之间进行分配。

提示:批内产品跨月完工的情况下,若完工产品数量占的比重较大,则期末要采用适当的方法(如约当产量法、定额比例法等)结转完工产品成本;若完工产品数量占的比重较小,则期末可用简单的分配方法(如计划单位成本、定额单位成本等)结转完工产品成本。

3.4.2 分批法核算程序举例

现以单件、小批生产的某企业的产品成本核算为例,说明分批法的核算程序。

【例 3-6】

海风公司是一家单件、小批、多步骤生产机械部件的加工企业,按购货单位要求小批生产甲、乙、丙三种产品,产品成本核算采用分批法。

1. 该企业 2×19 年 6 月的有关成本核算资料

(1) 各生产批别产量、费用资料。

① 401 批甲产品 5 台,4 月投产,本月全部完工,4 月、5 月两月累计费用为:直接材料 4 000 元,直接人工 1 000 元,制造费用 1 200 元。本月发生费用:直接人工 400 元,制造费用 500 元。

② 501 批乙产品 10 台,5 月投产,本月完工 6 台,未完工 4 台,5 月发生生产费用为:直接材料 60 000 元,直接人工 15 000 元,制造费用 13 000 元。本月发生费用:直接人工 7 000 元,制造费用 6 000 元。

③ 601 批丙产品 7 台,本月投产,尚未完工,本月发生生产费用为:直接材料 20 000 元,直接人工 5 600 元,制造费用 4 800 元。

(2) 其他资料。

① 三种产品的原材料均在生产开始时一次投入。

② 501 批乙产品本月完工产品数量在批内所占比重较大(60%),根据生产费用发生情况,其原材料费用按照完工产品和在产品的实际数量比例分配外,其他费用采用约当产量比例法在完工产品和月末在产品之间进行分配,在产品完工程度为 50%。

2. 成本核算程序

(1) 401 批甲产品的成本核算。401 批甲产品本月全部完工,4 月、5 月、6 月三个月累计生产费用全部为完工产品成本,除以完工产品数量,即可得到完工产品单位成本。401 批产品成本核算单见表 3-35。

表 3-35　401 批产品成本核算单

批号:401　　　　　　　　产品名称:甲　　　　　　　投产日期:2×19 年 4 月
购货单位:××　　　　　　批量:5 台　　　　　　　　完工日期:2×19 年 6 月

月	日	摘　要	直接材料/元	直接人工/元	制造费用/元	合计/元
6	1	月初在产品成本	4 000	1 000	1 200	6 200
6	30	工资福利费用分配		400		400
6	30	制造费用分配			500	500
6	30	生产费用合计	4 000	1 400	1 700	7 100
6	30	完工产品成本	4 000	1 400	1 700	7 100
6	30	完工产品单位成本	800	280	340	1 420

根据表 3-35 产品成本核算单,编制完工产品入库会计分录。

　　借:库存商品——甲产品　　　　　　　　　　　　　7 100
　　　　贷:生产成本——基本生产成本——甲产品　　　　7 100

(2) 501 批乙产品的成本核算。501 批乙产品本月完工 6 台,尚有 4 台未完工,属于跨月陆续完工,且完工产品数量在批内所占比重较大,生产费用应在完工产品和月末在产品之间进行分配。因原材料一次投入,完工产品和在产品负担的原材料费用相同,按产品数量分配;其余按约当产量比例分配。501 批乙产品成本核算单见表 3-36。

表 3-36　501 批产品成本核算单

批号:501　　　　　　　　产品名称:乙　　　　　　　投产日期:2×19 年 5 月
购货单位:××　　　　　　批量:10 台　　　　　　　本月完工:6 台

月	日	摘　要	直接材料	直接人工	制造费用	合　计
6	1	月初在产品成本/元	60 000	15 000	13 000	88 000
6	30	工资福利费用分配/元		7 000		7 000
6	30	制造费用分配/元			6 000	6 000
6	30	生产费用合计/元	60 000	22 000	19 000	101 000
6	30	约当总产量/台	10	8	8	
6	30	完工产品单位成本/元	6 000	2 750	2 375	11 125
6	30	完工产品成本/元	36 000	16 500	14 250	66 750
6	30	月末在产品成本/元	24 000	5 500	4 750	34 250

① 约当产量=完工产品数量+在产品约当产量

　　直接材料项目的约当产量 = 6+4×100% = 10(台)
　　直接人工项目约当产量 = 6+4×50% = 8(台)

制造费用项目约当产量＝6＋4×50％＝8(台)

② 产品费用分配率＝生产费用合计÷约当总产量

直接材料项目费用分配率＝60 000÷10＝6 000(元／台)

直接人工项目费用分配率＝22 000÷8＝2 750(元／台)

制造费用项目费用分配率＝19 000÷8＝2 375(元／台)

③ 完工产品总成本＝完工产品数量×产品费用分配率

直接材料项目＝6 000×6＝36 000(元)

直接人工项目＝2 750×6＝16 500(元)

制造费用项目＝2 375×6＝14 250(元)

④ 月末在产品成本＝生产费用合计－完工产品总成本

直接材料项目＝60 000－36 000＝24 000(元)

直接人工项目＝22 000－16 500＝5 500(元)

制造费用项目＝19 000－14 250＝4 750(元)

根据产品成本核算单，编制完工产品入库会计分录。

借：库存商品——乙产品　　　　　　　　　　　　　　66 750

　贷：生产成本——基本生产成本——乙产品　　　　　66 750

（3）601批丙产品的成本核算。601批丙产品本月未完工，发生的费用均为在产品成本，601批丙产品成本核算单见表3-37。

表3-37　601批产品成本核算单

批号：601　　　　　　　　产品名称：丙　　　　　　　　投产日期：2×19年6月
购货单位：××　　　　　　批量：7台　　　　　　　　　完工时期：

月	日	摘　要	直接材料	直接人工	制造费用	合　计
6	1	材料费用分配／元	20 000			20 000
6	30	工资福利费用分配／元		5 600		5 600
6	30	制造费用分配／元			4 800	4 800
6	30	合计／元	20 000	5 600	4 800	30 400

3.4.3　简化的分批法

在一些小批、单件生产的企业或车间，例如机械制造厂或修配厂中，同一月内投产的产品批数往往很多，有的多至几十批甚至上百批，而且月末未完工的批数也较多。在这种情况下，如果将当月发生的各种间接费用在各批产品之间进行分配，而不管各批次产品是否已经完工，则费用分配工作将极为繁重。因此，在这类企业或车间中可采用简化的分批法。

简化分批法仍按照产品批别设立产品成本明细账，但在各批产品完工之前，账内只按月登记直接费用（原材料费用）和人工工时。在简化分批法下，只有直接材料费用为直接费用。每月发生的各项间接费用（直接人工、制造费用等），不必按月在各批产品之间进行分配，而是先登记在根据部门或车间专设的基本生产成本二级账中，按成本项目分别累计起来,只是在有完工产品的那个月,才按照完工产品累计人工工时的比例,在各批完工产品之间分配各项间接费用,核算、登记各批完工产品成本。而各批全部产品的在产品应负担的间接费用,仍以总数反映在基本生产成本二级账中,不进行分配,不分批核算在产品成本。因此,这种方法又称为不分批核算在产品成本的分批法。

1. 简化分批法的特点

(1) 设置基本生产成本二级账。设置基本生产成本二级账,并按批别设置产品成本明细账。在各批产品完工之前,产品成本明细账内只按月登记直接计入费用(如直接材料)和生产工时。每月发生的各项间接费用(包括直接人工、制造费用等),不是按月在各批产品之间进行分配,而是先通过基本生产二级账进行归集,再按成本项目累计起来。

(2) 间接费用累计分配。基本生产成本二级账累计的间接费用,在有产品完工的月份,按产品累计生产工时的比例,在各批完工产品之间进行分配。对未完工的在产品则不分配间接计入费用。其计算公式为

$$累计间接费用分配率 = \frac{全部产品累计间接费用}{全部产品累计生产工时之和}$$

某批完工产品应负担间接费用 = 该批完工产品累计工时 × 间接费用累计分配率

2. 简化分批法的核算程序

(1) 按照产品批别设置产品成本明细账(或称成本核算单)和生产成本二级账,并分别按成本项目设置专栏或专行,用以反映各批产品在生产过程中所发生的各项费用和生产工时。

(2) 归集和分配生产费用及生产工时。

(3) 根据某月初在产品成本资料及生产工时资料记入各批产品成本明细账和产品生产成本二级账。

① 根据本月原材料费用分配表及生产工时记录,将各批产品耗用的直接材料费用和耗用的生产工时,分别记入各批产品成本明细账和产品生产成本二级账。

② 根据工资及其他费用分配表或汇总表,将本月发生的工资及其他费用记入产品成本二级账。

③ 根据月初在产品成本、生产工时记录与本月生产费用、生产工时,记录确定本月末各项费用与生产工时累计数。

(4) 核算产品成本。月末如果本月各批产品均未完工,则各项费用与生产工时累计数转至下月继续登记;如果本月有完工产品或某批全部完工,或某批部分完工,或有几批完工,则需要根据上述公式计算全部产品各项费用累计分配率,据以分配费用并核算完工产品成本。

提示:设置基本生产成本二级账归集各项费用(包括直接费用和间接费用,既包括直接材料,也包括直接人工、制造费用等),产品成本明细账内只按月登记直接计入费用(如直接材料)和生产工时。有完工产品时根据基本生产成本二级账计算累计的间接费用分配率,根据累计的间接费用分配率核算应计入完工产品成本的间接费用,并从产品成本明细账转出。

3. 简化分批法核算举例

现以单件、小批生产的某企业的产品成本核算为例,说明简化分批法的核算程序。

【例 3-7】

天地公司是小批生产多种产品的汽车零件企业,由于生产批数多,为简化成本核算工作,采用简化分批法核算产品成本。

(1) 该企业 2×19 年 6 月的有关成本核算资料如下。

① 该企业 6 月的产品批别有:

201 批甲产品 10 台,2 月投产,本月完工;

302 批乙产品 20 台,3 月投产,本月完工;

303 批丙产品 8 台,3 月投产,本月完工 2 台,完工产品工时 2 025 小时;

601 批丁产品 12 台,本月投产,尚未完工。

该企业 6 月上述四种产品的月初在产品成本资料见表 3-38。

表 3-38　6 月初在产品成本

产品批别	累计工时/小时	直接材料/元	直接人工/元	制造费用/元
累计总数	29 000	30 000	22 000	15 000
其中:201 批甲产品	11 000	9 500		
302 批乙产品	13 000	12 000		
303 批丙产品	5 000	8 500		

② 6 月全部四种产品生产工时 17 000 小时。其中甲产品 3 900 小时,乙产品 6 700 小时,丙产品 3 100 小时,丁产品 3 300 小时,本月发生的直接人工费用总额为 12 960 元,制造费用总额为 8 920 元;丁产品本月开工,投入原材料费用 24 000 元。

③ 四种产品均为生产时一次投料。

(2) 成本核算程序。

① 开设基本生产成本二级账和甲、乙、丙、丁四种产品成本核算单。

② 根据要素费用分配表登记基本生产成本二级账(表 3-39),产品成本核算单见表 3-40~表 3-43,编制完工产品成本汇总表(表 3-44)。

表 3-39　基本生产成本二级账(各批产品总成本)

2×19 年 6 月

月	日	摘　　要	累计工时/小时	直接材料/元	直接人工/元	制造费用/元	合计/元
5	31	月末在产品成本	29 000	30 000	22 000	15 000	67 000
6	30	材料费用分配		24 000			24 000
6	30	工资福利费分配	17 000		12 960		12 960
6	30	制造费用分配				8 920	8 920
6	30	本月累计	46 000	54 000	34 960	23 920	112 880
6	30	累计间接费用分配率			0.76	0.52	
6	30	转出完工产品成本	36 625	23 625	27 835	19 045	70 505
6	30	月末在产品成本	9 375	30 375	7 125	4 875	42 375

表 3-39 中有关数据计算过程如下。

$$直接人工累计分配率 = 34\,960 \div 46\,000 = 0.76(元/小时)$$
$$制造费用累计分配率 = 23\,920 \div 46\,000 = 0.52(元/小时)$$
$$完工产品累计工时 = 14\,900 + 19\,700 + 2\,025 = 36\,625(小时)$$
$$完工产品累计直接人工 = 36\,625 \times 0.76 = 27\,835(元)$$
$$完工产品累计制造费用 = 36\,625 \times 0.52 = 19\,045(元)$$

表 3-40　产品成本核算单

产品名称：甲产品　　　　　批量：10 台　　　　　投产日期：2×19 年 2 月
　　　　　　　　　　　　　批号：201　　　　　　完工日期：2×19 年 6 月

月	日	摘　要	生产工时/小时	直接材料/元	直接人工/元	制造费用/元	合计/元
5	31	月末在产品成本	11 000	9 500			9 500
6	30	本月发生费用	3 900				
6	30	本月累计	14 900	9 500			
6	30	累计间接费用分配率			0.76	0.52	
6	30	转出完工产品成本	14 900	9 500	11 324	7 748	28 572

表 3-40 中有关数据计算过程如下。

$$完工产品应负担的直接人工费用 = 14\,900 \times 0.76 = 11\,324(元)$$
$$完工产品应负担的制造费用 = 14\,900 \times 0.52 = 7\,748(元)$$

表 3-41　产品成本核算单

产品名称：乙产品　　　　　批量：20 台　　　　　投产日期：2×19 年 3 月
　　　　　　　　　　　　　批号：302　　　　　　完工日期：2×19 年 6 月

月	日	摘　要	生产工时/小时	直接材料/元	直接人工/元	制造费用/元	合计/元
5	31	月末在产品成本	13 000	12 000			
6	30	本月发生费用	6 700				
6	30	本月累计	19 700	12 000			
6	30	累计间接费用分配率			0.76	0.52	
6	30	转出完工产品成本	19 700	12 000	14 972	10 244	37 216

表 3-41 中有关数据计算过程如下。

$$完工产品应负担的直接人工费用 = 19\,700 \times 0.76 = 14\,972(元)$$
$$完工产品应负担的制造费用 = 19\,700 \times 0.52 = 10\,244(元)$$

表 3-42 中有关数据计算过程如下。

$$完工产品应分配的直接材料费用 = 8\,500 \div 8 \times 2 = 2\,125(元)$$
$$完工产品耗用的生产工时 = 8\,100 \div 8 \times 2 = 2\,025(小时)$$
$$完工产品应负担的直接人工费用 = 2\,025 \times 0.76 = 1\,539(元)$$
$$完工产品应负担的制造费用 = 2\,025 \times 0.52 = 1\,053(元)$$

表 3-42　产品成本核算单

产品名称：丙产品　　　　　批量：8 台　　　　　投产日期：2×19 年 3 月
　　　　　　　　　　　　　批号：303　　　　　本月完工数量：2 台

月	日	摘　要	生产工时/小时	直接材料/元	直接人工/元	制造费用/元	合计/元
5	31	月末在产品成本	5 000	8 500			
6	30	本月发生费用	3 100				
6	30	本月累计	8 100	8 500			
6	30	累计间接费用分配率			0.76	0.52	
6	30	转出完工产品成本	2 025	2 125	1 539	1 053	4 717
6	30	月末在产品成本	6 075	6 375			

表 3-43　产品成本核算单

产品名称：丁产品　　　　　批量：12 台　　　　投产日期：2×19 年 6 月
　　　　　　　　　　　　　批号：601　　　　　尚未完工

月	日	摘　要	生产工时/小时	直接材料/元	直接人工/元	制造费用/元	合计/元
6	30	本月发生费用	3 300	24 000			

表 3-44　完工产品成本汇总表

2×19 年 6 月　　　　　　　　　　　　　　　　单位：元

| 成本项目 | 甲产品(产量10台) | | 乙产品(产量20台) | | 丙产品(产量2台) | | 合　计 |
	总成本	单位成本	总成本	单位成本	总成本	单位成本	
直接材料	9 500	950	12 000	600	2 125	1 062.5	23 625
直接人工	11 324	1 132.4	14 972	748.6	1 539	769.5	27 835
制造费用	7 748	774.8	10 244	512.2	1 053	526.5	19 045
合　计	28 572	2 857.2	37 216	1 860.8	4 717	2 358.5	70 505

根据完工产品成本核算表，编制完工产品入库会计分录。

　　借：库存商品——甲产品　　　　　　　　　28 572
　　　　　　　　——乙产品　　　　　　　　　37 216
　　　　　　　　——丙产品　　　　　　　　　 4 717
　　　贷：生产成本——基本生产成本——甲产品　28 572
　　　　　　　　　　　　　　　　　——乙产品　37 216
　　　　　　　　　　　　　　　　　——丙产品　 4 717

　　简化分批法与一般分批法相比的优点：间接计入费用在各批产品之间的分配，以及在各批产品完工产品与在产品之间的分配，是在有完工产品时，利用一个累计间接费用分配率同时完成的，这样就大大简化了费用的分配和登记工作，月末未完工产品批数越多，核算工作越简单。

　　但这种方法也有缺点：在各批未完工产品的成本明细账中，不能完整地反映各批在产品成本；如果各月的间接费用相差较大时，会影响各产品成本核算的正确性。

　　因此，这种方法的适用范围是各月间接费用相差不多，但投产批数较多的企业。

项目总结 成本核算基本方法的特点及适用范围

基本核算方法	成本核算对象	成本核算期	期末生产费用在完工产品和在产品之间的分配	适用范围	
				生产特点	成本管理要求
品种法	各种产品	按月定期核算	需要分配	大量、大批、单步骤或多步骤生产	管理上不要求分步核算成本
分步法	各步骤的半成品和最后步骤的产成品	按月定期核算	需要分配	大量、大批、多步骤生产	管理上要求分步核算成本
分批法	每批产品或每件产品	完工月份,不定期核算	一般不需要分配,但有产品跨月完工需要核算	单件、小批、单步骤或多步骤生产	管理上不要求分步核算成本

思考与练习

课程思政：新时代
两步走战略

一、思考题

1. 为什么一个企业在确定产品成本核算方法时,必须同时考虑企业的生产特点和成本管理要求?
2. 生产特点和管理要求对成本核算的影响主要表现在哪些方面?
3. 简述品种法的特点、适用范围及优缺点。
4. 简述分步法的种类、特点、适用范围及优缺点。
5. 简述分批法的特点、适用范围及优缺点。

二、选择题

（一）单项选择题

1. 划分产品成本核算基本方法的主要标志是（　　）。
   A. 产品成本核算对象　　　　B. 成本核算日期
   C. 生产组织特点　　　　　　D. 成本管理要求
2. 在小批、单件多步骤生产的情况下,如果管理上不要求分步核算产品成本,应采用的成本核算方法是（　　）。
   A. 分批法　　　B. 分步法　　　C. 分类法　　　D. 定额成本法
3. 品种法适用的生产组织是（　　）。
   A. 大量、成批生产　　　　　B. 大量、大批生产
   C. 大量、小批生产　　　　　D. 单件、小批生产
4. 生产特点和管理要求对产品成本核算的影响,主要表现在（　　）的确定上。
   A. 成本核算对象
   B. 间接费用的分配方法
   C. 成本核算日期

D. 完工产品与在产品之间分配费用的方法

5. 品种法是产品成本核算的( )。
   A. 主要方法　　　　　　　　B. 重要方法
   C. 最基本方法　　　　　　　D. 最一般方法

6. 产品成本核算实际上就是会计核算中成本费用科目的( )。
   A. 明细核算　　　　　　　　B. 总分类核算
   C. 账务处理　　　　　　　　D. 总分类核算和明细核算

7. 分批法适用的生产组织是( )。
   A. 大量、大批生产　　　　　B. 大量、小批生产
   C. 单件、成批生产　　　　　D. 小批、单件生产

8. 对于分批法,下列说法正确的是( )。
   A. 不存在完工产品与在产品之间费用分配问题
   B. 成本核算期与会计报告期一致
   C. 适用于小批、单件、管理上不要求分步骤核算成本的多步骤生产
   D. 以上说法全部正确

9. 下列情况下,不宜采用简化分批法的是( )。
   A. 各月间接计入费用水平相差不大　　B. 月末未完工产品批数较多
   C. 同一月份投产的批数很多　　　　　D. 各月间接计入费用水平相差较多

10. 下列方法中属于不计算半成品成本的分步法是( )。
    A. 逐步结转分步法　　　　　B. 综合结转法
    C. 分项结转法　　　　　　　D. 平行结转法

11. 采用逐步结转分步法,其在完工产品与在产品之间分配费用,是指在( )之间分配费用。
    A. 产成品与月末在产品
    B. 完工半成品与月末加工中的在产品
    C. 产成品与广义的在产品
    D. 前面步骤的完工半成品与加工中的在产品及最后步骤的产成品与加工中的在产品

12. 成本还原的对象是( )。
    A. 产成品
    B. 各步骤所耗上一步骤半成品的综合成本
    C. 最后步骤的产成品成本
    D. 各步骤半成品成本

13. 进行成本还原,应以还原分配率分别乘以( )。
    A. 本月所产半成品各个成本项目的费用
    B. 本月所耗半成品各个成本项目的费用
    C. 本月所产该种半成品各个成本项目的费用
    D. 本月所耗该种半成品各个成本项目的费用

14. 采用平行结转分步法,( )。
    A. 不能全面地反映各个生产步骤产品的生产耗费水平
    B. 能够全面地反映各个生产步骤产品的生产耗费水平
    C. 能够全面地反映第一个生产步骤产品的生产耗费水平
    D. 能够全面地反映最后一个步骤产品的生产耗费水平

15. 下列方法中需要进行成本还原的是( )。
    A. 平行结转法   B. 逐步结转法
    C. 综合结转法   D. 分项结转法

16. 成本还原就是从最后一个步骤起,把各步骤所耗上一步骤半成品成本,按照( )逐步分解,还原算出按原始成本项目反映的产成品成本。
    A. 本月所耗半成品成本结构
    B. 本月完工产品成本的结构
    C. 上一步骤所产该种半成品成本的结构
    D. 上一步骤月末在产品成本的结构

17. 某产品由四个生产步骤组成,采用平行结转分步法核算产品成本,需要进行( )次成本还原。
    A. 0   B. 3   C. 4   D. 5

18. 采用简化的分批法核算产品成本,基本生产成本二级账与产品成本明细账无法核对的项目是( )。
    A. 月末在产品原材料项目余额
    B. 月末在产品生产工时项目余额
    C. 月末在产品间接计入费用项目余额
    D. 完工产品成本合计数

19. 下列方法中,属于产品成本核算基本方法的是( )。
    A. 标准成本法   B. 变动成本法
    C. 分类法   D. 分步法

20. 在小批、单件、多步骤生产情况下,如果管理不要求分步核算产品成本,应采用的成本核算方法是( )。
    A. 分批法   B. 分步法   C. 分类法   D. 定额成本法

21. 分步法这种成本核算方法适用于( )企业。
    A. 单件、小批生产   B. 大量、大批、单步骤生产
    C. 大量、大批、多步骤生产   D. 多品种、多规格生产

22. 分批法适用于( )的生产。
    A. 单件、小批类型   B. 生产种类繁多的企业
    C. 大批量、单一品种类型   D. 大量、大批的单步骤

23. 在各种产品成本核算方法中,必须设置基本生产成本二级账的方法是( )。
    A. 分类法   B. 定额法   C. 简化分批法   D. 平行结转分步法

24. 下列各项费用中,不能直接借记"基本生产成本"账户的是( )。

A. 车间生产工人计时工资 B. 车间生产工人福利费
C. 车间管理人员工资 D. 构成产品实体的原料费用

25. 下列方法中,最基本的成本核算方法是( )。
    A. 品种法 B. 分批法 C. 分步法 D. 分类法

26. 选择产品成本核算基本方法时应考虑的因素是( )。
    A. 产品消耗定额是否准确、稳定
    B. 产品种类是否繁多
    C. 能够简化加速成本核算工作
    D. 生产工艺和生产组织特点及成本管理要求

27. 下列方法中,属于产品成本核算辅助方法的是( )。
    A. 品种法 B. 分批法 C. 分步法 D. 分类法

28. 分批法下往往是按照客户的订单组织生产,因而也叫作( )。
    A. 订单法 B. 定额法 C. 系数法 D. 分类法

29. 采用简化的分批法,在产品完工之前,产品成本明细账( )。
    A. 不登记任何费用
    B. 只登记直接计入费用(例如原材料费用)和生产工时
    C. 只登记原材料费用
    D. 登记间接计入费用,不登记直接计入费用

(二)多项选择题

1. 成本核算方法应根据( )来确定。
    A. 产品产量 B. 生产组织的特点
    C. 生产工艺的特点 D. 成本管理要求

2. 品种法适用于( )。
    A. 小批、单件、单步骤生产
    B. 大量、大批单步骤生产
    C. 管理上不要求分步骤核算产品成本的小批、单件、多步骤生产
    D. 管理上不要求分步骤核算产品成本的大量、大批、多步骤生产

3. 产品成本核算的分批法适用于( )。
    A. 单件、小批类型的生产
    B. 小批、单步骤生产
    C. 小批量、管理上不需要分生产步骤核算产品成本的多步骤生产
    D. 大量、大批单步骤生产

4. 分批法成本核算的特点是( )。
    A. 以生产批次作为成本核算对象
    B. 产品成本核算期不固定
    C. 按月核算产品成本
    D. 一般不需要进行完工产品和在产品成本分配

5. 采用分批法核算产品成本时,如果批内产品跨月陆续完工的情况不多,而且完工

产品数量占全部批量的比重很小,先完工的产品成本可以(　　)。
   A. 按计划单位成本核算
   B. 按定额单位成本核算
   C. 按最近一期相同产品的实际单位成本核算
   D. 不再核算全批产品的实际成本
6. 广义的在产品是指(　　)。
   A. 尚在本步骤加工中的在产品
   B. 转入各半成品库的半成品
   C. 已从半成品库转到以后各步骤进一步加工,尚未最后制成的半成品
   D. 全部加工中的在产品和半成品
7. 平行结转分步法适宜在(　　)的情况下采用。
   A. 产品种类多,核算和结转半成品工作量大
   B. 管理上不要求提供各步骤半成品成本资料
   C. 管理上不要求提供原始成本项目反映的产成品成本资料
   D. 管理上不要求全面反映各个生产步骤的生产耗费水平
8. 与逐步结转分步法相比,平行结转分步法的缺点是(　　)。
   A. 各步骤能同时核算产品成本
   B. 不需要进行成本还原
   C. 不能为实物管理和资金管理提供资料
   D. 不能提供各步骤的半成品成本资料
9. 成本核算的基本方法有(　　)。
   A. 品种法　　　B. 分批法　　　C. 分步法　　　D. 分类法
10. 成本核算的基本方法不包括(　　)。
    A. 品种法　　　B. 定额法　　　C. 分步法　　　D. 分类法

三、判断题
1. 品种法只适用于大量、大批的单步骤生产。(　　)
2. 每个工业企业最终都必须按照产品品种核算出产品成本。(　　)
3. 采用分批法核算产品成本,如果批内产品跨月陆续完工情况不多,完工产品数量占全部批量比重较小,完工产品可按计划成本或定额成本核算。(　　)
4. 产品成本核算对象是区别各种成本核算方法的主要标志。(　　)
5. 采用简化的分批法,必须建立基本生产成本二级账。(　　)
6. 企业按照客户订单组织产品生产的情况下,应当采用品种法核算产品成本。
(　　)
7. 在一个企业或车间中,不能同时采用几种成本核算方法。(　　)
8. 在采用平行结转分步法核算成本时,上一步骤的生产费用不计入下一步骤的成本核算单。(　　)
9. 采用平行结转分步法,每一生产步骤的生产成本要在最终完工产品与各步骤尚未加工完成的在产品和各步骤已完工但未最终完成的产品之间进行分配。(　　)

10. 根据企业生产经营特点和管理要求,单步骤、大量生产的产品一般采用品种法核算产品成本。( )

11. 平行结转分步法是指按照产品加工的顺序,逐步核算并结转半成品成本,直到最后加工步骤完成才能核算产成品成本的一种方法。( )

12. 品种法只适用于单步骤的生产。( )

13. 如果一张订单的批量较大,可以分批组织生产。( )

14. 成本还原的对象是产成品成本。( )

15. 采用简化分批法,只要产品尚未完工,产品成本明细账就不登记任何费用。( )

16. 某木器厂对于技术已经成熟,可以大量、大批生产的木器采用分步法核算其成本。对于正处于试制,只能单件、小批生产的则采用分批法核算成本,这种成本核算方法符合企业成本核算的要求。( )

17. 综合结转分步法是指上一步骤转入下一步骤的半成品成本,以"直接材料"或专设的"半成品"项目综合列入下一步骤的成本核算单中。( )

18. 在采用平行结转分步法核算成本时,上一步骤的生产费用不计入下一步骤的成本核算单。( )

19. 逐步结转分步法实际上就是品种法的多次连续应用。( )

20. 由于平行结转分步法只核算本步骤发生的费用和这些费用中应计入产成品的"份额",因而能全面反映各步骤产品的生产耗用水平。( )

产品成本核算的辅助方法

项目4

【引言】

某些企业产品的品种、规格较多,还有些企业定额管理制度比较健全,在这样的企业中,可以采用一定的方法简化产品成本核算工作或开展有效的成本控制。本项目将主要阐述简化成本核算工作和进行成本控制的成本核算辅助方法——分类法和定额法的原理和核算程序。

【知识目标】

1. 掌握分类法、定额法的成本核算程序。
2. 理解联产品、副产品、等级品的概念。

【能力目标】

1. 能运用分类法进行成本核算。
2. 能进行联产品、副产品和等级品的成本核算。

【思政目标】

创新思维养成。

【关键术语】

分类法(classification method)　　定额法(quota method)
联产品(joint product)　　副产品(by-product)

 课前案例

分类法在玻璃行业生产费用分配中的应用

(1)"重量法"。即把同类产品的重量之和作为费用分配标准,适用于日用器皿或瓶罐玻璃的原材料费用分配,其计算公式为

生产费用合计÷(完工产品重量+在产品约当产量重量)=单重成本率

(2)系数法。即以一种产品为系数1,其他同类产品折合成相应的系数量,以此为标准来进行费用分配。生产安瓿所消耗的煤气、重油等可按此法计算。

(3)坛数法。日用吹制器皿系用坩埚炉熔制,根据核算经验,采用坛位法计算原材料、燃料成本。其计算公式为

费用总额÷耗料总坛数=每坛料单位成本额

例如，吹制车间 5 月耗料 330 坛，其中：晶料 240 坛（晶料器皿耗晶料 60 坛、拉丝水具耗晶料 180 坛），拉丝水具耗色料 90 坛。本月原料费用：晶料 7 200 元，色料（红、蓝、绿、黄、白）7 000 元，燃料 19 800 元，按分类归集和分配费用。

$$晶料原料分配率 = 7\ 200 \div (60 + 180) = 30(元/坛)$$
$$晶料器皿原材料费用额 = 30 \times 60 = 1\ 800(元)$$
$$拉丝水具原材料费用额 = 30 \times 180 + 7\ 000 = 12\ 400(元)$$
$$燃料每坛料成本 = 19\ 800 \div (60 + 180 + 90) = 60(元/坛)$$
$$晶料器皿燃料费用额 = 60 \times 60 = 3\ 600(元)$$
$$拉系水具燃料费用额 = 60 \times 270 = 16\ 200(元)$$

然后再按同类产品重量法进行分配。

根据以上各种成本核算方法，核算出产品总成本和单位成本，编制产品成本核算汇总表，编报成本报表，进行成本分析，登记产品成本分项台账，为成本反馈、预测、编制成本计划等提供信息和依据。

资料来源：罗慕先.玻璃行业生产费用分配方法简介[J].财会通讯，1983(12).

思考：分类法的特点及适用范围。

任务4.1 分类法的原理与核算

4.1.1 分类法的特点及适用范围

分类法是按照产品类别归集生产费用，先核算出各类产品的总成本，然后再分别核算出该类中各种产品成本的一种方法。

对于产品品种、规格繁多，并可以按照一定标准划分若干类别的产品生产，为简化成本核算工作，均可采用分类法核算成本。但是，不能为了片面追求简化成本核算手续，任意扩大类别，这样会影响成本核算的准确性。

1. 分类法的特点

（1）**成本核算对象**。分类法以产品的类别作为成本核算对象，归集该类产品的生产费用后，能够明确的将费用直接计入产品成本中；各类产品共同耗用的费用，采用一定的分配标准分配计入，汇总核算出该类产品总成本，再按照一定的方法，在每类产品的各种产品之间分配费用，核算出这一类内各种产品的成本。

（2）**成本核算期**。分类法的成本核算期要根据企业的生产特点及管理要求来确定。如果是大量、大批生产，结合品种法或分步法进行成本核算，定期在月末进行成本核算；如果与分批法结合运用，成本核算期可不固定，与产品的生产周期相一致即可。

（3）**生产费用在完工产品与在产品之间的分配**。采用分类法核算产品成本，如果月末在产品数量较多，应将该类产品生产费用总额在完工产品和月末在产品之间分配。

从上面的特点来看，分类法不是一种独立的、基本的成本核算方法，它需要与品种法、分批法、分步法等成本核算的基本方法结合起来应用,属于成本核算的辅助方法。如多步骤大量、大批生产的钢铁厂可采用分步法与分类法相结合的方法计算各个步骤各类钢铁产品的成本,然后再分别计算出类内各种产品的成本。单步骤、大量、大批生产的无线电元件厂可采用品种法与分类法结合的方法,先核算出某一类元件的成本,然后再核算出这一类内不同规格的各种元件的成本。

2. 分类法的适用范围

分类法一般适用于使用同样的原材料,通过基本相同的加工工艺过程,所生产产品品种、规格、型号繁多,可以按照一定标准予以分类的生产企业。分类法与生产类型没有直接的关系,可以应用于各种类型的生产中。例如,冶金行业的各种型号和规格的生铁、钢锭和钢材的生产,针织行业的不同规格、种类的针织品生产等;电子行业的不同类别和规格的电子元件生产;食品行业的各种饼干和糖果生产等;用同种原材料在同一加工过程中同时生产出几种主要产品的生产,如原油提炼出汽油、柴油、煤油、沥青等。

4.1.2 分类法的成本核算程序

分类法的成本核算程序如下。

(1) 恰当划分产品类别,按照产品类别设置成本核算单。

采用分类法核算产品成本时,应根据产品生产所用原材料、产品的结构和工艺过程的不同,将产品划分为若干类。例如,鞋厂可以按照耗用的不同原材料,将产品分为塑料鞋、布鞋、皮鞋三个类别;轧钢厂可根据产品的结构将产品分为圆钢、钢板、角钢、钢管等类别。然后以产品类别作为成本核算对象设立成本核算单。在进行产品分类时,不能追求核算简单化,将一些性质、结构和加工工艺过程相差悬殊的产品勉强合并,任意分类,以免影响成本核算的准确性。类距既不能定得过小,使成本核算工作复杂;也不能定得过大,造成成本核算的"大锅饭"。

(2) 合理选择类别内部的费用分配标准,分别将每类产品的成本,在类内各种产品之间进行分配,计算出每类产品内各种产品的总成本和单位成本。

在选择费用分配标准时,应考虑分配标准与产品生产成本的关系是否较大,要选择与产品各项耗费有密切联系的分配标准。在类内各种产品之间分配费用时,各成本项目可以按同一个分配标准进行分配,也可按照各成本项目的性质,分别采用不同的分配标准进行分配,以使分配结果更趋合理。

分类法的成本核算程序如图 4-1 所示。图 4-1 中,假定某企业生产甲、乙、丙三类产品,分别设置三张成本核算单。甲类产品包括 A、B 两种产品;乙类产品包括 C、D、E 三种产品;丙类产品包括 F、G、H 三种产品。

4.1.3 类内产品成本的分配方法

分配类内各完工产品成本的方法一般有系数分配法和定额比例法。

1. 系数分配法

在分类法下,对类内各种产品成本分配时,将分配标准折合成为标准系数,按系数将

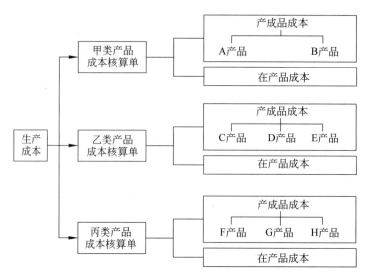

图 4-1 分类法的成本核算程序示意图

类别产品总成本在类内各种产品之间进行分配的方法,称为系数分配法。所谓系数,是指各种规格产品之间的比例关系。这种方法的关键是合理确定系数。系数一经确定,在一定时期内应稳定不变。

系数分配法的应用步骤如下。

(1) 确定分配标准。要选择与产品生产成本的关系较大,与产品各项耗费有密切联系的分配标准。同类产品内部各种产品之间分配费用所确定的标准,一般有定额消耗量、定额费用、售价,以及产品的体积、长度和重量等技术指标。需要说明的是,所选分配标准应与产品成本高低成正比例关系。

(2) 标准系数的确定与折算。在同类产品中选择一种产销量大、生产稳定或规格折中的产品作为标准产品,将这种产品的分配标准系数确定为"1",以其他产品的单位产品的分配标准与标准产品相比较后,计算出各种产品的系数。

(3) 折算标准产品的总产量。系数确定后,把各种产品的实际产量乘以各自的系数,折算成标准系数,并将各种产品折算成标准的产量相加,计算出总系数,即折算成标准产品的总产量。计算公式为

类内某产品标准产量 = 该产品实际产量 × 该产品系数

类内在产品标准产量 = 在产品数量 × 完工程度 × 该产品系数

类内产品标准总产量 = $\sum$(各种产品标准产量 + 类内在产品标准产量)

(4) 分配类内各种(或各规格)产品的成本。按折算的总系数,即按标准产品的总产量的比例分配各类产品内每一品种或规格产品的成本。计算公式为

某项费用分配率 = 该项费用总额 ÷ 类内产品标准总产量

某产品负担的某项费用 = 该产品标准产量 × 某项费用分配率

在产品负担的某项费用 = 在产品标准产量 × 某项费用分配率

某产品的总成本 = $\sum$ 负担的各项费用

某产品完工产品的单位成本 = 该产品总成本 / 该产品完工产品数量

采用系数分配法,对不同的成本项目分配标准不同,可按成本项目有不同的分配系数。

【例 4-1】

台州鞋业有限公司是鞋材生产企业,为大量、大批、单步骤生产企业,设有一个基本生产车间,大量生产三种鞋材产品:101、102、103,因这三种产品的结构特点、耗用原材料及工艺技术过程比较相近,该企业在进行成本核算时,将这三种产品划归为一类,定为甲类产品。该企业采用系数分配法进行成本核算。直接材料费用按材料消耗定额确定系数,直接人工、制造费用等成本项目按工时消耗定额确定系数。本月甲类产品有关成本资料如表 4-1 所示,类内各产品的材料和工时消耗定额如表 4-2 所示。

表 4-1 甲类产品成本费用资料

2×19 年 10 月   单位:元

摘 要	直接材料	直接人工	制造费用	合 计
月初在产品	2 000	600	550	3 150
本月生产费用	12 000	3 600	2 600	18 200
生产费用合计	14 000	4 200	3 150	21 350

表 4-2 甲类产品产量和定额资料

2×19 年 10 月

产品	产量/件	原材料费用定额/元	单位产品定额工时/小时
101	1 000	20	0.6
102	500	24	0.648
103	800	10	0.42

根据上述资料,采用系数分配法核算甲类产品内各型号产品成本的过程如下。

① 合理确定标准产品系数。资料表明该类产品内各产品成本的核算原材料费用按系数分配法分配,并按材料定额成本核算系数作为分配标准,由于 101 产品生产稳定,产销量大于其他型号产品,因此应选 101 产品作为标准产品,并将其系数确定为 1。

② 根据标准产品系数,将甲类中各产品产量折合为标准系数(产量),如表 4-3 所示。

表 4-3 费用系数换算表

类别:甲类产品   2×19 年 10 月

产品	原材料费用定额/元	系 数	单位产品定额工时/小时	系 数
101	20	1	0.6	1
102	24	24÷20=1.2	0.648	0.648÷0.6=1.08
103	10	10÷20=0.5	0.42	0.42÷0.6=0.7

③ 计算类内产品本月总系数,如表 4-4 所示。

表 4-4　产品总系数换算表

类别:甲类产品　　　　　　　　　　　　　　　　2×19 年 10 月

产品	产量/件	原材料		工时	
		系数	总系数(总产量)/件	系数	总系数(总产量)/件
101	1 000	1	1 000	1	1 000
102	500	1.2	500×1.2=600	1.08	500×1.08=540
103	800	0.5	800×0.5=400	0.7	800×0.7=560
合计	—	—	2 000	—	2 100

④ 计算各产品的总成本和单位成本,填制产品成本核算表(表 4-5)。

表 4-5　产品成本核算表

类别:甲类产品　　　　　　　　　　　　　　　　2×19 年 10 月

产品	产量/件	原材料总系数/件	直接材料/元	工时总系数	直接人工/元	制造费用/元	总成本/元	单位成本/(元/件)
101	1 000	1 000	7 000	1 000	2 000	1 500	10 500	10.5
102	500	600	4 200	540	1 080	810	6 090	12.18
103	800	400	2 800	560	1 120	840	4 760	5.95
合计	—	2 000	14 000	2 100	4 200	3 150	21 350	—

表 4-5 中各项目的计算过程如下。

$$直接材料分配率 = 14\,000 \div 2\,000 = 7(元/件)$$
$$101 产品的直接材料费用 = 7 \times 1\,000 = 7\,000(元)$$
$$102 产品的直接材料费用 = 7 \times 600 = 4\,200(元)$$
$$103 产品的直接材料费用 = 7 \times 400 = 2\,800(元)$$
$$直接人工分配率 = 4\,200 \div 2\,100 = 2(元/件)$$
$$101 产品的直接人工费用 = 2 \times 1\,000 = 2\,000(元)$$
$$102 产品的直接人工费用 = 2 \times 540 = 1\,080(元)$$
$$103 产品的直接人工费用 = 2 \times 560 = 1\,120(元)$$
$$制造费用分配率 = 3\,150 \div 2\,100 = 1.5(元/件)$$
$$101 产品的制造费用 = 1.5 \times 1\,000 = 1\,500(元)$$
$$102 产品的制造费用 = 1.5 \times 540 = 810(元)$$
$$103 产品的制造费用 = 1.5 \times 560 = 840(元)$$

⑤ 根据上述产品成本核算结果,编制本月完工产品入库会计分录。

借:库存商品——101 产品　　　　　　　　10 500
　　　　　　——102 产品　　　　　　　　6 090
　　　　　　——103 产品　　　　　　　　4 760
　贷:生产成本——基本生产成本——甲类产品　　21 350

2. 定额比例法

在分类法下,核算类内产品的总成本也可以按类内各种产品的定额比例进行分配,即定额比例法。例如,直接材料费用可以按照材料定额消耗量或材料定额费用比例进行分配,直接人工等其他费用则可按照定额工时比例进行分配。

运用定额比例法分配类内完工产品和在产品成本,以及类内各种产品完工产品成本的核算步骤如下。

(1) 分成本项目核算各类产品本月实际总成本。

(2) 分成本项目核算各项费用分配率。直接材料按定额成本(定额耗用量)计算分配率,直接人工等其他费用按定额工时计算分配率。计算公式为

$$直接材料分配率 = \frac{某类产品耗用原材料总额}{某类产品的原材料定额成本(定额耗用量)} \times 100\%$$

$$直接人工分配率 = \frac{某类产品直接人工实际成本}{某类产品定额工时总数} \times 100\%$$

$$制造费用分配率 = \frac{某类产品制造费用实际成本}{某类产品定额工时总数} \times 100\%$$

(3) 计算类内各种产品的实际成本。具体用类内各产品分成本项目核算的定额成本(定额耗用量)乘以相关的分配率,求出各产品的实际成本。计算公式为

某种产品原材料成本 = 该种产品的原材料定额成本(定额耗用量) × 直接材料分配率

某种产品工资、费用成本 = 该种产品定额工时 × 人工、费用分配率

【例 4-2】

某公司生产的 S 系列产品,包括 S-1、S-2 和 S-3 三种型号,根据生产特点,采用分类法归集生产费用,结合定额比例法核算成本,成本项目分为直接材料、直接人工和制造费用。S 系列产品 2×19 年 10 月发生的成本费用资料如表 4-6 所示,假设月初无在产品,产量及定额资料如表 4-7 所示。

表 4-6 S 系列产品成本费用资料

2×19 年 10 月 单位:元

摘 要	直接材料	直接人工	制造费用	合 计
月初在产品	—	—	—	—
本月发生费用	29 547	35 625	10 925	76 097
合 计	29 547	35 625	10 925	76 097

表 4-7 S 系列产品产量和定额资料

2×19 年 10 月

型 号	产量/件	原材料费用定额/元	单位产品定额工时/小时
S-1	200	48	40
S-2	300	52	30
S-3	150	33	45

根据上述资料,采用定额比例法核算 S 系列产品的成本过程如表 4-8 所示。

表 4-8　产品成本核算表

类别：S 系列产品　　　　　2×19 年 10 月

型号	产量/件	原材料费用定额/元	工时定额/小时	材料费用定额成本/元	直接材料/元	定额工时/小时	直接人工/元	制造费用/元	总成本/元	单位成本/(元/件)
S-1	200	48	40	9 600	9 408	8 000	12 000	3 680	25 088	125.44
S-2	300	52	30	15 600	15 288	9 000	13 500	4 140	32 928	109.76
S-3	150	33	45	4 950	4 851	6 750	10 125	3 105	18 081	120.54
合计	—	—	—	30 150	29 547	23 750	35 625	10 925	76 097	

注：① 直接材料分配率＝29 547÷30 150＝0.98；
②直接人工分配率＝35 625÷23 750＝1.5(元/小时)；
③制造费用分配率＝10 925÷23 750＝0.46(元/小时)。

根据上述成本核算资料，编制产成品入库会计分录。

借：库存商品——S-1 型号　　　　　　　　　25 088
　　　　　　　——S-2 型号　　　　　　　　　32 928
　　　　　　　——S-3 型号　　　　　　　　　18 081
　　贷：生产成本——基本生产成本　　　　　　76 097

在实际应用分类法进行成本核算时，可将系数法和定额比例法结合，同时使用对类内产品成本进行分配的方法，如直接材料费用的分配采用系数法，直接人工等其他费用分配采用定额比例法(定额工时)。

【例 4-3】

某企业生产甲、乙、丙三种型号的产品，三种产品的结构、所用原材料和工艺过程相近，公司合为 A 类产品，类内费用的分配方法是：直接材料按原材料费用系数分配，原材料费用系数按原材料定额确定，其他费用按定额工时比例分配。甲产品生产稳定，产销量大于其他产品。A 类产品 2×19 年 10 月有关产量、费用资料如表 4-9 和表 4-10 所示。

表 4-9　A 类产品月末产量及定额记录

2×19 年 10 月

型　号	完工产品数量/件	原材料费用定额/元	单位产品定额工时/(小时/件)
甲产品	500	40	4
乙产品	456	30	3
丙产品	300	70	4.5

表 4-10　A 类产品费用资料

2×19 年 10 月　　　　　　　　　　　　　　单位：元

摘　要	直接材料	直接人工	制造费用	合　计
月初在产品	10 000	7 040	1 050	18 090
本月发生费用	29 643	63 730	27 258	120 631
合　　计	39 643	70 770	28 308	138 721

根据上述资料，采用系数分配法核算 A 类产品内各型号产品成本的过程如下。

① 合理确定标准产品系数。资料表明该类产品内各产品成本的计算原材料费用按系数分配法进行分配,并按材料定额成本核算系数作为分配标准。由于甲产品生产稳定,产销量大于其他型号产品,因此应选用甲产品作为标准产品,并将其原材料单位定额成本40元作为标准,确定系数为1,则乙产品系数为0.75(30÷40),丙产品系数为1.75(70÷40)。

② 根据标准产品系数,将A类中各产品产量折合为标准系数(产量),如表4-11所示。

表 4-11 原材料费用系数换算表

类别:A类产品　　　　　　　2×19年10月

型号	原材料费用定额/元	系数 ①	实际产量/件 ②	标准产量(系数)/件 ③=①×②
甲产品	40	1	500	500
乙产品	30	0.75	456	342
丙产品	70	1.75	300	525
合计				1 367

③ 核算分配甲产品、乙产品、丙产品三种产品的成本。根据各产品的产量、原材料费用标准产量(系数)和产品定额工时计算,如表4-12所示。

表 4-12 产品成本核算表

类别:A类产品　　　　　　　2×19年10月

型号	产量/件	工时定额/(小时/件)	材料费用总系数/件	直接材料/元	定额工时/小时	直接人工/元	制造费用/元	总成本/元	单位成本/(元/件)
甲	500	4	500	14 500	2 000	30 000	12 000	56 500	113
乙	456	3	342	9 918	1 368	20 520	8 208	38 646	84.75
丙	300	4.5	525	15 225	1 350	20 250	8 100	43 575	145.25
合计	—	—	1 367	39 643	4 718	70 770	28 308	138 721	—

注:① 直接材料分配率=39 643÷1 367=29(元/件);
② 直接人工分配率=70 770÷4 718=15(元/小时);
③ 制造费用分配率=28 308÷4 718=6(元/小时)。

根据上述成本核算资料,编制产成品入库会计分录。

借:库存商品——甲产品　　　　　　　56 500
　　　　　　——乙产品　　　　　　　38 646
　　　　　　——丙产品　　　　　　　43 575
　　贷:生产成本——基本生产成本　　　　138 721

4.1.4 实际应用分类法时应注意的事项

分类法是根据企业生产特点,将产品结构、所用原材料和工艺过程相近的产品归为一类进行成本核算,不仅简化成本核算,而且在产品品种繁多的情况下,能够分类掌握产品的成本水平。但由于类内各种产品成本是按一定分配标准进行的分配,核算结果具有一定的假设性。所以,要恰当地对产品进行分类及选择适当的类内分配标准。在产品结构、所用原材料和工艺技术发生较大变化时,应及时修订分配系数,或另选分配标准,以保证成本核算的准确性。

4.1.5 联产品、副产品、等级品成本核算

在许多制造企业里,存在使用同一种原材料,经过同一生产过程,同时生产出两种或几种产品,或者由于生产条件所限及加工操作等方面的原因,产生了不同等级的同一产品情况。这些产品共同承担的成本,称为联合成本。根据联合成本在不同产品、不同等级产品之间进行分配的不同情况,可细分为联产品、副产品和等级品。《企业产品成本核算制度(试行)》第三十七条规定,制造企业应当根据生产经营特点和联产品、副产品的工艺要求,选择系数分配法、实物量分配法、相对销售价格分配法等合理的方法分配联合生产成本。

1. 联产品的成本核算

(1) **联产品概述**。联产品是指使用同种原材料,经过同一加工过程而同时生产出几种具有同等地位、不同用途的产品。例如,炼油厂在提炼原油时,可以同时生产出原油、汽油、柴油和天然气等几种联产品;制糖厂用甘蔗制糖可同时生产出白砂糖、绵白糖等联产品;奶制品厂用原奶可同时生产牛奶、奶油等联产品;化工企业、木材厂、面粉厂等都可生产出各种联产品。这些联产品在性质和用途上不同,但在经济上都有重要的意义,它们都是企业生产的主要产品。

联产品的生产特点是:在生产之初,投入相同的原材料经过同一生产过程,各产品尚未分离,属于对联产品的联合加工;当生产过程进行到一定的阶段,产品必须进行分离,形成不同的产品。我们将产品分离的那一个"点"(即某一工序,不是最后工序)称为"分离点"。分离之后有的产品可以直接销售,有的产品则需要经过进一步加工才能销售。

(2) **联产品成本核算的程序**。联产品的成本核算通常分为两个阶段进行。一是在"分离点"前发生的成本(即联合成本),可按一个成本核算对象设置一个成本明细账进行归集,然后将其总额按一定分配方法(如售价法、实物量法等)在各联产品之间进行分配;二是对于"分离点"后进一步加工而发生的成本,因其可归属到某种联产品上去(即可归属成本),所以可按各种联产品分别设置明细账,归集其分离后所发生的加工成本。因此,某种联产品在整个生产过程中发生的成本应为分配到的联合成本与该种产品的可归属成本之和。

(3) **联产品成本核算方法**。联产品成本核算的关键是联合成本的分配。联合成本的分配方法常用的有系数分配法、实物量分配法、售价分配法。目前使用较多的是系数分配法。

① 系数分配法。系数分配法就是将各种联产品的实际产量按事先确定的系数折算为标准产量,然后将联产品的联合成本按各联产品的标准产量比例进行分配。用系数分配法分摊联产品的联合成本,其正确程度取决于系数的确定。前已述及,决定系数的两个主要因素是分配标准和标准产品的确定。合理的系数,要求能够正确反映各联产品单位耗用水平,只有这样才能使各联产品的成本核算比较准确。

【例 4-4】

通力公司用同一原材料,在同一生产过程中生产出甲、乙、丙三种主要产品,发生联合产品成本 30 590 元。以产品售价作为标准确定系数,以甲产品为标准产品。联合产品产量、售价和系数计算如表 4-13 所示。

表 4-13 联合产品产量、售价和系数计算表

2×19 年 10 月

产品名称	产量/千克	单位售价/元	系数
甲产品	1 200	10	1
乙产品	600	12	1.2
丙产品	1 000	13	1.3

联合产品成本分配情况如表 4-14 所示。

表 4-14 联合产品成本分配情况

2×19 年 10 月

产品名称	产量/千克	系数	标准产量/千克	联合成本	分配率	应分配的联合成本/元
甲产品	1 200	1	1 200	—	9.5	11 400
乙产品	600	1.2	720	—	9.5	6 840
丙产品	1 000	1.3	1 300	—	9.5	12 350
合 计	—	—	3 220	30 590	9.5	30 590

由于某些因素的影响,有些企业应用系数法可能存在一定困难,这时,可考虑其他较简便的分配方法,如实物量分配法。

② 实物量分配法。实物量分配法是根据分离点上各种联合产品的实物量(重量、长度、容积或其他实物量)比例来分配联合成本的一种方法。这种方法是先将联合总成本除以各联合产品的实物量之和,求得平均单位成本,再以各种联合产品的实物数量乘以平均单位成本求得各种联合产品的产品成本。计算公式为

联合成本分配率=联合成本÷各种联产品实务量之和

某种联产品应分配的联合成本=该种联产品实务量×联合成本分配率

【例 4-5】

南方公司生产 A、B、C 三种联产品,本期发生的联合成本为 30 000 元,根据各产品的实物量分配联合成本,核算结果见表 4-15。

表 4-15 联合产品成本核算单

产品名称	实物量/千克	分配率	应分配成本/元
A 产品	400	30	12 000
B 产品	350	30	10 500
C 产品	250	30	7 500
合计	1 000	30	30 000

这种核算方法简便易行,但实际上并不是所有的成本都与实物量直接有关。使用这种方法核算得到的各联产品有相同的单位成本,而忽略了产品的销售价值,会造成每种产品有不同的毛利率。这种方法一般适用于成本的发生与产量关系密切,而且各联产品销售价值较为均衡的联合成本的分配。否则,可考虑采用售价分配法。

③ 售价分配法。售价分配法是按各联产品的销售价值的比例分配联合成本的方法。这种方法一般适用于分离后不再加工的联产品。

【例 4-6】

某公司生产甲、乙两种联产品,本期发生的联合成本为 448 800 元,甲、乙两种产品在"分离点"上的售价总额分别为:甲产品 38 000 元,乙产品 30 000 元。采用售价分配法分配联合成本。

$$分配率 = 448\,800 \div (38\,000 + 30\,000) = 6.6$$
$$甲产品应分配的联合成本 = 38\,000 \times 6.6 = 250\,800(元)$$
$$乙产品应分配的联合成本 = 30\,000 \times 6.6 = 198\,000(元)$$

2. 副产品的成本核算

副产品是指在生产主要产品过程中,使用同种原材料,附带生产出来的一些非主要产品,或利用生产中废料加工而成的产品。它不是企业生产的主要产品,其与主要产品相比价值较低,但它具有一定的使用价值,对企业的收入影响较小。例如,炼油厂在原油加工过程中产生的渣油、石油焦;肥皂厂制造过程中产生的甘油等。为简化计算工作,将主副产品作为一类产品,采用与分类法类似的方法来归集费用计算成本。通常只是将副产品按一定标准作价,从分离前的联合成本中扣除。副产品成本核算的关键问题是副产品按什么标准计价。

副产品在分离后,有的可作为产成品直接销售,有的则需进一步加工后才能出售。根据这两种不同情况,副产品成本的计价也有所不同。

(1) 不需进一步加工直接销售的副产品计价。

① 副产品不负担联合成本。如果副产品的价值较低,副产品可以不负担分离前的联合成本,联合成本全部由主产品负担,副产品的销售收入直接作为其他业务收入处理。

采用这种方法,核算简便,但由于副产品不负担分离前的联合成本,一定程度上会影响主产品成本的正确性。

② 副产品成本按作价扣除税费后的余额核算。如果副产品的价值较高,可以按它的售价扣除税金、销售费用和销售利润后的余额作为副产品应负担的成本,从联合成本中扣减。扣减时,副产品成本可以从直接材料成本项目中一笔扣除,也可以按比例从各成本项目中扣减。

【例 4-7】

某企业在生产甲主产品的同时,附带生产出副产品乙产品。假定本期共发生费用 120 000 元,其中直接材料 60 000 元,直接人工 22 400 元,制造费用 37 600 元,甲产品产量1 600千克,乙产品产量100千克,单位售价130元,单位税金10元,单位销售费用和利润合计20元。副产品成本从直接材料成本项目中减扣。根据上述资料,甲、乙产品成本核算如下。

$$乙产品单位成本 = 130 - 10 - 20 = 100(元)$$
$$乙产品的总成本 = 100 \times 100 = 10\ 000(元)$$
$$甲产品总成本 = 120\ 000 - 10\ 000 = 110\ 000(元)$$

甲产品成本核算单见表4-16。

表4-16　产品成本核算单

产品:甲产品　　　　　　　　2×19年10月　　　　　　　　　　单位:元

项　目	直接材料	直接人工	制造费用	合　计
生产费用合计	60 000	22 400	37 600	120 000
结转乙产品成本	10 000	—	—	—
甲产品总成本	50 000	22 400	37 600	110 000
甲产品单位成本	31.25	14	23.5	68.75

根据成本核算结果,编制结转甲、乙产品完工入库的会计分录。

借:库存商品——甲产品　　　　　　　　　110 000
　　　　　　——乙产品　　　　　　　　　 10 000
　　贷:生产成本——基本生产成本　　　　　　120 000

(2) 需要进一步加工的副产品计价。

① 副产品只负担可归属成本。采用这种方法,副产品不负担"分离点"前发生的联合成本,联合成本全部由主产品负担,副产品只负担分离后进一步加工的成本。这种方法虽简便易行,但它少算了副产品成本,多算了主产品的成本。

② 副产品既负担可归属成本,也负担"分离点"前的联合成本。采用这种方法,副产品应负担的联合成本,可按销售价格扣除税金、销售费用和利润后的价值,再减去进一步加工的可归属成本后的价值核算。

【例4-8】

沿用例4-7,假设乙产品需在分离后进一步加工成丙产品才能对外销售。进一步加工过程中,耗用原材料470元,直接人工270元,制造费用180元,进一步加工后生产出丙产品90千克,每千克售价180元,单位税金45元,单位销售费用和利润合计27元。根据上述资料,甲、乙、丙产品成本核算如下。

$$丙产品单位成本 = 180 - 45 - 27 = 108(元)$$
$$丙产品的总成本 = 108 \times 90 = 9\ 720(元)$$
$$乙产品总成本 = 9\ 720 - (470 + 270 + 180) = 8\ 800(元)$$
$$甲产品总成本 = 120\ 000 - 8\ 800 = 111\ 200(元)$$

甲、丙产品成本核算单分别见表4-17和表4-18。

表 4-17　产品成本核算单

产品：甲产品　　　　　　　　2×19 年 10 月　　　　　　　　单位：元

项　目	直接材料	直接人工	制造费用	合　计
生产费用合计	60 000	22 400	37 600	120 000
结转乙产品成本	8 800	—	—	—
甲产品总成本	51 200	22 400	37 600	111 200
甲产品单位成本	32	14	23.5	69.5

表 4-18　产品成本核算单

产品：丙产品　　　　　　　　2×19 年 10 月　　　　　　　　单位：元

项　目	直接材料	直接人工	制造费用	合　计
转入副产品成本	8 800	—	—	8 800
进一步加工费用	470	270	180	920
生产费用合计	9 270	270	180	9 720
丙产品总成本	9 270	270	180	9 720
丙产品单位成本	103	3	2	108

根据成本核算结果，编制结转甲、乙产品完工入库的会计分录。

借：库存商品——甲产品　　　　　　　　　111 200
　　　　　　——丙产品　　　　　　　　　　9 720
　　贷：生产成本——基本生产成本　　　　　120 920

③ 副产品按计划单位成本计价。如果副产品加工处理时间不长，费用不大，为了简化核算工作，副产品也可以按计划单位成本计价，而核算其实际成本。这样，从联合成本中，扣除按计划单位成本核算的副产品成本，即为主产品的成本。如果副产品需进一步加工，但进一步加工所需时间不长，并且是在同一车间完成的，为了简化核算，副产品进一步加工费用也可全部归集在主产品成本核算单中。

【例 4-9】

假设例 4-8 中分离出的乙产品是在本车间进一步加工成丙产品后再对外销售。由于加工时间不长、加工费用不大，丙产品不单设产品成本核算，全部费用在甲产品成本核算单中归集。丙产品按计划单位成本计价，从甲产品成本中扣除。本月附带生产出丙产品 90 千克，计划单位成本 100 元，其中直接材料 70 元，直接人工 20 元，制造费用 10 元。进一步加工过程中，耗用原材料 470 元，直接人工 270 元，制造费用 180 元。根据上述资料，甲、丙产品成本核算如下。

丙产品总成本＝100×90＝9 000(元)

其中：直接材料＝70×90＝6 300(元)
　　　直接人工＝20×90＝1 800(元)
　　　制造费用＝10×90＝900(元)

甲产品总成本＝120 000－9 000＝111 000(元)

甲产品成本核算单如表 4-19 所示。

表 4-19 产品成本核算单

产品：甲产品　　　　　　　　　2×19 年 10 月　　　　　　　　　单位：元

项　　目	直接材料	直接人工	制造费用	合　　计
生产费用合计	60 000	22 400	37 600	120 000
结转丙产品成本	6 300	1 800	900	9 000
甲产品总成本	53 700	20 600	36 700	111 000
甲产品单位成本	33.56	12.88	22.94	69.38

3. 等级品的成本核算

在实际生产中，由于工人在技术上的差异、原材料质量及工艺技术等原因，虽然使用同种原料，经过同一生产过程，生产出来的品种相同，但质量不同的产品，即等级品。如针织厂的针织服装可分为一级、二级、三级等。等级品不同于次品，等级品无论是一级、二级还是三级都属于合格品，而次品则是非合格品。等级品与联产品、副产品是不同的概念，其区别在于等级品是同一品种不同质量的产品，联产品、副产品则是指不同品种的产品。

由于等级品产生的原因不同，对等级品的成本核算也要视不同情况采用不同的方法。

(1) 按实物量分配。由于工人技术不熟练或违规操作等主观原因造成的等级品，其成本不应另外计算，应该和正产品同样核算，它们负担相同的成本。也就是说，等级低的产品和等级高的产品单位成本相同，将总成本按实物量的比例分配到每一等级产品中，由于各种等级品的单位成本相同，等级低的产品由于售价低于等级高的产品而减少利润，企业则可以从低利润或亏损中发现生产管理中存在的问题，从而促使企业改善管理工作。

【例 4-10】

雅戈尔服装公司生产针织衫发生 39 950 元成本，生产出一级品 2 000 件，二级品 250 件，三级品 100 件。核算各级产品成本。

核算结果如表 4-20 所示。

表 4-20 等级产品成本核算表(按实物量分配)

产品	产量/件	分配率	各产品成本核算/元	单位成本/元
一级品	2 000	17	34 000	17
二级品	250	17	4 250	17
三级品	100	17	1 700	17
合　计	2 350	17	39 950	17

(2) **按系数分配**。由于原材料质量、生产工艺技术上的要求等客观原因而形成的等级产品，就不能对各等级产品确定相同的成本，不同等级的产品应负担不同的成本，一般是以单位售价的比例确定系数，按系数的比例来分配各等级产品应负担的联合成本。

【例 4-11】

沿用例 4-10 的资料,请按系数分配各等级品的成本。售价分别为:一级品 30 元,二级品 24 元,三级品 21 元。

核算结果如表 4-21 所示。

表 4-21　等级产品成本核算表(按系数分配)

产品	产量/件	单位售价/元	系数	标准产量/件	分配率	各产品成本核算/元	单位成本/元
一级品	2 000	30	1	2 000	17.599 1	35 198.2	17.6
二级品	250	24	0.8	200	17.599 1	3 519.82	14.08
三级品	100	21	0.7	70	17.599 1	1 231.98*	12.32
合计	2 350	—	—	2 270	17.599 1	39 950	—

说明:*为尾数调整。

任务 4.2　产品成本核算的定额法

定额法是以定额成本为基础,控制生产费用日常实际支出,核算和分析生产费用脱离定额的差异和原因,月末加、减各种成本差异和定额变动,求得实际成本的一种成本核算与管理的方法。

前面所介绍的成本核算方法,如品种法、分批法、分步法、分类法,一般都是根据生产费用的实际发生额进行实际成本核算的,因此只能起到反映实际成本的作用,不能对产品成本的形成进行有效的控制和管理,不能发挥挖掘降低成本的潜力和提高经济效益的应有作用。

产品成本核算的定额法克服了前面介绍的几种成本核算方法中关于实际成本与定额成本差异难以实时确定的缺点,及时反映和监督生产费用和产品成本脱离定额的差异,把产品的计划、控制、核算和分析结合在一起,有利于加强定额管理与成本控制。其主要特点表现在以下三个方面。

(1) **事前控制**。事前制定产品的消耗定额、费用定额和定额成本,作为降低成本的目标,对产品成本进行事前控制。

(2) **事中控制**。在生产费用发生的当时,将符合定额的费用和发生的差异分别核算,加强对成本差异的日常核算、分析和控制。

(3) **事后控制**。每月末,在定额成本的基础上加、减各种成本差异,核算产品的实际成本,为成本的定期考核和分析提供资料。

因此,定额法是一种核算实际产品成本的方法。它不是一种独立的成本核算方法,必须和品种法、分步法、分批法结合起来应用,所以,定额法能适用于各种生产类型的企业和车间。定额法的实质是把成本计划、核算、控制和分析结合在一起的一种成本核算方法。

4.2.1 定额成本与计划成本的比较

采用定额法核算产品成本,必须首先制定产品的原材料、动力、工时等各项消耗定额,并且根据各项消耗定额和原材料的计划单价、计划工资率或计件工资单价、制造费用率(计划每小时制造费用)等资料,核算出产品的各项费用定额和单位定额成本。

产品的定额成本与计划成本既有区别,又有联系。二者的相同点在于都是以生产耗费的消耗定额和计划单价作为依据确定目标成本的。其计算公式为

$$原材料费用定额 = 产品原材料消耗定额 \times 原材料计划单价$$
$$生产工资定额 = 产品生产工时定额 \times 生产工资计划单价$$
$$制造费用定额 = 产品生产工时定额 \times 制造费用计划单价$$

通常情况下,生产工资和制造费用是按照生产工时比例分配计入产品成本的,因而其计划单价通常是计划的每小时各项费用定额;各项费用定额的合计数,就是单位产品的定额成本或计划成本。

定额成本与计划成本的区别主要表现在:计划成本的确定是以计划期(一般为一年)内平均的消耗定额或计划定额为依据的,在计划期内一般保持不变;定额成本的确定是以现行的定额为依据的,是企业在当时的生产技术条件下,在各项消耗上应达到的标准,在计划期内则是变动的,它应随着生产技术的进步、劳动生产率的提高不断进行修订。另外,计划成本一般是国家或企业上级主管部门在计划期内对企业或下属机构进行成本考核的依据,而定额成本则是企业内部经营管理、成本管理的重要组成部分,是企业降低成本、控制成本的重要手段。

4.2.2 产品定额成本的制定方式

所谓产品的定额成本,也就是根据各种有关的现行定额核算的成本。

产品单位定额成本的制定,通常有两种方式。

1. 在零部件不多的情况下,从零件、部件到产品定额成本的方式

采用这种方式,先应根据产品图纸,制定某产品各种零件的定额成本。然后,对由各种零件组成的各部件分别制定其定额成本,也就是将各有关零件的定额成本加以汇总,加上装配该部件的装配定额成本。最后将若干部件和零件的定额成本进行汇总,加上总装的定额成本,从而制定出产品的单位定额成本。

2. 在零部件较多的情况下,直接制定产品定额成本的方式

如果企业生产所需的自制零件、部件品种、规格繁多,就需要为每种零件、部件编制一张定额成本核算表,进行逐步汇总,编制出产品的定额成本核算表,其工作量非常繁杂。因此,为了简化计算工作,可以采用直接制定产品定额成本的方式,也就是将每个单位产品的有关材料、工时等定额资料加以汇总(如果各车间工资率不同,则要分车间汇总工时),然后按汇总的材料、工时的总数核算出产品的定额成本。

定额成本的制定一般由生产、技术、计划、会计等部门共同完成。定额成本的成本项目和核算方法与实际成本的成本项目和核算方法一致。这里不再重复。

4.2.3 脱离定额差异的核算

脱离定额差异是指在生产中实际发生的各项生产费用与定额成本相比较的差额。采用定额法核算成本,就是要将日常发生的实际生产费用分两个部分进行归集,一部分是按现行定额核算的费用;另一部分是脱离定额的差异,要及时分析差异产生的原因,确定差异产生的责任,及时采取有效的措施进行处理。对于实际消耗中存在的损失和浪费,应当坚决予以制止,以防再次发生;确实属于定额脱离实际的,应按规定及时调整、修改定额。只有这样,才能将生产耗费控制在既先进又切实可行的定额范围之内,以达到节约生产耗费、降低产品成本的目的。

脱离定额差异的核算是在生产费用发生时,为符合定额的费用和脱离定额的差异,分别编制定额凭证和差异凭证,且在有关的费用分配表和明细分类账中分别予以登记。这样,就能及时正确地核算和分析生产费用脱离定额的差异,控制生产费用支出。为了防止生产费用的超支,避免浪费和损失,差异凭证填制以后,还必须按照规定办理审批手续。有条件的企业,也可以将脱离定额差异的日常核算与车间或班组经济责任制结合起来,依靠各生产环节的广大职工,控制生产耗费。

脱离定额差异根据成本项目可分为材料脱离定额差异、直接人工脱离定额差异和制造费用脱离定额差异三个部分。

1. 材料脱离定额差异的核算

在各成本项目中,原材料费用(包括自制半成品费用)一般占有较大的比重,而且属于直接计入费用,因而有必要和可能在费用发生的当时就按产品核算定额费用和脱离定额的差异,加强控制。

直接材料脱离定额差异是指实际产品的现行定额耗用量和实际耗用量之间的差异与计划价格的乘积,即只包括材料用量的差异,而不包括价格差异。材料价格差异应当作为一个实际成本的差异因素单独进行核算。

$$\text{材料脱离定额差异} = \text{实际产量} \times \left(\text{单位产品实际材料耗用量} - \text{单位产品定额材料耗用量} \right) \times \text{材料计划单价}$$

材料脱离定额差异的核算方法一般有限额法、切割核算法和盘存法三种。

(1) **限额法**。在限额法下,原材料的领用通常采用限额领料制度。在限额范围内的领料,应根据限额领料单等定额凭证领发。如果由于增加产量,需要增加用料时,在办理追加限额手续后,也可根据定额凭证领发。由于其他原因发生的超额用料或代用材料的领用,则应填制专设的超额领料单、代用材料领料单等差异凭证,经过一定的审批手续后领发。在差异凭证中,应填写差异的数量、金额以及发生差异的原因。采用代用材料和废料利用的,还应在有关的限额领料单中注明,并从原来的限额中予以扣除。

采用限额法时,必须在每批生产任务完成以后,根据车间余料编制退料手续,限额领料单中尚未领用的余额,在扣除代用领料单中的金额后,再加上退料单上的金额,即为材料的节约差异。超限额领料单上的数量为超支金额。

由于投产的产品数量不一定等于规定的产品数量,且期初、期末车间可能有余料,致使所领原材料的数量也不一定等于原材料的实际消耗量。另外,由于原材料脱离定额差异只是产品生产中实际用料脱离现行定额而形成的成本差异,因而限额法不能完全控制用料。

【例 4-12】

某企业基本生产车间本月投产 A 产品 500 件,单位产品的原材料消耗定额为 10 千克,本月实际领料 4 600 千克,领料差异为节约 400 千克。每千克计划单位成本 5 元,现假定存在以下三种情况。

第一种情况:本期投入产品的原材料消耗定额的数量与限额领料单规定的数量相一致。车间月初、月末均无余料。则

原材料定额消耗量 = 500×10 = 5 000(千克)

原材料脱离定额差异(耗用量) = 4 600 − 5 000 = −400(千克)(节约差异)

原材料脱离定额差异(成本) = −400×5 = −2 000(元)(节约差异)

第二种情况:本期投入产品的原材料消耗定额的数量不变,车间月初余料为 200 千克,月末余料为 150 千克。则

原材料定额消耗量 = 500×10 = 5 000(千克)

原材料实际消耗量 = 4 600 + 200 − 150 = 4 650(千克)

原材料脱离定额差异(耗用量) = 4 650 − 5 000 = −350(千克)(节约差异)

原材料脱离定额差异(成本) = −350×5 = −1 750(元)(节约差异)

第三种情况:本期投入产品的原材料消耗定额的数量为 4 800 千克,车间月初余料仍为 200 千克,月末余料为 150 千克。则

原材料定额消耗量 = 4 800(千克)

原材料实际消耗量 = 4 600 + 200 − 150 = 4 650(千克)

原材料脱离定额差异(耗用量) = 4 650 − 4 800 = −150(千克)(节约差异)

原材料脱离定额差异(成本) = −150×5 = −750(元)(节约差异)

由此可见,只有本期投入产品的原材料消耗定额的数量与限额领料单规定的数量相一致,且车间月初、月末均无余料或期初、期末余料量相等时,领料差异才是用料脱离定额的差异。

(2)**切割核算法**。分批组织生产的企业,对于某些贵重或经常大量使用的,且又需要经过准备车间切割后才能进一步进行加工的材料,应当采用整批切割法,通过材料切割核算单,核算材料定额消耗量和脱离定额的差异。

材料切割核算单应按切割材料的批别开据,单中填明发交切割材料的种类、数量、消耗定额和应切割成的毛坯数量。切割完毕后,再填写实际切割成的毛坯数量和材料的实际消耗量。根据实际切割的毛坯数量和消耗定额,即可算出材料定额消耗量,以此与材料实际消耗量相比较,即可确定材料脱离定额的差异。采用切割核算法,应填写材料切割核算单,其基本格式见表 4-22。

表 4-22　材料切割核算单

材料编号或名称：镀锌板 1.5 毫米　　　　　　材料计量单位：千克
产品名称：丙产品　　　　　　　　　　　　　计划单位成本：5 元
切割工人工号和姓名：××　　　　　　　　　机床编号：506　　图纸：567
切割日期：2×19 年 8 月 10 日　　　　　　　完工日期：2×19 年 8 月 12 日

发料数量			退回余料数量			材料实际消耗量		回收实际废料数量	
257			5			252		10	
单件消耗定额			单件回收废料定额		应切割的毛坯数量	实际切割毛坯数量		材料定额消耗量	废料定额回收量
6			0.2		42	40		240	8
材料脱离定额差异			废料脱离差异定额			差异原因		责任者：	
数量	单价	金额	数量	单价	金额	未按规定操作，废料增多		切割工人：	
12	10	120	-2	5	-10				

材料切割核算单应按被切割材料的每一批别、每一班组、每种材料或每种零件开据。材料定额消耗量和废料定额回收量应按实际切割成的毛坯数量分别乘以材料消耗定额和废料回收定额计算。材料实际消耗量减去定额消耗量即为材料脱离定额的差异数量，再乘以材料计划单价就可算出差异金额。废料实际回收量减去定额回收量即为废料脱离定额差异，再乘以废料单价即为差异金额。由于回收废料超过定额的差异可以冲减材料费用，故表 4-22 中该列为负数；低于定额的差异列为正数。

采用材料切割核算单进行材料切割的核算，能够及时反映材料的使用情况和发生差异的具体原因，有利于加强对材料消耗的监督和控制，尤其是与车间或班组的经济核算结合起来，可以收到更好的效果。

（3）**盘存法**。上述两种方法都是按照产品的批别进行材料脱离定额差异的核算。如果在连续式大量、大批生产情况下，则不能分批核算原材料脱离定额的差异。这时需根据完工产品数量和在产品盘存（实地盘存或账面结存）数量算出投产产品数量，再乘以原材料的消耗定额，算出原材料定额消耗量；根据限额领料单、超额领料单、退料单以及车间余料的盘存数量，算出原材料实际消耗量；然后，将原料实际消耗量与定额消耗量进行比较，进而确定原材料脱离定额的差异。

按照本期投产产品数量核算材料脱离定额的差异，必须具备下列条件：原材料在生产开始时一次投入，不包括期初和期末在产品耗用的原材料。如果原材料是随着生产进度陆续投入的，则期初和期末在产品数量应改为按原材料消耗定额计算的期初和期末在产品的约当产量。

综上所述，对于原材料的定额消耗量和脱离定额差异的核算，不论采用哪种方法，都应分批或定期地将有关核算资料按照成本核算对象进行汇总，编制原材料定额成本和脱离定额差异汇总表。表中应填明该批或该种产品所耗各种原材料的定额消耗量、定额成本和脱离定额的差异，并且分析说明差异产生的主要原因。该表既可用于汇总反映和分析材料消耗定额的执行情况，又可代替原材料费用分配表，用于登记产品成本明细账，以使企业根据差异发生的原因采取措施，进一步降低原材料消耗量。

2. 直接人工脱离定额差异的核算

由于企业采用的工资制度不同,直接人工脱离定额差异的核算也存在着差别。

在计件工资制度下,生产工人工资属于直接计入费用,则某种产品的生产工人工资脱离定额差异可按下列公式计算。

$$\begin{matrix}\text{某产品生产工资}\\ \text{脱离定额的差异}\end{matrix} = \text{该产品实际生产工资费用} - \left(\text{该产品实际产量} \times \text{该产品生产工资费用定额}\right)$$

在计件工资制度下,生产工资总额要等到月终才能确定,因此,生产工资脱离定额的差异不能在平时按照产品直接核算。这种情况下,工资脱离定额差异的核算可以分为两个部分:一部分为工时差异,它反映工时定额的执行情况;另一部分是工资率差异。在日常核算中,一般先核算工时差异,月末实际生产工人工资总额确定之后,再计算核定工资率差异。

在计时工资形式下,生产工人工资属于间接计入费用,需要在不同产品之间分配工资费用,此时,产品的生产工资脱离定额差异应该按照下列公式计算。

计划小时工资 = 计划产量的定额生产工人工资 ÷ 计划产量的定额生产工时

实际小时工资 = 实际生产工人工资总额 ÷ 实际生产工时总额

某产品定额生产工资 = 产品实际产量定额生产工时 × 计划小时工资

某产品实际生产工资 = 产品实际产量的实际生产工时 × 实际小时工资

某产品生产工资脱离定额差异 = 产品实际生产工资 − 产品定额生产工资

工时差异 = (实际生产工时 − 实际产量定额生产工时) × 计划小时工资

工资率差异 = (实际小时工资 − 计划小时工资) × 实际生产工时

从以上计算公式可以看出,若要降低单位产品的计时工资,必须降低单位小时的生产工资率和单位产品的生产工时。因此,企业不仅要将工资严格控制在计划范围之内,同时还要充分利用工时,将单位产品的工时耗费控制在定额范围以内。在定额法下,为了降低单位产品的计时工资额,应加强日常管理,监督生产工时的利用情况和工时消耗定额的执行情况,据以登记有关的产品成本核算单。

在定额法下,不论采用哪种工资形式,都应根据上述核算资料,按照成本核算对象汇总编制定额生产工资和脱离定额差异汇总表。在表中,汇总反映产品的定额工资、实际工资、工资脱离定额的差异及其产生的原因(在计时工资形式下,还应汇总反映各种产品工时脱离定额的情况)等资料,以考核和分析各种产品工资定额的执行情况,据以核算产品的工资费用。

3. 制造费用脱离定额差异的核算

制造费用一般属于间接计入费用。在日常核算中,不能在费用发生的当时按照产品直接确定费用脱离定额的差异,而只能根据月份的费用预算,按照费用发生的车间、部门和费用项目核算脱离预算的差异,据以控制和监督费用的发生。对于制造费用中能够按照一定标准制定限额进行控制的一些项目,例如辅助材料费用等,可以采用限额领料单、超额领料单等定额凭证和差异凭证规定限额,按照材料的核算方法进行脱离定额差异的核算。

各种产品应负担的制造费用脱离定额的差异,只有等到月末实际费用分配给各产品

以后,才能将其实际费用与定额费用相比较加以确定。其核算确定方法,与计时工资脱离定额差异的核算确定方法相类似,也是由工时差异和单位小时分配率差异两个因素组成。其有关计算公式为

计划小时制造费用率 = 计划制造费用总额 ÷ 计划产量的定额生产工时总数

实际小时制造费用率 = 实际制造费用总额 ÷ 产品实际生产工时总数

某产品实际制造费用 = 该产品实际产量的定额工时 × 实际小时制造费用率

某产品制造费用脱离定额差异 = 该产品实际制造费用 − 该产品定额制造费用

4.2.4 脱离定额差异核算应注意的问题

1. 废品损失问题

在单独核算废品损失的企业中,对废品损失及其发生的原因,应当采用废品通知单和废品损失核算表单独反映,其中不可修复废品的成本应按照定额成本核算。由于在产品的定额成本中一般不包括废品损失,因而发生的废品损失通常作为脱离定额差异来处理。

2. 月末在产品承担定额差异的问题

通过将产品的各项生产费用分别核算出符合定额费用的部分和脱离定额差异的部分,在产品的定额成本上,加上或者减去脱离定额的差异,即可求得产品的实际成本。

为了核算完工产品的实际成本,上述脱离定额的差异,还应在完工产品和月末在产品之间进行分配。由于采用定额法核算产品成本的企业,都有现成的定额成本资料,所以脱离定额差异在完工产品与月末在产品之间的分配,大多采用定额比例法进行。如果各月在产品的数量比较稳定,也可采用按定额成本核算在产品成本的方法,全部差异计入完工产品成本,月末在产品不负担差异。

4.2.5 定额变动差异的核算

定额变动差异是指企业因经济的发展、生产技术条件的变化、劳动生产率的提高等,促使企业修订消耗定额或生产耗费的计划价格而产生的新旧定额之间的差异。定额变动差异与脱离定额差异不同,定额变动差异是定额本身变动的结果,它与生产中费用支出的节约或超支无关,而脱离定额差异则反映生产费用的节约或超支的程度。在企业的各项消耗定额、生产耗费的计划价格修订以后,定额成本也应随之及时修订,以保证各项定额能够准确有效地对生产经营活动进行控制和监督。

1. 定额变动差异的核算

各项消耗定额和定额成本的修订,一般是在月初、季初或年初定期进行。修订后的定额一般在月初实施,当月投入的产品按新的定额核算定额成本及脱离定额的差异。在定额变动的月份,其月初在产品的定额成本并未修订,它仍然是按照旧定额核算的。因此,为了将按旧定额核算的月初在产品定额成本和按新定额核算的本月投入产品的定额成本,在新定额的同一基础上相加,必须核算月初在产品的定额变动差异,以调整月初在产品的定额成本。

月初在产品定额变动差异,可以根据定额发生变动的在产品盘存数量或在产品账面结存数量及修订前后的消耗定额,算出月初在产品消耗定额修订前和修订后的定额消耗量,进而确定定额变动差异。在构成产品的零、部件种类较多的情况下,采用这种方法按照零、部件和工序进行核算,工作量会很大。

为了简化核算工作,也可以按照单位产品,采用系数(按新旧定额算出的单位产品成本进行对比)折算的方法进行核算。其计算公式为

定额变动系数 = 按新定额核算的单位产品成本 ÷ 按旧定额核算的单位产品成本

月初在产品定额变动差异 = 按旧定额核算的月初在产品成本 × (1 − 定额变动系数)

【例 4-13】

假定乙产品的一些零件从 8 月 1 日起实行新的原材料消耗定额,单位产品旧的材料消耗定额为 40 元,新的材料消耗定额为 36 元。该产品月初在产品按旧定额核算的材料定额成本为 36 000 元,则月初在产品定额变动差异计算结果如下。

定额变动系数 = 36 ÷ 40 = 0.90

月初在产品定额变动差异 = 36 000 × (1 − 0.90) = 3 600(元)

采用系数法核算月初在产品定额变动差异虽然较为简便,但由于系数是按照单位产品计算,而不是按照产品的零部件计算的,因而它只适宜于在零部件成套性生产较大的情况下采用。否则,就会影响计算结果的正确性。

对于核算出来的定额变动差异,应当分别按不同情况进行处理。如果各种消耗定额的变动表现为不断下降的趋势,月初在产品定额变动差异通常表现为月初在产品定额成本的降低,一方面应从月初在产品定额成本中扣除该项差异,使其与新定额保持一致;另一方面,由于该项差异是月初在产品生产费用的实际支出,不能无故予以扣除,还应将该项差异加入当月产品成本。相反,如果消耗定额是不断提高的,则月初在产品定额成本中应加上小于新定额的差异部分,使之与新定额保持一致;同时因为这部分支出实际上并未发生,应从本月产品成本中予以扣除。因此期初在产品定额调整与定额变动数额相等,但符号相反,这主要是为了调整期初在产品成本的定额与新定额保持一致,又不至于影响期初在产品成本。在有月初在产品定额变动差异时,产品实际成本的计算公式为

产品实际成本 = 按现行定额核算的产品定额成本 ± 脱离现行定额的差异 ± 材料成本差异 ± 月初在产品定额变动差异

定额变动差异应根据企业具体情况确定是否在完工产品与月末在产品之间进行分配。如果进行分配,则应当采用定额成本比例法。如果定额变动差异数额较小或者月初在产品在本月全部完工,则定额变动差异全部由完工产品负担,月末在产品不再负担定额变动差异。

2. 材料成本差异的核算

在采用定额法核算产品成本的企业中,为了加强对产品成本的考核和分析,材料的日常核算都应按计划成本进行。因此,材料定额成本和材料脱离定额的差异,都是按照材料的计划单位成本核算的。材料定额成本是定额消耗量乘以计划单位成本;材料脱离定额的差异是消耗量差异乘以计划单位成本,即计划单位成本反映的数量差异,简称量差。二

者之和就是实际消耗量乘以计划单位成本,即原材料的计划价格费用。因此,在月末核算产品的实际原材料费用时,还必须考虑所耗原材料应负担的成本差异,核算应分配的材料成本差异,即所耗原材料的价差。其计算公式为

$$\text{某产品应分配的材料成本差异} = \left(\text{该产品材料定额成本} \pm \text{材料脱离定额差异}\right) \times \text{材料成本差异率}$$

【例 4-14】

假设某厂生产乙产品 8 月所耗原材料定额成本为 32 560 元,材料脱离定额差异为超支 440 元,材料成本差异率为 -1%,则

乙产品应分配的材料成本差异 = (32 560 + 440) × (-1%) = -330(元)

3. 产品实际成本的核算

通过上述产品的定额成本及各种差异核算的介绍,如果企业生产的某种产品既有完工产品,又有期末在产品,就需要在完工产品与期末在产品之间对有关差异进行分配。这就要先算出完工产品和期末在产品的定额成本,计算公式为

完工产品各项目定额成本 = 完工产品数量 × 各项目定额成本

期末在产品各项目定额成本 = 本月生产费用各项目定额成本合计 - 完工产品定额成本

然后,根据完工产品和期末在产品定额成本比例分配各种差异。计算公式为

$$\text{某差异分配率} = \frac{\text{某差异月初数} + \text{某差异本月发生数}}{\text{完工产品定额成本} + \text{期末在产品定额成本}}$$

完工产品应分配差异 = 完工产品定额成本 × 某差异分配率

在分配差异时,应按脱离定额差异、材料成本差异、定额变动差异分别进行。如果差异额较小或差异额虽大但各月在产品数量变动较小时,可以全部由完工产品负担;相反,如果差异额比较大且各月在产品的数量变动也较大时,应在完工产品和月末在产品之间按定额成本比例进行分配。其中的月初在产品定额变动差异,如果产品生产周期较短(小于 1 个月),即使差异额较大且各月在产品数量变动也较大,也应将定额变动差异全部归由完工产品负担。

最后,根据定额成本和分配的差异确定产品的实际成本。定额法核算产品实际成本的公式为

产品实际成本 = 产品定额成本 ± 脱离定额差异 ± 定额变动差异 ± 材料成本差异

【例 4-15】

假设某企业大批量生产甲产品,该产品的各项消耗定额比较准确与稳定,为了加强定额管理和成本控制,采用定额法核算产品成本。材料在生产开始时一次投入。该产品的定额变动差异和材料成本差异由完工产品成本负担;脱离定额差异按定额成本比例,在完工产品与月末在产品之间进行分配。该企业 2×19 年 8 月甲产品成本定额资料及有关成本核算情况如下。

(1) 定额资料(表 4-23)。

表 4-23　甲产品单位定额成本核算表

2×19 年 8 月

成本项目	消耗量	计划单价/元	定额成本/元
直接材料	10 千克	4.5	45
直接人工	20 小时	0.40	8
燃料及动力	20 小时	0.35	7
制造费用	40 小时	0.25	10
合　计	—	—	70

（2）月初在产品 100 件，月初在产品成本资料见表 4-24。

表 4-24　甲产品月初在产品成本资料

2×19 年 8 月　　　　　　　　　　　　　　　　　　　单位：元

成本项目	定额成本	定额差异
直接材料	4 500	200
直接人工	800	100
燃料及动力	700	80
制造费用	1 000	100
合　计	7 000	480

（3）定额变动资料：甲产品直接材料费用定额由上月的 50 元降为 45 元，由于月初在产品为 100 件，所以甲产品的定额变动差异为 500 元（5×100）。

（4）本月实际发生费用总额为 36 530 元，其中：直接材料 23 655 元，直接人工 4 160 元，燃料及动力 3 605 元，制造费用 5 110 元。

（5）本月投入甲产品 500 件，当月甲产品完工 400 件。

（6）成本核算表见表 4-25。

表 4-25　产品成本核算单

产品名称：甲产品　　　　　2×19 年 8 月　　　　　　　　　单位：元

成本项目		序号	直接材料	直接人工	燃料及动力	制造费用	合计
月初在产品	定额成本	①	4 500	800	700	1 000	7 000
	定额差异	②	200	100	80	100	480
月初在产品定额变动	定额成本调整	③	−500	—	—	—	−500
	定额变动差异	④	+500	—	—	—	+500
本月费用	定额成本	⑤	22 500	4 000	3 500	5 000	35 000
	定额差异	⑥	1 155	160	105	110	1 530
生产费用合计	定额成本	⑦=①+③+⑤	26 500	4 800	4 200	6 000	41 500
	定额差异	⑧=②+⑥	1 355	260	185	210	2 010
	定额变动差异	⑨=④	+500	—	—	—	+500
差异分配率		⑩=⑧÷⑦	0.051 1	0.054 2	0.044	0.035	—

续表

成本项目		序号	直接材料	直接人工	燃料及动力	制造费用	合计
产品成本	定额成本	⑪	18 000	3 200	2 800	4 000	28 000
	定额差异	⑫=⑪×⑩	919.8	173.44	123.2	140	1 356.44
	定额变动差异	⑬=⑨	+500	—	—	—	+500
	实际成本	⑭=⑪+⑫+⑬	19 419.8	3 373.44	2 923.2	4 140	29 856.44
月末在产品	定额成本	⑮=⑦-⑪	8 500	1 600	1 400	2 000	13 500
	定额差异	⑯=⑧-⑫	435.2	86.56	61.8	70	653.56

上述产品的实际成本由三部分组成：一是根据产品定额成本核算表核算的定额成本；二是根据定额差异分配率核算分配的脱离定额的差异部分；三是由产品成本负担的，对月初在产品定额成本进行调整定额变动差异部分，本例假定全部变动差异由产成品负担。

综上所述，采用定额法核算成本能在生产耗费发生的当时及时反映与控制脱离定额的差异，有利于成本分析和寻求降低成本的途径。采用定额法应具备一定的条件，包括：品种少且稳定，各种定额齐全、准确，定额管理的基础工作较好。至于生产类型，无论哪一种类型都可以采用定额法。

4. 定额法的优缺点

（1）定额法的优点。定额法是将产品成本的计划工作、核算工作和分析工作有机地结合起来，将事前、事中、事后反映和监督融为一体的一种产品成本核算方法和成本管理制度。其优点主要表现在以下四个方面。

① 通过生产耗费及其脱离定额和计划的差异的日常核算，能在各耗费发生的当时反映和监督脱离定额（或计划）的差异，加强成本控制，可以及时、有效地促进生产耗费的节约，降低产品成本。

② 由于产品实际成本是按定额成本和各种差异分别反映的，因而便于对各项生产耗费和产品成本进行定期分析，有利于进一步挖掘降低成本的潜力。

③ 通过脱离定额差异和定额变动差异的核算，有利于提高成本的定额管理和计划管理工作的水平。

④ 由于有着现成的定额成本资料，因而能够比较合理、简便地解决完工产品和月末在产品之间分配费用（即分配各种成本差异）的问题。

（2）定额法的缺点。采用定额法核算产品成本，必须制定定额成本，单独核算脱离定额差异，在定额变动时还必须修订定额成本，核算定额变动差异，因此核算工作量要比采用其他方法的大。

4.2.6 产品成本核算方法的综合运用

由于生产特点和管理要求不同，企业可能采用不同的方法核算产品成本。实际工作中，在一个工业企业中，不同的生产车间由于生产特点和管理要求不同，可能同时采用不同的成本核算方法；即使是同一车间的不同产品，企业也可能采用不同的成本核算方法。

1. 同一企业不同车间同时采用不同的成本核算方法

在一个工业企业中，不同的生产车间同时采用几种成本核算方法的情况是很多的。工业企业一般都有基本生产车间和辅助生产车间。基本生产车间和辅助生产车间的生产类型往往不同，因而采用的成本核算方法也往往不同。例如，纺织厂的纺纱和织布等基本生产车间，一般属于多步骤的大量生产，应采用分步法核算半成品纱和产成品布的成本，但厂内供电、供气等辅助生产车间，属于单步骤大量生产，应采用品种法核算成本。

2. 同一车间不同产品同时采用不同的成本核算方法

即使是同一生产车间，由于产品不同，其生产类型不同，因而采用的成本核算方法也可能不同。例如，木器厂所产各种木器，有的已经定型，已大量、大批生产，可以采用分步法核算成本，有的则正在试制，只能单件、小批生产，则应采用分批法核算成本。又如玻璃制品厂所产日用玻璃杯和玻璃仪器，前者是利用原料直接熔制而成，可视为单步骤生产，而后者是先将原料熔制成各种毛坯，再加工、装配成为仪器，属于多步骤生产。因此，即使这两种产品的生产都已定型，而且均属于大批、大量生产，但由于工艺过程不同，也应采用不同的方法核算成本，后者采用分步法核算成本。

3. 同一产品不同步骤、不同的半成品、不同的成本项目结合采用不同的成本核算方法

即使是一种产品，其各个生产步骤、各种半成品、各个成本项目之间的生产特点和管理要求也可能不同，由此决定采用的成本核算方法也可能不同，需要将它们结合起来应用。一种产品的不同生产步骤，由于生产特点和管理要求的不同，可能采用不同的成本核算方法。例如，小批、单件生产的机械厂，铸工车间可以采用品种法核算铸件的成本，加工装配车间则可采用分批法核算各批产品的成本，而在铸工和加工装配车间之间，则可以采用逐步结转分步法结转铸件的成本；如果在加工和装配车间之间要求分步骤核算成本，但在加工车间所产半成品种类较多，又不外售，不需要核算半成品成本的情况下，加工和装配车间可采用平行结转分步法结转成本。这样，该厂在分批法的基础上，结合采用了品种法和分步法，在分步法中还结合采用了逐步结转法和平行结转法。

在构成一种产品的不同零部件（半成品）之间，也可采用不同的成本核算方法。例如，机械厂所产产品的各种零部件，其中不外售的专用件，不要求单独核算成本；经常外售的标准件以及各种产品通用的通用件，则应按这些零部件的生产类型和管理要求，采用适用的成本核算方法单独核算成本。

另外，在一种产品各个成本项目之间，也可采用不同的成本核算方法。例如，钢铁厂产品的原料成本，占全部成本的比重较大，又是直接计入费用，应采用分步法，按照产品的品种和生产步骤设立成本明细账核算成本，其他成本项目可结合采用产品成本的辅助方法（如分类法或定额法），按照产品类别设立成本明细账归集费用，然后按照一定的系数分配核算各种产品的成本。又如机构制造厂产品的原材料费用占全部成本的比重较大，如果定额资料比较准确稳定，可采用定额法核算成本；其他成本项目，可采用其他方法核算成本。

项目总结 成本核算辅助方法的特点及适用范围

产品成本核算的辅助方法	成本核算对象	生产类型	作用	适用范围
分类法	类别	与生产类型无关	简化成本核算工作	产品可以按照性质、用途和生产工艺等特点划分为一类的产品
定额法	将成本的计划、控制、核算和分析结合在一起	与生产类型无关	加强定额管理，有效控制成本	定额管理制度健全，定额管理工作基础好，产品生产已经定型，消耗定额比较准确、稳定的企业

注：分类法和定额法必须结合品种法、分批法、分类法等基本成本核算方法使用。

思考与练习

一、思考题

1. 简述分类法的核算程序。
2. 怎样选定标准产品、确定标准产品系数和类内产品系数？
3. 简述联产品和副产品的联系与区别。
4. 简述定额法的特点。
5. 产品定额成本与产品计划成本有何异同？

课程思政：创新思维养成

二、选择题

（一）单项选择题

1. 产品成本核算分类法的特点是（　　）。
   A. 按照产品类别核算成本
   B. 按照产品品种核算成本
   C. 按照产品类别归集费用，同类产品内各种产品的成本均采用分配方法分配核算
   D. 按照产品类别归集费用，同类产品的成本中原材料直接计入、加工费用分配计入

2. 必须采用分类法核算成本的产品是（　　）。
   A. 联产品　　　　B. 等级品　　　　C. 零星产品　　　　D. 副产品

3. 产品成本核算分类法的优点是（　　）。
   A. 能保证产品成本核算的正确性　　B. 能反映产品的生产耗用水平
   C. 能加强产品成本控制　　　　　　D. 能简化产品成本核算工作

4. 分类法是以（　　）为成本核算对象的一种成本核算方法。
   A. 产品品种　　　B. 产品规格　　　C. 产品类别　　　D. 产品品种和规格

5. 可采用与分类法相类似的方法核算产品成本的是（　　）。
   A. 主、副产品中，副产品的比重较大　　B. 等级品
   C. 主、副产品中，副产品的比重较小　　D. 联产品

6. 为了使产品成本核算的结果较为正确、合理,在应用分类法时,应考虑的条件是( )。
   A. 产品的分类和分配标准的确定是否适当
   B. 产品的规格是否繁多
   C. 生产特点和管理要求
   D. 成本核算工作是否简化

7. 采用产品成本核算的定额法,其目的是( )。
   A. 核算产品的实际成本 B. 加强定额管理和成本控制
   C. 核算产品的定额成本 D. 简化成本核算工作

8. 定额法的适用范围是( )。
   A. 小批、单件单步骤生产 B. 大量、大批单步骤生产
   C. 大量、大批多步骤生产 D. 各种类型的生产

9. 在定额法下,应该可以在费用发生的当时就按产品核算定额费用和脱离定额差异、加强控制的成本项目是( )。
   A. 原材料 B. (生产工人计时)工资费用
   C. 燃料及动力费用 D. 制造费用

10. 在定额法下,原材料脱离定额差异是( )。
    A. 数量差异 B. 价格差异
    C. 原材料成本差异 D. 定额变动差异

(二) 多项选择题

1. 在分类法下,将产品划分为类别时,应考虑的条件有( )。
   A. 产品工艺过程的不同 B. 产品数量的多少
   C. 产品所用原材料的不同 D. 产品结构的不同

2. 在分类法下,同类产品内各种产品之间分配费用的标准通常有( )。
   A. 产品体积 B. 定额费用 C. 产品售价 D. 定额消耗量

3. 采用系数法,应在同类产品中选择一种产品作为标准产品,该标准产品的确定应具备的条件有( )。
   A. 生产比较稳定 B. 产量较大 C. 规格适中 D. 成本较高

4. 分类法的优点是( )。
   A. 计算的结果比较准确 B. 能简化成本核算工作
   C. 能分类掌握产品成本的水平 D. 有利于加强成本管理

5. 产品成本核算的分类法( )。
   A. 是以产品类别为成本核算对象
   B. 能分类提供产品成本水平资料
   C. 各产品成本的核算结果有着一定的假设性
   D. 适用于产品品种、规格繁多,并能划分为若干类别的企业

6. 在下列各种成本核算方法中,与产品生产类型没有直接联系的方法有( )。
   A. 分步法 B. 分类法 C. 定额法 D. 品种法

7. 产品的定额成本和计划成本的不同之处有( )。

A. 前者是以消耗定额为依据核算，后者是以计划定额为依据核算
B. 前者在计划期内通常要变，后者在计划期内通常不变
C. 前者是以现行消耗定额核算的成本，后者是以计划期内平均消耗定额核算的成本
D. 前者是以实际价格为依据核算，后者是以计划价格为依据核算

8. 定额法的重要内容有（　　）。
   A. 控制生产费用支出
   B. 简化成本核算工作
   C. 及时正确核算生产费用脱离定额的差异
   D. 及时正确分析生产费用脱离定额的差异

9. 在定额法下，如果月初在产品定额变动差异是负数，说明（　　）。
   A. 消耗定额提高
   B. 以前定额管理和成本管理取得了成绩
   C. 消耗定额降低
   D. 以前定额管理和成本管理可能存在缺陷

10. 定额法的主要优点表现在（　　）。
    A. 能合理简便地解决完工产品和月末在产品之间分配费用的问题
    B. 有利于加强成本控制，降低产品成本
    C. 便于对产品成本进行定期分析，挖掘降低成本的潜力
    D. 有利于提高成本的定额管理和计划管理工作水平

三、判断题

1. 采用分类法，同类产品内各种产品之间按其成本项目分配费用时，必须采用同一分配标准进行分配。（　　）
2. 由于内部结构、所用原材料的质量或工艺技术要求不同而产生的不同产品，则该产品不能采用分类法。（　　）
3. 凡是产品的品种、规格繁多的企业或车间，均可采用分类法核算产品成本。（　　）
4. 在分类法下，按系数分配费用，实际上是按以产量加权的总系数分配费用。（　　）
5. 由于分类法与生产的类型没有直接的关系，因而可以在各种类型的生产中应用。（　　）
6. 由于零星产品的内部结构、所耗原材料和工艺过程不一定完全相近，因而不能用分类法核算产品成本。（　　）
7. 如果副产品的售价不能抵偿其销售费用，则副产品不能计价，不从主产品成本中扣除副产品价值。（　　）
8. 在定额法下，产品的消耗定额、费用定额和定额成本是企业日常控制生产耗费的依据，但不是月末核算产品实际成本的基础。（　　）
9. 定额成本的制定过程，既是对产品成本进行事前反映和监督的过程，也是进行事前成本控制的过程。（　　）
10. 在定额法下，由于生产工人计时工资属于直接计入费用，因而脱离定额的差异应在平时按照产品直接核算。（　　）

模块 3

成本报表编制与分析

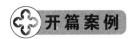 开篇案例

2008 年至 2010 年沪市 A 股制造业上市公司成本管理信息披露概况

虽然在信息披露方面,《上市公司信息披露管理办法》并没有对成本管理的信息披露有明确的要求,但是伴随着纯财务会计信息的不足,当今越来越多的上市公司开始进行成本管理信息的披露,这意味着,将成本管理会计信息对外披露,可以有效地帮助公司外部的投资者更深层次地了解公司,增进公司的信息透明度,并影响公司股票的定价。

从年报中披露的信息来看,制造业上市公司普遍比较重视在研发、采购、制造三个环节的成本管理,来达到整个价值链上的成本最低,而相对忽视物流、营销、服务环节的成本管理。绝大部分行业总资产越大或者销售净利率越小,详细披露成本管理信息公司比例越高。

从披露的比例看,2008 年年底前上市的 443 家沪市 A 股制造业上市公司 2008 年至 2010 年连续三年共 1 329 份年报的分析和统计,得到结果如表 1 所示,可以知道,披露成本管理信息的占 80% 多。

表 1 2008—2010 年年底前上市的 A 股制造业上市公司成本管理信息披露情况

年度 项目	公司总数	没有披露	简单披露	详细披露
2008	443	11.5%(51)	12.2%(54)	76.3%(338)
2009	443	11.5%(51)	13.8%(61)	74.7%(331)
2010	443	16.5%(73)	14.7%(65)	68.8%(305)

现代经济的发展赋予了成本管理全新的含义,成本管理的目标不再由利润最大化这一短期性的直接动因决定,而是定位在更具广度和深度的战略层面上。从广度上看,已从企业内部的成本管理,发展到供应链成本管理;从深度上看,已从传统的成本管理,发展到精益成本管理。目前国内外常用的成本管理模式还有目标成本管理、标准成本管理、作业成本管理、平衡计分卡等。从表 2 可以看出,不到 20% 的沪市 A 股制造业上市公司在年报中披露其采用的成本管理模式。

表2　2008—2010年年底前上市的A股制造业上市公司年报中披露的成本管理模式

年度	模式或方法 战略成本管理	供应链成本管理	精益成本管理	目标成本管理	标准成本管理	其他	披露了成本管理模式的公司比例/%
2008	15	6	20	25	8	6	16.3
2009	15	17	27	20	9	7	18.1
2010	11	14	21	14	4	5	14.2

因价值链前端的环节决定了产品成本的绝大部分，我国制造业上市公司比较重视价值链前端的成本控制。对研发、采购、制造、物流、营销、服务六个环节任何一个环节的成本管理都低于公司总成本的50%。对制造成本管理最高，研发和采购次之，最不重视对营销成本的控制。

资料来源：卢馨，张小芬，鲁成方.上市公司成本管理信息披露分析[J].财会通讯，2012(8).

成本报表编制

项目5

【引言】

　　成本报表是企业成本核算结果的表现形式,是成本核算的最终成果,也是成本计划与控制的全面反映。本项目主要介绍产品生产成本表和产品单位成本表的编制方法。

【知识目标】

　　1. 了解成本报表的作用、种类和编制要求。
　　2. 掌握产品生产成本表、主要产品单位成本表、制造费用明细表的结构和内容。

【能力目标】

　　能编制产品生产成本表、主要产品单位成本表、制造费用明细表。

【思政目标】

　　遵纪守法、诚实守信素质养成。

【关键术语】

　　产品生产成本表(product production cost table)
　　可比产品成本降低额(lowered value of comparable products cost)
　　可比产品成本降低率(lowered rate of comparable products cost)
　　主要产品单位成本表(the main products of the unit cost table)

 课前案例

　　张丹是某大学会计专业毕业生,应聘到一家制造企业,从事成本会计工作。12月底要编制成本报表。

　　思考:(1)成本报表包括哪些内容?
　　　　　(2)如何收集有关资料?

任务5.1　成本报表编制概述

5.1.1　成本报表的概念

　　成本报表是根据日常成本核算资料及其他有关资料定期或不定期编制的,用以反映

企业产品成本水平、构成及其升降变动情况,考核和分析企业在一定时期内成本计划执行情况及其结果的报告文件。正确、及时地编制成本报表是成本会计的一项重要内容。

成本报表属于企业内部成本管理报表。编报的目的是向企业管理者提供有关成本信息,便于管理者进行成本分析和成本决策。相对于财务报表来说,成本报表具有以下特点:①成本报表是为企业内部生产经营管理需要编制的,报表采取什么形式,应填列哪些内容以及什么时候编制报表等,完全可以由企业根据自身特点和管理要求决定,因而具有及时、灵活多样和实用性的特点。②成本报表与企业生产特点和管理要求密切联系,不同企业的成本报表存在差异,具有个性化的特点,成本信息资料具有高度的保密性,成本报表只能在企业内部使用。③成本报表是企业会计资料和其他技术经济资料相结合的产物,提供的信息具有综合性和全面性的特点。

5.1.2 成本报表的作用

编制和分析成本报表是企业成本会计工作的重要内容之一。成本报表有针对性地综合反映企业生产经营、技术水平、管理水平情况,对考核各项费用计划的执行情况、掌握成本变动趋势和规律、加强成本管理以及提高经济效益有十分重要的意义。具体来说,其作用体现在以下几个方面。

1. 综合反映企业报告期内的产品成本水平

产品的生产过程同时也是生产的耗费过程。生产经营过程要发生各种耗费,产品成本和费用是综合反映生产耗费的指标。企业的材料、人工,各种费用耗费,都直接或间接地在产品成本和费用中体现。通过编制成本报表,能够及时发现企业在生产、技术、质量、管理等方面取得的成绩和存在的问题,并在此基础上进行成本费用分析,达到降低产品成本、提高经济效益的目的。

2. 评价和考核企业内部成本管理业绩的重要依据

利用成本报表资料,经过相关指标的计算、分析,可以了解企业成本管理的情况,明确各有关部门和人员执行成本计划、预算的成绩和责任,以便总结经验教训,为全面完成企业成本降低任务而努力,并为以后编制成本计划提供依据。

3. 加强成本控制的重要工具

通过编制成本报表,可以为企业管理者及时提供成本信息,使管理者及时掌握成本计划执行的情况及存在的差异,为成本控制服务,为企业预测、决策服务。

4. 为预测、决策、编制成本计划提供依据

利用本期成本报表提供的资料,进行分析揭示成本升降的真实原因和预测成本变化趋势,采取针对性的措施,为制订下期成本计划提供重要参考资料;有关部门根据对未来成本预测,确定产品价格,为制定有关生产经营决策提供重要依据。

5.1.3 成本报表的分类

成本报表是企业内部报表,一般不对外报送或公布。因此,对成本报表的种类国家不做统一规定。除了企业主要部门为了给国民经济管理提供所需要的成本数据,要求企业将其成本报表作为会计报表的附表报送和企业共同确定成本报表的种类外,为了满足企业内部经营管理的需要,成本报表的种类都是由企业自己确定的。

1. 按成本报表反映的内容分类

(1) 反映企业产品成本水平及其构成情况的报表。反映企业产品成本水平及其构成情况的报表主要有产品生产成本表和主要产品单位成本报表等。通过它们分析成本计划的执行情况,分析成本项目的构成情况。

(2) 反映企业费用水平及其构成情况的报表。反映企业费用水平及其构成情况的报表主要有制造费用明细表、管理费用明细表、财务费用明细表和产品销售费用明细表等。通过这些报表可以反映企业一定时期内费用支出的总额及构成情况,了解费用支出的合理程度和变动趋势,分析各项指标消耗完成情况,为企业制定下期的费用预算提供依据。

(3) 反映生产经营和成本管理的专题报表。反映企业生产经营和成本管理的专题报表可以根据企业的生产特点和管理需要灵活设置,如责任成本报表、质量成本报表、生产情况表、材料耗用表、材料成本差异分析表等。这类报表属于专题报表,主要反映生产中影响产品生产成本的某些特定的重要问题,一般根据实际情况和需要设置。

2. 按成本报表编制的时间分类

(1) 定期成本报表。定期成本报表是指按照预先计划安排好时间编报的成本报表,一般包括年报、季报、月报、旬报、周报和日报。其中旬报、周报和日报是为及时反馈某些重要的成本信息,以便管理部门采取相应对策而编制的。产品生产成本表、主要产品单位成本报表、制造费用明细表等通常都是定期报表。

(2) 不定期成本报表。不定期成本报表是根据实际情况编报的随机的、临时性的成本报表。不定期成本报表的编制事先不规定具体时间,如果工作需要,可以随时进行。例如,成本管理工作中出现金额较大的内部故障成本,应编制质量成本报表反馈到有关部门,及时解决问题。

3. 按编制范围分类

按编制范围分类,成本报表可分为全厂成本报表、车间成本报表、班组成本报表和个人成本报表。产品生产成本表、主要产品单位成本报表等一般为全厂成本报表,而制造费用明细表、责任成本表和质量成本表既可以是全厂成本报表,也可以是车间(或班组、个人)成本报表。

5.1.4 成本报表的编制要求

编制本期成本报表,要根据本期产品成本和经营管理费用核算的账簿、本期成本计划、本期费用预算、以前年度会计报表、有关统计和其他资料等汇集而成。为了能提供使

各方面满意的成本报表,必须达到如下要求。

1. 报表数字客观准确

成本会计必须以实际经济活动为依据,如实记录、计量经济业务,真实反映会计主体的经济活动,为满足企业内外经营管理的需要,提供真实、准确资料,保证决策的正确性。企业在编制报表前,必须认真对账,做到账实、账账、账证相符,各项数据真实可靠,才能编制成本报表。

2. 报表内容全面完整

成本报表应该反映生产经营全过程的情况,能满足各方面对经济信息的需求。因此,编制的成本报表,应按规定的格式和内容填制,全面完整、清晰明了。对某些重要会计事项或重要资料,应在成本报表中进行注解,说明情况。成本报表要为报表使用者正确分析、进行决策提供服务。

3. 报表编报要及时

在社会主义市场经济条件下,会计报表及时编制和及时报送,保证信息的时效性,可以使报表使用者迅速调整经济活动,作出正确的决策。成本报表提供的会计信息与报表使用者的目的相关联,报表提供的指标计算口径前后应一致连贯,便于报表使用者分析比较,满足报表使用者的要求。

任务5.2 产品生产成本表的编制

产品生产成本表是反映企业在报告期内生产的全部产品的总成本的报表。该表一般分为两种:一种按成本项目反映;另一种按产品种类反映。该类报表在编报的时间、种类、格式、内容和报送对象等方面,国家均不作统一规定,而由企业根据其生产特点与管理要求自行设置和调整。

5.2.1 按产品种类反映的产品生产成本表的编制

1. 按产品种类反映的产品生产成本表的格式

按产品种类反映的产品生产成本表是依据报告期内全部产品成本核算表或产品成本明细账计算填列的。

基本报表部分由实际产量、单位成本、本月总成本、本年累计总成本四部分构成,并按可比产品和不可比产品分别填列。**可比产品是指以前会计期间内正式生产过,并保留有较完整的成本资料可以进行比较的产品;不可比产品是指企业在本会计期间初次生产的新产品,或者虽非初次生产,但是缺乏可比成本资料的产品,即不具备可比产品条件的产品。**对不可比产品来说,由于没有可比的成本资料,因此只列示本期的计划成本和实际成本。

补充资料包含可比产品成本降低额、可比产品成本降低率,写在表的下端。

【例 5-1】

建安公司 2×19 年 12 月生产甲、乙、丙三种产品,其中甲、乙两种产品为可比产品,丙产品是 2×19 年投入生产的,为不可比产品。相关成本及产量资料见表 5-1。

表 5-1 成本及产量资料

项目	单位成本资料/元				产量资料/台		
	历史先进水平(2×12 年)	上年实际成本	本年计划成本	12 月单位成本	本年计划	12 月	全年实际
甲产品	55	58	56	55	1 200	100	1 190
乙产品	33	36	35	35.5	2 850	230	2 800
丙产品	—	—	105	108	500	40	500

按产品种类编制的产品生产成本表见表 5-2。

2. 按产品种类反映的产品生产成本表的填制方法

(1)"产品名称"栏。按照企业所生产的产品分为可比产品和不可比产品,按品种列示,并列明规格和计量单位。

(2)"实际产量"栏。分为两个栏目反映,其中"本月"实际产量应根据本月成本核算单或产品生产成本明细账填列;"本年累计"实际产量应根据产品生产成本明细账或产品成本表中上期该栏的数量加本月实际产量计算填列。

(3)"单位成本"栏。分为四个栏目反映,其中"上年实际平均"单位成本应根据上年年末该商品产品成本表中本年累计实际平均数填列;"本年计划"单位成本应根据本年度成本计划资料填列;"本月实际"单位成本应根据各种产品成本核算单的资料直接填列;"本年累计实际平均"单位成本应根据自年初起至本月末的成本核算单资料或账簿资料核算填列。

(4)"本月总成本"栏。分为三个栏目反映,其中"按上年实际平均单位成本核算"和"按本年计划单位成本核算"两栏只需以本年累计实际产量分别乘以"上年实际平均"单位成本和"本年计划"单位成本后的数字;"本月实际"总成本则应根据本期成本核算单填列。

(5)"本年累计总成本"栏。分为三个栏目反映,其中"按上年实际平均单位成本核算"和"按本年计划单位成本核算"两栏只需以本年累计实际产量分别乘以"上年实际平均单位成本"和"本年计划单位成本"后的数字;而"本年实际"总成本栏则应根据上期商品产品成本表此栏数字加上本月实际总成本填列。

如果有不合格品,应单列一行,并注明"不合格品"字样,不应与合格产品合并填列。

补充资料中有关数据计算公式为

$$\text{可比产品成本降低额} = \text{可比产品按上年实际平均单位成本核算的本年累计总成本} - \text{本年累计实际总成本}$$

$$\text{可比产品成本降低率} = \frac{\text{可比产品成本实际降低额}}{\text{可比产品按上年实际平均单位成本核算的本年累计总成本}} \times 100\%$$

提示:如果本年可比产品成本比上年不是降低,而是升高,上列成本的降低额和降低率应用负数填列。如果企业可比产品品种不多,其成本降低额和降低率也可以按产品品种分别计划和计算。

编制单位：建安公司

表 5-2　产品生产成本表（按产品种类编制）

2×19 年 12 月

产品名称	计量单位	实际产量/台		单位成本/(元/台)				本月总成本/元			本年累计总成本/元		
		本月 ①	本年累计 ②	上年实际平均 ③	本年计划 ④	本月实际 ⑤=⑨÷①	本年累计实际平均 ⑥=⑫÷②	按上年实际平均单位成本计算 ⑦=①×③	按本年计划单位成本计算 ⑧=①×④	本月实际 ⑨	按上年实际平均单位成本计算 ⑩=②×③	按本年计划单位成本计算 ⑪=②×④	本年实际 ⑫
可比产品													
其中：甲产品	台	100	1 190	58	56	55	55.5	5 800	5 600	5 500	69 020	66 640	66 045
乙产品	台	230	2 800	36	35	35.5	37	8 280	8 050	8 165	100 800	98 000	103 600
合　计	—	—	—	—	—	—	—	14 080	13 650	13 665	169 820	164 640	169 645
不可比产品													
丙产品	件	40	500	—	105	108	106	—	4 200	4 320	—	52 500	53 000
总　计	—	—	—	—	—	—	—	14 080	17 850	17 985	169 820	217 140	222 645

补充资料：
① 可比产品成本降低额：175 元；
② 可比产品成本降低率：0.103%。

【例 5-2】

沿用例 5-1,假定建安公司所产甲、乙两种产品都是主要产品,而且都是可比产品。根据上列计算公式和产品生产成本表(见表 5-2)所列有关资料,计算该公司甲、乙两种产品及全部可比产品的成本降低额和降低率。计算过程如下。

甲产品可比产品成本降低额 = 69 020 − 66 045 = 2 975(元)

甲产品可比产品成本降低率 = 2 975 ÷ 69 020 × 100% = 4.31%

乙产品可比产品成本降低额 = 100 800 − 103 600 = −2 800(元)

乙产品可比产品成本降低率 = −2 800 ÷ 100 800 × 100% = −2.778%

全部可比产品成本比上年降低额 = 169 820 − 169 645 = 175(元)

全部可比产品成本比上年降低率 = 175 ÷ 169 820 × 100% = 0.103%

3. 按产品种类反映的产品生产成本表的主要作用

(1)可以分析和考核产品本月与本年累计的成本计划的执行情况,对其节约或超支情况作出一般评价。

(2)可以分析和考核可比产品本月与本年累计的成本变动情况。

(3)分析和考核可比产品成本降低计划的执行情况。

(4)为进行产品单位成本分析奠定基础。

5.2.2 按成本项目反映的产品生产成本表的编制

1. 按成本项目反映的产品生产成本表的格式

按成本项目反映的产品生产成本表是按成本项目汇总反映企业在报告期内发生的全部生产成本以及产品生产成本合计额的报表。此表由生产费用和产品生产成本两部分构成(表 5-3)。

【例 5-3】

海润公司按成本项目编制的产品生产成本表如表 5-3 所示。

表 5-3 产品生产成本表(按成本项目反映)

编制单位:海润公司　　　　　　2×19 年 12 月　　　　　　　单位:元

项目	上年实际	本年计划	本月实际	本年累计实际
生产成本:				
直接材料	215 030	215 218	21 416	216 462
直接人工	152 286	150 591	13 940	154 045
制造费用	104 884	101 141	8 304	99 143
生产成本合计	472 200	466 950	43 660	469 650
加:在产品、自制半成品期初余额	23 180	20 960	2 255	18 249
减:在产品、自制半成品期末余额	19 249	19 930	3 165	20 115
产品生产成本合计	476 131	467 980	42 750	467 784

2. 按成本项目反映的产品生产成本表的填制方法

(1)"上年实际"栏：应根据上年12月本表的"本年累计实际"数填列。

(2)"本年计划"栏：应根据成本计划有关资料填列。

(3)"本月实际"栏：应根据各有关产成品成本明细账按成本项目分别填列。

(4)"本年累计实际"栏：应根据"本月实际"与上月本表的"本年累计实际"数合计填列。

(5)在产品、自制半成品的期初、期末余额：根据各种产品生产成本明细账和自制半成品明细账期初、期末余额分别汇总填列。

表中的生产成本合计，为各有关项目计算出的产品生产成本合计数。

3. 按成本项目反映的产品生产成本表的作用

(1)将本年累计实际生产费用(或本年累计实际生产成本)与本年计划数和上年实际数相比较，可以分析和考核年度生产费用计划(或生产总成本计划)的执行情况，以及本年生产费用(或生产总成本)与上年相比的升降情况等。

(2)可以反映报告期内全部产品生产费用的支出情况和各种费用的构成情况，作出一般评价。

任务5.3　主要产品单位成本表的编制

主要产品单位成本表是指反映企业在报告期内(月、季、年)生产的各种主要产品单位成本构成情况的报表。通过此表，可以反映生产各种主要产品的实际成本水平及其构成，考核各种产品单位成本计划的执行情况及升降原因，为分析各项消耗量指标的变化情况提供资料，便于与同行业同类产品成本进行对比，找出差距、挖掘潜力、降低成本。

5.3.1　主要产品单位成本表的格式

主要产品单位成本表是按成本项目反映单位产品成本水平的，它是产品成本表的补充报表，由表首、基本内容、补充资料三部分构成，主要根据成本核算表和日常积累的经济资料填列。其结构和内容见表5-4。

5.3.2　主要产品单位成本表各栏目的填列方法

(1)"本月计划产量"和"本年计划产量"分别根据本月和本年产品产量计划填列。

(2)"本月实际产量"和"本月累计实际产量"分别根据统计提供的产品产量资料或产品入库单填列。

(3)"成本项目"中，"历史先进水平"栏各项目根据有关年度的资料填列；"上年实际平均"栏各项目根据上年年末该表"本年累计实际平均"栏资料填列；"本年计划"栏各项目根据成本计划单位成本资料填列；"本月实际"栏各项目根据产品成本明细账有关资料填列;"本年累计实际平均"栏各项目,根据年初至本月月末止的有关产品成本明细账资料采用加权平均计算后填列。

表 5-4 主要产品单位成本表

编制单位:建安公司　　　　　　　2×19 年 12 月

产品名称	甲产品		本月计划产量		105
规格	××		本月实际产量		100
计量单位	台		本年计划产量		1 200
销售单价	65		本年累计实际产量		1 190
成本项目	历史先进水平	上年实际平均	本年计划	本月实际	本年累计实际平均
直接材料/元	30	32	30.48	30.5	31
直接人工/元	15	17	16.96	17	17.22
制造费用/元	10	9	11.56	11	10.5
产品单位生产成本/元	55	58	59	58.5	58.72
主要经济指标	用量	用量	用量	用量	用量
1. 材料/千克	5.5	6	6	5.6	6.2
2. 工时/小时	3.9	4.2	4	4.1	4.2

（4）"主要经济指标"应分别根据实际消耗记录、计划、上年度有关数据等业务技术资料和企业或上级机构规定的指标名称、填列方法计算填列。

（5）补充资料。该表可在基本内容后填制补充资料,补充资料主要说明某种产品的合规程度及工资水平。

任务5.4　其他成本报表的编制

5.4.1　制造费用明细表的编制

制造费用明细表是具体反映工业企业在报告期内发生的各项制造费用及其构成情况的成本报表。制造费用明细表一般只反映基本生产车间的制造费用情况。

通过制造费用明细表可以了解制造费用的实际发生情况、构成及增减变动情况,分析和考核制造费用预算的执行情况及其结果,充分揭示差异及其产生原因。制造费用明细表由表首和基本内容两部分构成,其基本内容分为"本年计划数""上年同期实际数""本月实际数"和"本年累计实际数"四个部分。各部分按制造费用明细项目逐项反映。制造费用明细表的格式见表 5-5。

表 5-5 制造费用明细表

编制单位： 年 月 单位：元

成本项目	本年计划数	上年同期实际数	本月实际数	本年累计实际数
机物料消耗				
职工薪酬				
折旧费				
办公费				
水电费				
停工损失				
其他				
合计				

该表的填制方法如下。

制造费用明细表主要是根据制造费用明细账发生额分析计算汇总填列的。通常，制造费用明细账按车间或分厂设置，账内按照制造费用项目设置专栏，以归集当期发生的各种制造费用。所以，制造费用明细表实际上是对当期制造费用明细账的分项汇总。具体如下。

(1)"本年计划数"：应根据本年制造费用计划填列。

(2)"上年同期实际数"：应根据上年同期本表的本月实际数填列。

(3)"本月实际数"：应根据制造费用总账科目所属各基本生产车间制造费用明细账的本月合计数汇总计算填列。

(4)"本年累计实际数"：应根据这些制造费用明细账本月月末的累计数汇总计算填列。

如果需要，也可以根据制造费用的分月计划，在表中加列"本月计划数"。

制造费用明细表的主要作用是：利用该表，可以按费用项目分析制造费用本年累计实际数比上年同期累计实际数的增减变化情况；可以按费用项目，分析制造费用年度计划的执行情况及其原因；可以分析本月实际数和本年累计实际制造费用的构成情况，并与上年同期实际构成情况和计划构成情况进行比较，分析制造费用构成的变化趋势及其原因。

5.4.2 期间费用明细表的编制

1. 销售费用明细表的编制

销售费用明细表是反映企业在报告期内发生的全部产品销售费用及其构成情况的报表，应按产品销售费用项目分别反映各该费用的"本年计划（预算）数""上年同期实际数""本月实际数"和"本年累计实际数"。其中，"本年计划（预算）数"应根据本年产品销售费用计划填列；"上年同期实际数"应根据上年同期本表的"累计实际数"填列；"本月实际数"应根据产品销售费用明细账的"本月合计数"填列；"本年累计实际数"应根据产品销售费用明细账的"本月月末累计数"填列。销售费用明细表的格式见表 5-6。

表 5-6　销售费用明细表

年　月　　　　　　　　　　　　　　　　　　　单位：元

项　目	本年计划（预算）数	上年同期实际数	本月实际数	本年累计实际数
保险费				
包装费				
展览费				
广告费				
商品维修费				
预计产品质量保证损失				
运输费				
专项销售机构经费				
合　计				

2．管理费用明细表的编制

管理费用明细表是反映企业在报告期内发生的全部管理费用及其构成情况的报表。

此表按管理费用项目分别反映各该费用的"本年计划（预算）数""上年同期实际数""本月实际数"和"本年累计实际数"。其中，"本年计划（预算）数"应根据企业行政管理部门的管理费用计划填列；"上年同期实际数"应根据上年同期本表的"累计实际数"填列；"本月实际数"应根据管理费用明细账中的"本月合计数"填列；"本年累计实际数"应根据管理费用明细账的"本月月末累计数"填列。管理费用明细表的格式见表 5-7。

表 5-7　管理费用明细表

年　月　　　　　　　　　　　　　　　　　　　单位：元

项　目	本年计划（预算）数	上年同期实际数	本月实际数	本年累计实际数
开办费				
公司经费				
工会经费				
董事会费				
聘请中介机构费				
咨询费				
诉讼费				
业务招待费				

续表

项　目	本年计划(预算)数	上年同期实际数	本月实际数	本年累计实际数
印花税				
技术转让费				
矿产资源补偿税				
研究费用				
排污费				
其他				
合　计				

3. 财务费用明细表的编制

财务费用明细表是反映企业在报告期内发生的全部财务费用及其构成情况的报表。

此表按财务费用项目分别反映各该费用的"本年计划(预算)数""上年同期实际数""本月实际数"和"本年累计实际数"。其中,"本年计划(预算)数"应根据本年财务费用计划填列;"上年同期实际数"应根据上年同期本表的"累计实际数"填列;"本月实际数"应根据财务费用明细账的"本月合计数"填列;"本年累计实际数"应根据财务费用明细账的"本月月末累计数"填列。财务费用明细表的格式见表5-8。

表5-8　财务费用明细表

年　月　　　　　　　　　　　　　　　　　　　　　　　　单位:元

项　目	本年计划(预算)数	上年同期实际数	本月实际数	本年累计实际数
利息支出(减利息收入)				
汇兑损失(减汇兑收益)				
手续费				
现金折扣				
合　计				

5.4.3　其他成本报表

企业除了需按时编报上述几种成本报表外,还要按成本管理的要求和责任会计的要求,编制一些其他成本报表,服务于企业内部的成本控制,如责任成本表、质量成本表、材料成本考核表、人工成本考核表等。其他成本报表形式多样,不同企业可有不同的设计。

1. 责任成本表

责任成本表是根据责任中心(部门)的成本核算资料定期进行编制,用于反映和考核责任成本预算完成情况的内部成本报表。责任成本表仅仅为实施责任成本核算的企业使用。

2. 质量成本表

质量成本表是根据企业质量管理的要求,按照质量成本的种类和项目核算企业实际发生的质量成本,用以反映、分析和考核一定时期内质量成本预算执行情况的内部成本报表。

3. 材料成本考核表

材料成本考核表是根据企业对主要材料成本管理的需要,反映和考核主要材料的耗用量及采购成本情况的内部成本报表,包括材料耗用量月报表、材料耗用成本月报表、材料成本差异分析月报表,可分别由仓库保管员和财会部门核算人员编制。

4. 人工成本考核表

人工成本考核表是反映报告期内工人工作效率的报表。该表主要分析工人在生产时间内的工作效率,一般由下而上逐级编报。

项目总结 成本报表的内容

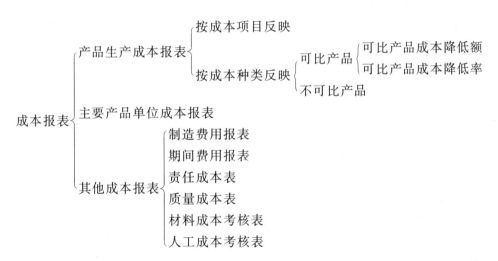

思考与练习

一、思考题

1. 什么是成本报表?成本报表有何作用?
2. 成本报表的种类有哪些?
3. 什么是产品生产成本表?其结构、内容、编制方法是什么?
4. 考核成本降低的指标有哪些?如何计算?
5. 如何分析可比产品成本降低任务完成情况?
6. 什么是主要产品单位成本表?其结构、内容、编制方法是什么?

二、选择题

(一)单项选择题

1. 某企业生产 W 产品,属于可比产品,上年实际平均单位成本为 125 元,上年实际产量为 990 件,本年实际产量为 1 100 件,本年实际平均单位成本为 123.35 元,则本年 W 产品可比产品成本降低率为(　　)。
   A. 0.15%　　　　B. 1.21%　　　　C. 1.32%　　　　D. 2.13%

2. 某企业生产甲产品,属于可比产品,上年实际平均单位成本为 75 元,上年实际产量为 2 200 件,本年实际产量为 2 100 件,本年实际平均单位成本为 73.5 元,则本年甲产品可比产品成本降低额为(　　)元。
   A. 1 000　　　　B. 2 000　　　　C. 3 150　　　　D. 6 000

3. 同时影响可比产品降低额和降低率变动的因素是(　　)。
   A. 产品产量和产品单位成本　　　B. 产品单位成本和产品品种比重
   C. 产品产量和产品品种比重　　　D. 产品品种比重和产品单位售价

4. 制造费用明细表反映工业企业(　　)。
   A. 基本生产和辅助生产的制造费用　　B. 基本生产的制造费用
   C. 企业各生产单位的制造费用　　　　D. 辅助生产的制造费用

5. 成本报表是(　　)。
   A. 对外报表
   B. 对内报表(或称内部报表)
   C. 既是对外报表,又是对内报表
   D. 对内报表还是对外报表,由企业自行决定

6. 成本报表属于内部报表,成本报表种类、格式、项目、指标的设计和编制方法、编报日报期、具体报送对象,由(　　)。
   A. 企业自行决定　　　　　　　　B. 国家统一规定
   C. 国家相关原则规定　　　　　　D. 上级主管机关规定

7. 可比产品是指(　　),有完整的成本资料可以进行比较的产品。
   A. 试制过　　　　　　　　　　　B. 国内正式生产过
   C. 企业曾经正式生产过　　　　　D. 企业曾经试制过

8. 可比产品成本降低额是指可比产品累计实际总成本比按(　　)计算的累计总成本降低的数额。
   A. 本年计划单位成本　　　　　　B. 上年实际平均单位成本
   C. 上年计划单位成本　　　　　　D. 国内同类产品实际平均单位成本

9. 技术经济指标变动对产品成本的影响主要表现在对(　　)的影响。
   A. 产品总成本　　　　　　　　　B. 产品产量
   C. 产品单位成本　　　　　　　　D. 产品总成本和产品产量

10. 产量变动之所以影响产品单位成本,是由于(　　)。
    A. 在产品全部成本中包括了一部分变动费用
    B. 在产品全部成本中包括了一部分相对固定的费用

  C. 在产品总成本不变的情况下

  D. 在产品产量增长超过产品总成本增长的情况下

(二) 多项选择题

1. 影响可比产品成本降低率变动的因素有(　　)。

  A. 产品产量   B. 产品品种构成

  C. 产品价格   D. 产品单位成本

2. 主要产品单位成本表反映的单位成本,包括(　　)单位成本。

  A. 本月实际   B. 同行业同类产品实际

  C. 本年计划   D. 上年实际平均

3. 下列指标中,属于产品生产成本表提供的有(　　)。

  A. 按产品种类反映的上年实际平均单位成本

  B. 按成本项目反映的本月实际生产费用

  C. 按产品种类反映的本年累计实际总成本

  D. 按产品种类反映的本月和本年累计的实际产量

4. 不同时影响可比产品降低额和降低率变动的因素是(　　)。

  A. 产品产量和产品单位成本   B. 产品单位成本和产品品种比重

  C. 产品产量和产品品种比重   D. 产品品种比重和产品单位售价

5. 制造费用明细表不反映工业企业(　　)。

  A. 基本生产和辅助生产的制造费用   B. 基本生产的制造费用

  C. 企业各生产单位的制造费用   D. 辅助生产的制造费用

6. 成本报表属于内部报表,成本报表种类、格式、项目、指标的设计和编制方法、编报日报期、具体报送对象,不由(　　)。

  A. 企业自行决定   B. 国家统一规定

  C. 国家相关原则规定   D. 上级主管机关规定

三、判断题

1. 产品品种比重和产品单位售价是同时影响可比产品成本降低额与可比产品成本降低率变动的因素。(　　)

2. 制造费用明细表反映工业企业各生产单位的制造费用。(　　)

3. 成本报表既是对外报表,又是对内报表。(　　)

4. 成本报表属于内部报表,成本报表种类、格式、项目、指标的设计和编制方法、编报日报期、具体报送对象,由企业自行决定。(　　)

5. 可比产品是指企业曾经正式生产过,有完整的成本资料可以进行比较的产品。(　　)

6. 按产品种类反映的上年实际平均单位成本、按成本项目反映的本月实际生产费用、按产品种类反映的本年累计实际总成本和按产品种类反映的本月和本年累计的实际产量是由产品生产成本表提供的。(　　)

项目 6

成本报表分析

【引言】
　　企业成本管理者可以通过成本报表提供的成本信息,考察、分析企业成本计划的完成情况、产品成本的变动情况和企业成本的竞争优势等,从而寻求、挖掘降低成本的途径。本项目主要介绍成本分析的方法。

【知识目标】
　　1. 理解成本分析的方法。
　　2. 掌握产品生产成本表、主要产品单位成本表分析的内容和方法。

【能力目标】
　　1. 能对按成本项目反映和按产品种类反映的产品生产成本表进行分析。
　　2. 能对主要产品单位成本表和成本项目进行分析。

【思政目标】
　　掌握分析问题的方法和提高分析问题的能力。

【关键术语】
　　对比分析法(comparison analysis method)
　　比率分析法(ratio analysis method)　　因素分析法(factor analysis method)

 课前案例

　　张丹 12 月底编制了产品生产成本表和主要单位产品成本报表、期间费用表等成本报表,要进行成本分析。
　　思考:(1)成本报表的分析方法有哪些?
　　　　　(2)如何针对不同的成本报表采用相应的方法进行成本分析?

任务6.1　成本分析的基本方法及成本分析报告

　　成本分析方法是完成成本分析目标的重要手段。常用的成本分析方法有比较分析法、比率分析法、因素分析法等。

6.1.1 成本分析的基本方法

1. 比较分析法

比较分析法也称对比分析法,是将两个经济内容相同,时间或空间地点不同的经济指标相减,从而进行分析的一种方法。

对比分析法是一种绝对数的比较分析,只适用于同类型企业、同质指标的数量对比。采用这种分析法时,应当注意相比指标的可比性。进行对比的各项指标,在经济内容、计算方法、计算期和影响指标形成的客观条件等方面,应有可比的共同基础。如果相比的指标之间有不可比因素,应先按可比的口径进行调整,然后再进行对比。

成本分析方法

由于分析的目的不同,对比的基数也有所不同。一般来说,对比的基数有计划数(预算数)、定额数、以往年度同期实际数,以及本企业历史最高水平和国内国外同行业先进水平。根据对比分析的要求不同,可采用不同的对比形式,可以进行绝对值比较,也可进行相对数对比。

经济指标出现数量差异,往往说明有值得进一步分析的问题。对比分析法的主要作用在于揭示财务活动中的数量关系和存在的差距,从中发现问题,为进一步分析原因、挖掘潜力指明方向。对比分析法是最基本的分析方法,在日常的成本分析工作中最常用,因为没有比较就没有分析。

2. 比率分析法

比率分析法也称比重分析法,是通过计算某项指标的各个组成部分占总体的比重,即部分与全部的比率来进行分析的一种方法。比率分析法属于相对数进行数量分析的方法。运用这种方法可以考察企业经济业务的相对效益情况。比率分析法一般有以下三种形式。

(1) **相关指标比率分析法**。相关指标比率分析法是计算两个性质不同而又相关的指标的比率,从而进行数量分析的方法。在实际工作中,由于企业规模不同等原因,单纯地对比产值、销售收入或利润等绝对数多少,不能说明各个企业经济效益的好坏,而计算成本与产值、销售收入或利润相比的相对数,即产值成本率、营业收入成本率或成本利润率,就可以更好地反映各企业经济效益的好坏。

产值成本率、营业收入成本率和成本利润率的计算公式分别为

$$产值成本率 = \frac{成本}{产值} \times 100\%$$

$$营业收入成本率 = \frac{成本}{营业收入} \times 100\%$$

$$成本利润率 = \frac{利润}{成本} \times 100\%$$

从上述计算公式可以看出,产值成本率和营业收入成本率高的企业,其经济效益较差;反之,这两种比率低的企业,其经济效益较好。而成本利润率则与之相反,成本利润率高的企业经济效益好;成本利润率低的企业经济效益差。

(2) **构成比率分析法**。构成比率分析法是计算某项指标的各个组成部分占总体的比重即部分与总体的比率,从而进行数量分析的一种方法。通常计算的相关比率指标为

$$直接材料成本比率 = \frac{直接材料成本}{产品成本} \times 100\%$$

$$直接人工成本比率 = \frac{直接人工成本}{产品成本} \times 100\%$$

$$制造费用比率 = \frac{制造费用}{产品成本} \times 100\%$$

(3) **趋势比率分析法**。趋势比率分析法是指对某项经济指标不同时期的数值进行对比,求出比率,分析其增减速度和发展趋势的一种分析方法。由于计算时采用的基期数值不同,趋势比率又分为定基比率和环比比率两种形式。

$$定基比率 = \frac{比较期数值}{固定基期数值} \times 100\%$$

$$环比比率 = \frac{比较期数值}{前一期数值} \times 100\%$$

3. 因素分析法

因素分析法是用于确定几个相互联系的因素对某个财务指标影响程度的一种分析方法。采用这种方法的出发点在于,当有若干因素对分析对象发生影响作用时,假定其他各个因素都无变化,顺序确定每一因素单独变化所产生的影响。

因素分析法分析的步骤如下。

(1) 分解指标因素,确定因素替代顺序。

将影响某项经济指标完成情况的因素,按其内在依存关系,分解其构成因素,并按一定的顺序排列这些因素。

(2) 假定其他因素不变,逐次替代因素。

每次将其中一个因素用基期数替换成分析期数,其他因素暂时不变。每个因素替换为分析期数后不再返回为基期数。后面因素的替换均是在前面因素已经替换成分析期数的基础上进行的。以此类推,有几个因素就需要替换几次,逐一进行替换。

(3) 分析单个因素影响,确定影响结果。

每个因素替换以后得出一个综合指标的结果,将每个因素替换以后的结果与替换以前的结果相减,即可得出该替换因素变动对综合指标的影响数额。

(4) 将单个因素影响累计,汇总影响结果。

将已经计算出来的各因素的影响额汇总相加,与综合指标变动的总差异进行分析,确定其计算的正确性。

提示:替代顺序确定的一般原则:先数量,后质量(即先替代数量指标,后替代质量指标);先实物量指标,后价值量指标;先分子,后分母。

假定某综合经济指标 N 受 A、B、C 三个因素影响,关系式为 $N = A \times B \times C$。基期指标 N_0 由 A_0、B_0、C_0 组成,报告期指标 N_1 由 A_1、B_1、C_1 组成,即

$$基期指标\ N_0 = A_0 \times B_0 \times C_0$$

$$报告期指标\ N_1 = A_1 \times B_1 \times C_1$$

$$差异额\ G = N_1 - N_0$$

运用连环替代法分析三个因素变动对差异额 G 影响程度的计算程序如图 6-1 所示。

基期指标	A_0	$\times B_0$	$\times C_0$	$=N_0$	
第一次替代	↓				N_2-N_0 为 A 因素变动的影响
	A_1	$\times B_1$	$\times C_1$	$=N_2$	
第二次替代		↓			N_3-N_2 为 B 因素变动的影响
	A_1	$\times B_1$	$\times C_1$	$=N_3$	
第三次替代			↓		N_1-N_3 为 C 因素变动的影响
	A_1	$\times B_1$	$\times C_1$	$=N_1$	

图 6-1 因素分析法示意图

将 A、B、C 三个因素变动的影响相加：

$$(N_2-N_0)+(N_3-N_2)+(N_1-N_3)=N_1-N_0=G$$

综上所述，分析结果与分析对象相符合。

【例 6-1】

星辰公司 2×19 年 9 月与 8 月的材料消耗总额、产品产量、单耗和材料单价资料见表 6-1。

表 6-1 材料消耗情况表

月份	产品产量/台	单耗/千克	单价/元	材料消耗总额/元
8 月	100	10	11	11 000
9 月	150	9	13	17 550
差异	50	−1	2	6 550

由于原材料费用是由产量、单位产品材料耗用量（单耗）和材料单价三个因素的乘积构成的，因此，把材料费用指标分解为三个因素，然后逐个分析它们对材料总额的影响程度。

采用连环替代法分析计算如下。

8 月材料费用总额： $100\times10\times11=11\ 000$（元） ①
第一次替代： $150\times10\times11=16\ 500$（元） ②
第二次替代： $150\times9\times11=14\ 850$（元） ③
第三次替代： $150\times9\times13=17\ 550$（元） ④

其中：

产量增加的影响 = ② − ① = 16 500 − 11 000 = 5 500（元）
单位产品材料消耗量增加的影响 = ③ − ② = 14 850 − 16 500 = −1 650（元）
材料单价提高的影响 = ④ − ③ = 17 550 − 14 850 = 2 700（元）
验证结果： 5 500 + (−1 650) + 2 700 = 6 550（元）

上例也可采用差额计算法分析如下。

产量增加的影响 $=(150-100)\times10\times11=5\ 500$（元）
单位产品材料消耗量增加的影响 $=150\times(9-10)\times11=-1\ 650$（元）
材料单价提高的影响 $=150\times9\times(13-11)=2\ 700$（元）

6.1.2 成本分析报告

成本分析报告是企业在生产经营活动中,对构成产品成本的诸因素进行量化分析,即按一定的方法,利用成本计划、成本核算和其他有关资料,揭示成本计划完成情况,查明成本升降的原因,寻求降低成本的途径和方法,以求控制实际成本支出,以实现用最少的消耗取得最大经济效益的研究分析报告。成本分析是成本管理的重要组成部分,是寻求降低成本途径的重要手段。成本分析报告的种类按时间可分为月度成本分析报告、季度成本分析报告和年度成本分析报告。

通过成本分析,找准成本升降的主要原因,可为企业领导决策提供依据,也有助于提高企业的管理水平,从而为降低成本、提高企业的经济效益打下坚实的基础。

成本分析报告一般由标题、数据表格、文字分析说明和提出建议等部分组成。

1. 标题

标题由成本分析的单位、分析的时间范围、分析内容等方面构成,如《××公司××××年××月份成本分析报告》。

2. 数据表格

成本分析报告中数据表格的一般内容有成本表、费用表、分品种的单位成本表等。

3. 文字分析说明

文字分析说明重在以表格数据为基础,查明导致成本增减变动的各项因素。一般来说,内部因素应该是分析的重点。

4. 提出建议

提出建议是从影响成本诸要素的分析入手,找出影响成本增减变动的主要原因,并针对原因提出控制成本或降低成本的有效措施,以供成本管理决策者参考。

任务6.2 产品总成本分析

6.2.1 按产品种类反映的产品生产成本表的分析

按产品种类反映的生产成本表的分析,一般可从以下两个方面进行:一是本期实际成本与计划成本的对比分析;二是本期实际成本与上期实际成本的对比分析。

1. 评价全部产品成本计划的完成情况

评价全部产品成本计划完成情况,可以通过对比本期实际成本与计划成本,确定全部产品和各主要产品实际成本与计划成本的差异,分析成本计划的执行情况,然后再进一步做具体深入的原因分析。

【例6-2】

沿用例5-1,表5-2是建安公司12月按产品种类反映的产品生产成本表,全部产品本年累计实际总成本222 645元,高于计划成本217 140元,差异为5 505元。总体来看,成本计划执行结果是不好的。但按产品品种来看,各种产品成本计划的执行结果并不相同。甲产品的本月实际总成本(5 500元)低于本月计划总成本(5 600元);甲产品的本年累计实际总成本(66 045元)低于本年计划总成本(66 640元);但乙产品的本月实际总成本和本年累计总成本,则均高于计划成本。由此可见,乙产品的成本计划完成得不好;甲产品的成本计划从全年来看,完成得较好。据此,企业应进一步分析乙产品成本计划完成得不好的原因,以便巩固业绩,克服缺点,更好地完成成本计划。

2. 分析可比产品成本降低任务的完成情况

可比产品的成本分析,除进行实际成本与计划成本的对比分析外,还可以进行本期实际成本与上期实际成本的对比分析。可比产品的成本分析一般从两方面进行:一是可比产品成本降低情况的总括分析;二是影响可比产品成本降低情况的因素分析。

(1) 可比产品成本降低情况的总括分析。一般情况下,在成本计划中已经确定了可比产品成本计划降低额和计划降低率。因此,进行可比产品成本降低计划执行情况分析,首先应该计算实际完成的降低额和降低率,然后将实际与计划进行比较,确定可比产品成本降低计划的完成情况。

这里应强调指出,进行这方面分析时,必须正确划分可比产品与不可比产品的界限,如实反映费用情况,保证分析结果的正确性。

可比产品成本的变动情况分析,可以按产品品种进行,也可以按全部可比产品进行。一般采用对比分析法,分析全部可比产品和各种可比产品本年实际成本与上年实际成本的差异,确定成本升降的情况。

有关可比产品成本实际降低额和降低率的计算方法已在项目5的任务5.2中讲述,有关可比产品成本计划降低额和降低率的计算公式为

$$\text{可比产品成本计划降低额} = \sum \text{可比产品计划产量} \times \left(\text{上年实际平均单位成本} - \text{计划单位成本} \right)$$

$$\text{可比产品成本计划降低率} = \frac{\text{可比产品成本计划降低额}}{\sum \left(\text{可比产品计划产量} \times \text{上年实际平均单位成本} \right)} \times 100\%$$

$$\text{可比产品成本降低额完成情况} = \text{可比产品成本实际降低额} - \text{可比产品成本计划降低额}$$

$$\text{可比产品成本降低率完成情况} = \text{可比产品成本实际降低率} - \text{可比产品成本计划降低率}$$

【例6-3】

星辰公司2×19年12月有关可比产品的成本资料见表6-2。

表 6-2 可比产品成本计划与实际对比表

可比产品名称	计量单位	产品产量		单位成本/元		
		本年计划	本年实际	上年实际	本年计划	本年实际
甲	件	1 200	1 190	58	56	55.5
乙	台	2 850	2 800	36	35	37

根据表 6-2,可分别计算可比产品成本计划降低额、成本计划降低率、成本实际降低额、成本实际降低率等指标。

$$成本计划降低额 = 1\,200 \times (58 - 56) + 2\,850 \times (36 - 35) = 5\,250(元)$$

$$成本计划降低率 = \frac{5\,250}{1\,200 \times 58 + 2\,850 \times 36} \times 100\% \approx 3.048\,8\%$$

$$成本实际降低额 = 1\,190 \times (58 - 55.5) + 2\,800 \times (36 - 37) = 175(元)$$

$$成本实际降低率 = \frac{175}{1\,190 \times 58 + 2\,800 \times 36} \times 100\% = 0.103\%$$

$$可比产品成本降低额完成情况 = 175 - 5\,250 = -5\,075(元)$$

$$可比产品成本降低率完成情况 = 0.103\% - 3.048\,8\% \approx -2.95\%$$

从上述计算资料结果中可以看出:可比产品成本实际降低额比成本计划降低额少降低 5 075 元;成本实际降低率比成本计划降低率少降低 2.95%,说明该企业没有完成可比产品成本计划降低任务,应进一步分析没有完成成本降低计划的原因。

(2) 影响可比产品成本降低情况的因素分析。影响成本降低额的因素有产品产量、产品品种结构和单位成本三个因素;影响成本降低率的因素有产品品种结构和单位成本两个因素。

① 产品产量变动的影响。可比产品成本计划降低额是根据各种产品的计划产量确定的,实际降低额是根据实际产量计算的。在产品品种比重和产品单位成本不变的情况下,产量增减会使成本降低额发生同比例的增减。但由于按上年实际平均单位成本核算的本年累计总成本也发生了同比例的增减,因而不会使成本降低率发生变动(成本降低率计算公式的分子和分母发生同比例变动,其结果不变)。具体计算公式为

$$\begin{matrix}产量变动对成本\\计划降低额的影响\end{matrix} = \left[\sum (实际产量 - 计划产量) \times \begin{matrix}上年实际\\单位成本\end{matrix}\right] \times \begin{matrix}成本计划\\降低率\end{matrix}$$

$$\begin{matrix}例\ 6\text{-}3\ 中产量变动对成本\\计划降低额的影响\end{matrix} = [(1\,190 - 1\,200) \times 58 + (2\,800 - 2\,850) \times 36]$$
$$\times 3.048\,8\%$$
$$= [-580 - 1\,800] \times 3.048\,8\%$$
$$= -72.56(元)$$

② 产品品种结构变动的影响。由于各种产品的成本降低程度不同,因而产品品种比重的变动也会影响成本降低额和降低率同时发生变动。成本降低程度大的产品比重增加会使成本降低额和降低率增加;反之则会减少。具体计算公式为

$$\begin{matrix}产品品种结构变动\\对成本降低额的影响\end{matrix} = \sum [实际产量 \times (上年实际单位成本 - 本期计划单位成本)]$$

$$\text{产品品种结构变动对成本降低率的影响} = \frac{\text{产品品种结构变动对成本降低额的影响}}{\sum(\text{实际产量} \times \text{上年实际单位成本})}$$

$$-\sum(\text{实际产量} \times \text{上年实际单位成本}) \times \text{成本计划降低率}$$

$$\begin{aligned}\text{例 6-3 中产品品种结构变动} \\ \text{对成本降低额的影响}\end{aligned} = 1\,190 \times (58-56) + 2\,800 \times (36-35)$$

$$\qquad\qquad\qquad\qquad - (1\,190 \times 58 + 2\,800 \times 36) \times 3.048\,8\%$$

$$\qquad\qquad\qquad\qquad \approx 2.53(\text{元})$$

$$\begin{aligned}\text{例 6-3 中产品品种结构变动} \\ \text{对成本降低率的影响}\end{aligned} = 2.53 \div (1\,190 \times 58 + 2\,800 \times 36) \times 100\%$$

$$\qquad\qquad\qquad\qquad = 0.001\,5\%$$

③ 单位成本变动的影响。可比产品成本计划降低额和实际降低额都是以上年实际成本进行对比为基础的。因此,当本年度可比产品实际单位成本比计划单位成本降低或升高时,必然会引起降低额和降低率的变动。产品实际单位成本比计划单位成本降低得越多,成本降低额和降低率也越大,这意味着生产过程中成本消耗的节约;反之,呈相反变化,也意味着成本消耗的提高。具体计算公式为

$$\begin{aligned}\text{产品单位成本变动} \\ \text{对成本降低额的影响}\end{aligned} = \sum \text{实际产量} \times \left(\begin{aligned}\text{本期计划} \\ \text{单位成本}\end{aligned} - \begin{aligned}\text{本期实际} \\ \text{单位成本}\end{aligned}\right)$$

$$\begin{aligned}\text{产品单位成本变动} \\ \text{对成本降低率的影响}\end{aligned} = \frac{\text{单位成本变动对成本降低额的影响}}{\sum \text{实际产量} \times \text{本期实际单位成本}} \times 100\%$$

$$\begin{aligned}\text{例 6-3 中产品单位成本变动} \\ \text{对成本降低额的影响}\end{aligned} = 1\,190 \times (56-55.5) + 2\,800 \times (35-37)$$

$$\qquad\qquad\qquad\qquad = -5\,005(\text{元})$$

$$\begin{aligned}\text{例 6-3 中产品单位成本变动} \\ \text{对成本降低率的影响}\end{aligned} = \frac{-5\,005}{1\,190 \times 55.5 + 2\,800 \times 37} \times 100\% \approx -2.95\%$$

$$\begin{aligned}\text{可比产品成本} \\ \text{降低额完成情况}\end{aligned} = \begin{aligned}\text{产量变动对成本} \\ \text{计划降低额的影响}\end{aligned} + \begin{aligned}\text{品种结构变动对成本} \\ \text{计划降低额的影响}\end{aligned} + \begin{aligned}\text{产品单位成本变动对} \\ \text{成本计划降低额的影响}\end{aligned}$$

$$\begin{aligned}\text{可比产品成本} \\ \text{降低率完成情况}\end{aligned} = \begin{aligned}\text{品种结构变动对成本} \\ \text{计划降低额的影响}\end{aligned} + \begin{aligned}\text{产品单位成本变动对成本} \\ \text{计划降低额的影响}\end{aligned}$$

例 6-3 中:

$$\text{可比产品成本降低额完成情况} = (-72.56) + 2.53 + (-5\,005) \approx -5\,075(\text{元})$$

$$\text{可比产品成本降低率完成情况} = 0.001\,5\% + (-2.95\%) \approx 2.95\%$$

6.2.2 按成本项目反映的产品生产成本表的分析

按成本项目反映的产品生产成本表,一般可以采用对比分析法、构成比率分析法和相关指标比率分析法进行分析。

项目 5 中按成本项目反映的产品生产成本表(见表 5-3)是 2×19 年 12 月编制的,因而其本年累计实际数、本年计划数和上年实际数,都是整个年度的生产成本和产品成本,可以就产品生产成本合计数、生产成本合计数及其各项生产成本进行对比,揭示差异,以

便进一步分析、查明发生差异的原因。

【例 6-4】

沿用例 5-3，表 5-3 中的本年累计实际数低于上年实际数，但高于本年计划数。其原因是多方面的，可能是由于节约了生产耗费，比上年降低了产品的单位成本；也可能是由于产品产量和各种产品品种比重的变动（各种产品单位成本升降的程度不同）引起的。所以，应当进一步分析具体原因，才能对产品成本总额控制情况作出评价。

就表 5-3 中的生产成本合计数来看，其本年累计数（469 650 元）低于上年实际数（472 200 元），高于本年计划数（466 950 元）。当考虑了期初期末存货成本后，产品生产成本合计的本年累计数（467 784 元）仍然低于上年实际数（476 131 元），也低于本年计划数（467 980 元）。这说明表 5-3 中产品生产成本本年合计实际数低于本年计划数，是因为有期初、期末在产品和自制半成品余额变动的因素，即计划的期初、期末在产品、自制半成品余额的差额（20 960－19 930＝1 030 元，正数）大于实际的期初、期末在产品、自制半成品余额的差额（18 249－20 115＝－1 866 元，负数）。

就表 5-3 中的各项生产成本来看，直接材料成本、直接人工成本和制造费用的本年累计实际数与上年实际数和本年计划数相比，升降的情况和程度各不相同，也应进一步查明原因。

对于各种生产成本，还可计算构成比率，并在本年实际、本月实际、本年计划和上年实际之间进行对比。

本年累计实际构成比率（保留小数点后两位小数）为

$$\text{直接材料成本比率} = \frac{216\ 462}{469\ 650} \times 100\% = 46.09\%$$

$$\text{直接人工成本比率} = \frac{154\ 045}{469\ 650} \times 100\% = 32.8\%$$

$$\text{制造费用比率} = \frac{99\ 143}{469\ 650} \times 100\% = 21.11\%$$

本月实际构成比率为

$$\text{直接材料成本比率} = \frac{21\ 416}{43\ 660} \times 100\% = 49.05\%$$

$$\text{直接人工成本比率} = \frac{13\ 940}{43\ 660} \times 100\% = 31.93\%$$

$$\text{制造费用比率} = \frac{8\ 304}{43\ 660} \times 100\% = 19.02\%$$

本年计划构成比率为

$$\text{直接材料成本比率} = \frac{215\ 218}{466\ 950} \times 100\% = 46.09\%$$

$$\text{直接人工成本比率} = \frac{150\ 591}{466\ 950} \times 100\% = 32.25\%$$

$$\text{制造费用比率} = \frac{101\ 141}{466\ 950} \times 100\% = 21.66\%$$

上年实际构成比率为

$$直接材料成本比率 = \frac{215\ 030}{472\ 200} \times 100\% = 45.54\%$$

$$直接人工成本比率 = \frac{152\ 286}{472\ 200} \times 100\% = 32.25\%$$

$$制造费用比率 = \frac{104\ 884}{472\ 200} \times 100\% = 22.21\%$$

根据上列各项构成比率可以看出，本年累计实际构成与本年计划构成相比，本年直接材料成本持平，直接人工成本的比重有所提高，而制造费用的比重有所降低；而与上年实际构成相比，本年直接材料成本和直接人工成本的比重有所提高，而制造费用的比重则有所降低。本月实际构成也有较大的变动，应当进一步查明这些变动的原因以及变动是否合理。

任务6.3 主要产品单位成本分析

主要产品单位成本表是反映企业在报告期内生产的各种主要产品单位成本构成情况的报表。

所谓主要产品，是指企业经常生产、在企业全部产品中所占比重较大、能概况反映企业生产经营面貌的各种产品。该表应当按照主要产品分别编制，每种主要产品编制一张。该表是对产品生产成本表所列的各种主要产品成本的补充说明。利用该表，可以按照成本项目考核和分析各种主要产品单位成本计划的执行情况；可以考核和分析各种主要产品的主要技术经济指标的执行情况，进而查明主要产品单位成本升降的具体原因；还可以按照成本项目将本月实际和本年累计实际平均单位成本与上年实际单位成本及历史先进成本水平进行对比，以便了解单位成本的变动情况。总之，该表是对按产品种类反映的产品生产成本表中某些主要产品成本的进一步反映。

主要产品单位成本表的分析应当选择成本超支或节约较多的产品有重点地进行，以更有效地降低产品的单位成本。分析方法主要有一般分析法和各主要项目因素分析法等。

6.3.1 主要产品单位成本增减变动情况分析

1. 对比分析法

【例6-5】

现以项目5的表5-4中所列甲产品的单位成本表为例，说明对比分析的方法。该产品的本年累计实际平均成本58.72元和本月实际成本58.5元均低于本年计划成本59元，但却高于上年实际平均成本58元和历史先进水平55元，可见成本控制实现了计划目标，但还是处于较高水平。

从上年实际平均成本高于历史先进水平可以看出,该产品的实际成本不是逐年降低的,反而可能是逐年提高的。从本年计划成本高于上年实际平均成本可以看出,在制订本年度的成本计划时就已预见到成本不断提高的趋势。此外,从本月(12月)实际成本58.5元低于本年累计实际平均成本58.72元还可以看出,在本年度内其成本增减幅度也是较大的。因此,把该产品作为重点进行单位成本分析是完全正确的。

2. 趋势分析法

采用趋势分析法时,在连续的若干时期之间,可以按绝对数进行对比,也可以按相对数即比率进行对比;可以以某个时期为基期,其他各期均与该时期的基数进行对比,也可以在各个时期之间进行环比,即分别以上一时期为基期,下一时期与上一时期的基数进行对比。

【例 6-6】

沿用例 6-5,下面通过最近 5 年的单位成本资料,对甲产品的成本进行趋势分析。其 5 年来的实际平均单位成本见表 6-3。

表 6-3　2×15—2×19 年实际平均单位成本表　　　　　　　　单位:元

年　　份	2×15	2×16	2×17	2×18	2×19
实际平均单位成本	55.8	56.2	57.8	58	58.72

现以 2×15 年为基期,55.8 元为基数,计算其他各年与之相比的比率如下(保留小数点后两位小数)。

2×16 年:　　　　　$56.2 \div 55.8 \times 100\% = 100.72\%$

2×17 年:　　　　　$57.8 \div 55.8 \times 100\% = 103.58\%$

2×18 年:　　　　　$58 \div 55.8 \times 100\% = 103.94\%$

2×19 年:　　　　　$58.72 \div 55.8 \times 100\% = 105.23\%$

再以上年为基数,计算各年环比的比率如下。

2×16 年比 2×15 年:　　　$56.2 \div 55.8 \times 100\% = 100.72\%$

2×17 年比 2×16 年:　　　$57.8 \div 56.2 \times 100\% = 102.85\%$

2×18 年比 2×17 年:　　　$58 \div 57.8 \times 100\% = 100.35\%$

2×19 年比 2×18 年:　　　$58.72 \div 58 \times 100\% = 101.24\%$

通过以上分析计算可以看出,甲产品的单位成本,如果以 2×15 年为基期,以后 4 年均高于 2×15 年,只是提高的程度各不相同;2×19 年提高得最多,2×16 年提高得最少;如果以上一年为基期逐年进行环比,2×17 年比 2×16 年提高得最多,2×18 年比 2×17 年提高得最少。由此可见,这种产品成本的变动趋势不是逐年递增,而是在总体提高的情况下,各年不同,有增有减。因此,应当进一步分析产生这些变化的具体原因,是由于物价上涨而引起材料成本增加等客观原因,还是由于成本管理工作弱化或强化等主观原因。为了查明单位成本变动的具体原因,企业还应当按照成本项目进行分析。

6.3.2 各成本项目增减变动情况分析

企业在一定时期产品单位成本的高低,受同期生产技术水平、生产组织状况、经营管理水平和采取的技术组织措施效果的影响。为了研究成本升降的具体原因,需对单位产品成本分项目进行分析,挖掘降低成本的潜力。在可能的条件下,也可以在同行业之间对同类产品单位成本进行对比分析,找出差距,不断降低本企业的生产成本。

【例 6-7】

根据表 6-4 甲产品成本进行成本项目分析。

单位产品成本项目分析表如表 6-4 所示。

表 6-4 单位产品成本项目分析表

产品:甲产品　　　　　　　　　2×19 年

成本项目	单位成本		与本年计划比	
	本年计划/元	本年实际/元	降低额/元	降低率/%
直接材料	30.48	31	−0.52	−1.706
直接人工	16.96	17.22	−0.26	−1.533
制造费用	11.56	10.5	1.06	9.17
合　计	59	58.72	0.28	0.474 6

表 6-4 表明,甲产品单位产品成本的直接材料超支 0.52 元,直接人工超支 0.26 元,制造费用节约 1.06 元,是实际成本比计划成本降低 0.28 元的主要因素。因此,还应进一步对各成本项目深入分析,查找直接材料、直接人工成本项目超支的原因,以及制造费用降低的原因。

1. 直接材料成本分析

直接材料实际成本与计划成本之间的差额构成了直接材料成本差异。形成该差异的基本原因:一是用量偏离标准;二是价格偏离标准。前者按计划价格计算,称为数量差异;后者按实际用量计算,称为价格差异。具体计算公式为

材料消耗量变动的影响 =（实际数量 − 计划数量）× 计划价格

材料价格变动的影响 = 实际数量 ×（实际价格 − 计划价格）

从表 6-4 中甲产品的各项成本来看,直接材料成本占产品单位成本的一半左右,比重较大,本年实际材料成本虽然比上年有所降低,但超过本年计划和历史先进水平,应当作为重点成本项目进行分析。

【例 6-8】

根据表 6-4 甲产品资料进行甲产品直接材料成本项目的分析。

甲产品 2×19 年成本计划和实际发生的材料消耗量和材料单价见表 6-5。

从前述甲产品单位成本表(见表 5-4)和直接材料计划和实际成本对比表(见表 6-5)可以看出,该产品成本中的直接材料成本本年实际比本年计划超支 0.52 元。单位产品材

表 6-5 单位甲产品直接材料计划成本与实际成本对比表

2×19 年

项 目	材料消耗数量/千克	材料价格/(元/千克)	直接材料成本/元
本年计划	6	5.08	30.48
本年实际	6.2	5	31
直接材料成本差异	—	—	0.52

料成本是材料消耗数量与材料价格的乘积,其影响因素主要在于材料消耗数量差异(量差)和材料成本差异(价差)两个方面。用差额计算分析法计算这两方面因素变动对直接材料成本超支的影响如下。

$$材料消耗数量变动的影响 = (6.2-6) \times 5.08 = 1.016(元)$$
$$材料价格变动的影响 = 6.2 \times (5-5.08) = -0.496(元)$$
$$两因素影响程度合计 = 1.016 + (-0.496) = 0.52(元)$$

通过以上计算可以看出,甲产品的直接材料成本超支 0.52 元,从分析结果表明,材料价格的降低(由 5.08 元降为 5 元)使材料成本降低了 0.496 元;材料消耗量提高(由 6 千克提高为 6.2 千克),则使材料成本超支 1.016 元。两者相抵,净超支 0.52 元。由此可见,甲产品材料价格的降低掩盖了材料消耗量提高所引起的材料成本超支。因此,应该对材料消耗量提高和材料单价降低的原因,继续作深入分析。材料消耗量上升一般受工人技术水平、劳动态度、设备性能、加工工艺、材料质量、材料综合利用、产品改进设计等多种因素影响,应针对具体情况再深入分析。材料单价受市场调价、采购及运输等原因的影响,也要认真调研有针对性地进行分析。根据分析寻找降低材料费用的有效途径,保证不断降低产品成本中的材料费用。

上述材料分析是实际和计划的对比分析,从本月情况看低于本年实际,但这不一定是成本管理工作的成绩,还应比照上述方法进行量差和价差的分析。

2. 直接人工成本分析

直接人工实际成本与计划成本之间的差额构成了直接人工成本差异。形成该差异的基本原因:一是量差,是指实际工时偏离计划工时,其差额按计划每小时工资成本核算确定的金额,称为单位产品所耗工时变动的影响;二是价差,是指实际每小时工资成本偏离计划每小时工资成本,其差额按实际工时计算确定的金额,称为每小时工资成本变动的影响。具体计算公式为

单位产品所耗工时变动的影响=(实际工时-计划工时)×计划每小时工资成本

每小时工资成本变动的影响=实际工时×(实际每小时工资成本-计划每小时工资成本)

根据项目 5 中表 5-4 的资料,甲产品单位成本的直接人工成本中,本年累计实际平均数(17.22 元)高于本年计划数(16.96 元)和上年实际平均数(17 元),本月实际数(17 元)低于本年累计实际平均数(17.22 元),但高于本年计划数(16.96 元),与上年实际平均持平(均为 17 元),说明人工成本很难降低。该公司实行的工资制度如果是计件工资制度,这些变动主要是由于计件单价变动引起的,应该查明甲产品计件单价变动的原因。如果是计时工资制度,单位成本中的直接人工成本是根据单位产品所耗工时数和每小时的工

资成本分配计入的,可以比照直接材料成本采用差额计算分析法进行分析(单位产品所耗工时数相当于单位产品的材料消耗数量,每小时的工资成本相当于材料单价),计算产品所耗工时数变动(量差)和每小时工资成本变动(价差)对直接人工成本变动的影响。

【例 6-9】

根据表 6-4 甲产品单位成本表有关数据,假定该公司实行计时工资制度,计算甲产品每件产品所耗工时数和每小时工资成本的计划数和实际数见表 6-6。

表 6-6 单位甲产品直接人工成本计划与实际对比表

2×19 年

项　目	单位产品所耗工时/小时	每小时工资成本/元	直接人工成本/元
本年计划	4	4.24	16.96
本年实际	4.2	4.1	17.22
直接人工成本差异	—	—	0.26

从甲产品单位成本表(见表 5-4)和直接人工成本计划与实际对比表(见表 6-6)可以看出,甲产品单位成本中的直接人工成本本年实际比本年计划提高了 0.26 元。采用差额计算分析法计算各因素的影响程度如下:

单位产品所耗工时变动的影响 = (4.2－4)×4.24 = 0.848(元)

每小时工资成本变动的影响 = 4.2×(4.1－4.24) = －0.588(元)

两因素影响程度合计 = 0.848＋(－0.588) = 0.26(元)

以上分析计算表明:甲产品直接人工成本提高了 0.26 元,完全是由于消耗工时增加的结果,因每小时工资成本的节约,在一定程度上抵消了由于工时消耗增加所生产甲产品的直接人工成本的提高。企业应当进一步查明单位产品工时消耗升高和每小时工资成本降低的原因。

单位产品所耗工时的增加,一般是生产工人生产效率降低引起的,但也不排除是由于加强质量管理,工人为了追求产品质量而放慢了生产速度。因此,应查明增加工时以后产品质量是否提高了。为了节约工时而降低产品质量,是不被允许的。

每小时工资成本是以生产工资总额除以生产工时总额计算求出的。工资总额控制得好,生产工资总额减少,会使每小时工资成本节约;否则会使每小时工资成本超支。对生产工资总额变动的分析,可以与前述按成本项目反映的产品生产成本表(表 6-3)中直接人工成本的分析结合起来进行。

在工时总额固定的情况下,非生产工时控制得好,减少非生产工时,增加生产工时总额会使每小时工资成本节约;否则会使每小时工资成本超支。因此,要查明每小时工资成本变动的具体原因,还应对生产工时的利用情况进行调查研究。

3. 制造费用分析

制造费用是以分配的方式计入产品成本的,其分配的标准通常是工时消耗量。因此影响产品成本中制造费用多少的基本因素有两个:单位产品工时耗用量和每小时制造费用分配率。单位产品生产工时消耗量越多,小时费用分配率越高,该产品成本中的制造费

用也越多。具体计算公式为

$$\text{工时消耗量变动的影响} = \left(\text{实际单位工时消耗量} - \text{计划单位工时消耗量}\right) \times \text{计划小时费用分配率}$$

$$\text{费用分配率} = \text{实际单位工时消耗量} \times \left(\text{实际小时费用分配率} - \text{计划小时费用分配率}\right)$$

【例 6-10】

仍根据表 5-4 甲产品单位成本表有关数据,甲产品每件产品所耗工时数和每小时工资成本的计划数和实际数见表 6-7。

表 6-7 单位甲产品制造费用计划与实际对比表

2×19 年

项　　目	单位产品所耗工时/小时	每小时工资成本/元	直接人工成本/元
本年计划	4	2.89	11.56
本年实际	4.2	2.5	10.5
直接人工成本差异	—	—	−1.06

从甲产品单位成本表(见表 5-4)和制造费用计划与实际对比表(见表 6-7)可以看出,甲产品单位成本中的制造费用本年实际比本年计划降低了 −1.06 元。采用差额计算分析法计算各因素的影响程度如下。

单位产品所耗工时变动的影响 = (4.2−4)×2.89 = 0.578(元)

每小时制造费用变动的影响 = 4.2×(2.5−2.89) = −1.638(元)

两因素影响程度合计 = 0.578+(−1.638) = −1.06(元)

以上分析计算表明:甲产品制造费用实际成本比计划成本降低了 −1.06 元,是由于每小时制造费用降低的结果,因单位产品所耗工时的增加,抵消了部分每小时制造费用降低额。企业应当进一步查明单位产品工时消耗升高和每小时制造费用降低的原因。

任务 6.4　制造费用明细表和期间费用明细表分析

6.4.1　制造费用明细表的分析

1. 对比分析法

在采用对比分析法进行分析时,通常先将本月实际数与上年同期实际数进行对比,揭示本月实际与上月同期实际之间的增减变化。在表中列有本月计划数的情况下,则先应进行这两者的对比,以便分析和考核制造费用月份计划的执行结果。在将本年累计实际数与本年计划数进行对比时,如果该表不是 12 月的报表,这两者的差异只是反映年度内计划执行的情况,可以据以发出信号,提醒人们应该注意的问题。例如,如果该表是 7 月的报表,而其本年累计实际数已经接近、达到甚至超过本年计划的半数时,就应注意节约以后各月的成本,以免全年的实际数超过计划数。如果该表是12月报表,则本年累计实际数与本年计划数的差异,就是全年制造费用计划执行的结果。为了具体分析制造费用增减变动和计划执行好坏的情况和原因,上述对比分析应该按照成本项目进行。由于制造费用的项目很多,分析时应选择超支或节约数额较大或者成本比重较大的项目进行重点分析。

需要说明的是,各项制造费用的性质和用途不同,评价各项目成本超支或节约时应联系成本的性质和用途具体分析,不能简单地将一切超支都看成不合理的、不利的,也不能简单地将一切节约都看成合理的、有利的。例如,职工薪酬的节约,可能缺少必要的劳动保护措施,影响安全生产;又如,机物料消耗的超支也可能是由于追加了生产计划,增加了开工班次,相应增加了机物料消耗的结果。这样的超支也是合理的,不是成本管理的责任。此外,在分项目进行制造费用分析时,还应特别注意"停工损失"项目的分析,分析其发生额是否是生产管理不良的结果。

2. 构成比率分析法

在采用构成比率法进行制造费用分析时,可以计算某项成本占制造费用合计数的构成比率,也可将制造费用分为与机器设备使用有关的成本(例如机器设备的折旧费、机物料消耗等,如果动力成本不专设成本项目,还应包括动力成本),与机器设备使用无关的成本(例如车间管理人员职工薪酬、办公费等),以及非生产性损失等,分别计算其占制造费用合计数的构成比率。可以将这些构成比率与企业或车间的生产、技术特点联系起来,分析其构成是否合理;也可以将本月实际和本年累计实际的构成比率与本年计划的构成比率和上年同期实际的构成比率进行对比,揭示其差异和与上年同期的增减变化,分析其差异和增减变化是否合理。

6.4.2 期间费用明细表的分析

期间费用明细表是反映本年计划、上年同期实际、本年累计实际期间费用增减变动情况的报表。分析期间费用明细表时应注意以下几点。

(1) 通过本年实际与本年计划比较,可以确定实际脱离计划的差异,然后分析差异产生的原因。在明确费用实际支出脱离计划的差异时,应按组成项目分别进行分析,不能只看费用总额的计划完成情况,也不能单纯地认为凡超计划即为不合理的、低于计划即为合理的,如职工教育经费减少,并不就等于职工素质和管理水平的提高。

(2) 通过本年实际与上年同期的比较,可以看出各项费用的增减变动趋势,了解企业管理工作的改进情况,以推动企业改善经营管理思想,提高管理水平。

(3) 在分析期间费用时,还应针对不同费用项目的性质进行有重点的、针对性的分析。如办公费、工资费、业务招待费等费用的多少主要取决于部门的设置及各项开支预算的执行情况。为此,可以按费用项目与预算指标相比进行分析,并将费用的支出与取得的效益结合起来进行分析与评价。

项目总结 成本报表分析方法

产品总成本分析	按产品种类反映的产品生产成本表的分析	评价全部产品成本计划的完成情况	
		分析可比产品成本降低任务的完成情况	可比产品成本降低情况的总括分析
			影响可比产品成本降低情况的因素分析
	按成本项目反映的产品生产成本表的分析	对比分析法	
		构成比率分析法	
		相关指标比率分析法	
主要产品单位成本分析	主要产品单位成本增减变动情况分析	对比分析法	
		趋势分析法	
		因素分析法	
	各成本项目增减变动情况分析	直接材料成本分析	消耗量变动的影响＝（实际数量－计划数量）×计划价格
			价格变动的影响＝实际数量×（实际价格－计划价格）
		直接人工成本分析	消耗工时变动的影响＝（实际工时－计划工时）×计划每小时工资成本
			每小时工资变动的影响＝实际工时×（实际每小时工资成本－计划每小时工资成本）
		制造费用分析	消耗工时变动的影响＝（实际工时－计划工时）×计划小时费用分配率
			每小时工资变动的影响＝实际工时×（实际小时费用分配率－计划小时费用分配率）

思考与练习

一、思考题

1. 成本报表分析的方法有哪些？
2. 如何进行按产品种类反映的生产成本表的分析？
3. 如何进行按成本项目反映的生产成本表的分析？
4. 如何进行主要产品单位成本表的分析？

二、选择题

（一）单项选择题

1. 比较分析法是指通过指标对比，从（　　）上确定差异的一种分析方法。
   A. 质量　　　　　B. 价值量　　　　　C. 数量　　　　　D. 劳动量

2. 将两个性质不同但又相关的指标对比求出的比率,称为( )。
   A. 构成比率　　　　　　　　　B. 相关指标比率
   C. 动态比率　　　　　　　　　D. 效益比率
3. 连环替代法是用来计算几个相互联系的因素对综合经济指标变动( )的一种分析方法。
   A. 影响原因　　B. 影响数量　　C. 影响程度　　D. 影响金额
4. 产值成本率是产品总成本与( )的比率。
   A. 总产值　　　　　　　　　　B. 产品产值
   C. 净产值　　　　　　　　　　D. 总产值或产品产值
5. 将综合性指标分解为各个因素的方法,称为( )。
   A. 结构分析法　　　　　　　　B. 比率分析法
   C. 趋势分析法　　　　　　　　D. 连环替代分析法
6. 反映某项指标的各个组成部分占总体比重的分析方法,称为( )。
   A. 结构分析法　　　　　　　　B. 比率分析法
   C. 趋势分析法　　　　　　　　D. 连环替代分析法
7. 用连环替代分析法对其企业某产品消耗某种材料的成本进行分析时,其替代的顺序依次为( )。
   A. 材料单价、材料单耗、产品产量　　B. 材料单耗、产品产量、材料单价
   C. 产品产量、材料单价、材料单耗　　D. 产品产量、材料单耗、材料单价
8. 以下( )通常不用于主要产品单位成本的一般分析。
   A. 趋势分析法　　　　　　　　B. 因素分析法
   C. 对比分析法　　　　　　　　D. 品种结构分析法
9. 某企业2×19年成本为657万元,销售收入为1 020万元。则该企业的营业收入成本率为( )%。
   A. 40　　　　　B. 60　　　　　C. 64.41　　　　D. 155.25
10. 某企业A产品的单位成本为158元,其中,原材料101元,直接人工32元,制造费用25元。则W产品中直接材料的成本比率为( )%。
    A. 20.25　　　B. 60　　　　　C. 63.92　　　　D. 15.82
11. 某企业本月生产甲产品750件,实际使用材料1 250千克,材料实际采购价格180元/千克;直接材料的计划价格175元/千克,计划材料消耗量为1 500千克,则该企业本月材料价格差异为( )元。
    A. -7 500　　B. 7 500　　　C. -6 250　　　D. 6 250
12. 蓝天企业实行计时工资制度,生产W产品计划单位工时15小时/台,实际耗时15.5小时/台,每小时工资成本计划35元,实际为36.5元,则该企业单位产品所耗工时变动的影响金额是( )元。
    A. 17.5　　　B. 18.25　　　C. 22.5　　　　D. 23.25

(二) 多项选择题
1. 影响单位产品原材料消耗数量变动的因素有( )。

A. 产品或产品零部件结构的变化
B. 材料质量的变化
C. 生产中产生废料数量和废料回收情况的变化
D. 材料价格的变化

2. 影响产品单位成本中工资费用变动的因素主要是（　　）。
   A. 单位产品工时消耗　　　　　　B. 工人出勤率
   C. 产品工时定额　　　　　　　　D. 小时工资率

3. 在对比分析法下，其实际数可与（　　）进行对比分析。
   A. 本企业历史先进水平　　　　　B. 计划数
   C. 前期实际数　　　　　　　　　D. 以往年度同期实际数

4. 常见的成本分析方法有（　　）。
   A. 比率分析法　　　　　　　　　B. 结构分析法
   C. 趋势分析法　　　　　　　　　D. 对比分析法

5. 影响产品成本的基本因素主要有（　　）。
   A. 同行业的竞争　　　　　　　　B. 国家宏观经济政策的调整
   C. 企业管理与技术水平　　　　　D. 企业的先决条件

6. 下列关于产品单位成本的各主要项目的分析公式中，表达正确的有（　　）。
   A. 材料消耗量变动的影响＝（实际数量－计划数量）×计划价格
   B. 材料价格变动的影响＝（实际价格－计划价格）×计划数量
   C. 单位产品所耗工时变动的影响＝（实际工时－计划工时）×实际每小时工资成本
   D. 每小时工资成本变动的影响＝（实际每小时工资成本－计划每小时工资成本）×实际工时

7. 下列各项属于成本差异中价格差异的有（　　）。
   A. 材料消耗量变动的影响　　　　B. 材料价格变动的影响
   C. 单位产品所耗工时变动的影响　D. 每小时工资成本变动的影响

8. ABC 公司对其生产的 W 材料进行单位成本分析，资料如下表所示。

项目	计划	实际
单价/(元/千克)	35	32
消耗数量/千克	170	175

以下材料消耗数量变动和材料价格变动对单位成本影响的计算中不正确的有（　　）。
   A. －175 元，－525 元　　　　　B. 175 元，－525 元
   C. 160 元，－510 元　　　　　　D. －160 元，510 元

9. 下列指标中属于相关比率的有（　　）。
   A. 制造费用比率　　　　　　　　B. 产值成本率
   C. 直接人工比率　　　　　　　　D. 销售收入成本率

10. 按成本项目反映的产品生产成本表,一般可以采用的分析方法包括(　　)。
   A. 对比分析法　　　　　　　　B. 相关指标比率分析法
   C. 构成比率分析法　　　　　　D. 产品单位成本分析
11. 以下影响可比产品成本降低额变动的因素有(　　)。
   A. 本年实际产量　　　　　　　B. 产品实际单位成本
   C. 产品计划单位成本　　　　　D. 上年实际销量
12. 下列属于指标值越低,企业经济效益越好的相关指标比率的有(　　)
   A. 产值成本率　　　　　　　　B. 营业收入成本率
   C. 成本利润率　　　　　　　　D. 直接材料成本比率

三、判断题
1. 对比分析法只适用于同质指标的数量对比。（　　）
2. 在对直接材料进行差异分析时,比较价格差异时,使用的数量指标是计划的,比较数量差异时,使用的价格指标是实际的。（　　）
3. 某企业 2×18 年的营业收入成本率为 87.5%,2×19 年增加了 3.7 个百分点,这表明企业的经济效益进一步提高。（　　）
4. 可比产品的计划降低额是根据各种产品的计划产量确定的,实际降低额是根据实际产量计算的。（　　）
5. 由于成本报表不对外报送或公布,因而其报表的种类、项目、格式和编制方法由企业自行确定。（　　）
6. 可比产品成本降低额如为负数,则表明可比产品成本比上年降低;相反,则比上年升高。（　　）
7. 品种结构分析法通常不用于主要产品单位成本的一般分析。（　　）
8. 产值成本率是产品总成本与总产值的比率。（　　）
9. 趋势分析法是将综合性指标分解为各个因素的方法。（　　）
10. 结构分析法是反映某项指标的各个组成部分占总体比重的分析方法。（　　）

模块 4

现代成本管理制度

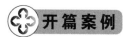 开篇案例

沃尔玛的"撒手锏"——成本领先战略

现在全球都在研究沃尔玛是如何多年蝉联世界 500 强第一位的,沃尔玛成功的原因是什么?回顾沃尔玛的发展历程,其中一个重要原因就是成功地运用了成本领先战略并予以正确实施。其成本领先战略的核心就是天天低价,不过,天天低价是价钱属性,不是产品、不是服务、不是环境,而是价格。

沃尔玛有五项竞争能力,最为核心的是成本控制能力,其他的业态创新能力、快速扩张能力、财务运作能力和营销管理能力,都是围绕成本控制能力运行的,这五项能力最终都在不同的方面节省了沃尔玛的整体运营成本,都是为节省运营成本、树立竞争优势服务的。比如说营销管理,在营销管理中,通过天天低价这个稳定的促销手段,大大降低了促销费用,同时降低了单位成本,促进了每个员工销售额的增加。

沃尔玛的成本控制能力最终来源于什么?有人问过沃尔玛全球总裁李斯阁,沃尔玛成功的因素是什么?他自己的认识是什么?李斯阁给出这样一个答案:成功的因素在于配送中心、信息系统和企业文化。

沃尔玛在全球建立了 62 个配送中心,为 450 多家店铺进行配送,配送半径最远为 500 千米。沃尔玛大约 80 家店铺需要建立一个配送中心,10 万平方米的店铺一般有 6 个 1 万平方米左右的配送中心,比如服装的配送中心、进口商品的配送中心、退货的配送中心等。

沃尔玛的信息系统建设累计已经投入 7 亿美元,很多扫描系统都是在全球零售业最早开始使用的。不断进行信息系统的开发和建设,使沃尔玛总部在一个小时之内就可以对全球的店铺库存和销售情况进行盘点,可以及时了解销售情况,也可以使厂商了解自己的产品卖得如何,使商场和厂家的库存大大降低、利润增加,这两种物资设备都是围绕着成本控制进行的。

沃尔玛的制度文化核心是控制成本。沃尔玛的员工提倡的是忠于顾客。忠于顾客的内涵就是为顾客提供有价值的商品,忠于顾客的外延就是实行天天低价,为顾客节省每一分钱。这不仅是制度,而且已经成为沃尔玛的文化。

标准成本法

项目7

【引言】

随着生产的发展,企业经营规模的扩大,传统成本核算方法已不能完全适应企业成本控制和管理的需要。传统的成本核算方法重在事后核算,忽视事前、事中的控制,提供的信息不能直接用于分析成本升降的原因,不便于进行成本预测和决策。标准成本法的产生克服了传统成本核算方法的某些不足,更利于现代企业成本控制和管理的需求。本项目将主要阐述标准成本法的原理和计算方法。

【知识目标】

1. 理解标准成本法的概念及主要特点。
2. 掌握标准成本法的相关概念及核算程序。

【能力目标】

1. 能进行标准成本的制定。
2. 能够熟练进行成本差异分析。
3. 能够运用标准成本法进行账务处理。

【思政目标】

提升选择、判断事物正确标准的能力。

【关键术语】

标准成本法(standard cost method)　　成本差异(cost variance)
数量差异(volume variance)　　价格差异(price variance)

 课前案例

标准成本法在 XL 集团中的应用

XL 集团是拥有 11 家生产子公司,产品范围涵盖衣物洗涤护理、个人护理、口腔清洁、家居清洁、纸品、消毒杀菌等八大类一百多个品种的日用化工企业集团,全国市场占有率排前五名,其主要产品的成本结构特征——原材料和包装物超过产品成本 90%。

在原材料价格上涨压力以及企业内部业绩考核和 ERP 信息化对标准成本信息的需求下,XL 集团于 2×19 年把标准成本法作为主要成本管理制度。为实施标准成本控

制度,加强考核管理的力度,集团成立了考核管理委员会,并对责任成本中心进行了划分。

1. 成本标准的制定

XL集团将产品成本划分为原材料、包装物、能源费用、直接人工和其他制造费用五大类,在大类下面再根据控制要点划分二级分类,如能源再分为燃料、水、电、压缩空气、水蒸气等;直接人工费用再分为生产工、包装工、车间管理人员工资等;其他制造费用再分为修理费、折旧费和其他制造费用。

XL集团制定成本标准时,遵循两个基本原则:先进原则和合理原则。先进,即单位产品成本必须比上年度有所下降,下降标准必须通过一定努力才能达到;合理,就是要有激励,必须通过一定努力后才能达到,要让员工们"够得着",对员工有激励作用。

(1) 标准产能的制定。各生产型子公司的标准产能是自上而下确定的,上限就是各子公司的最大生产能力。

(2) 基本标准的制定(以XL集团某子公司洗衣粉生产成本基本标准的制定为例)。①分析产品的生产工艺流程及关键控制点。洗衣粉原料的控制点是在前配料环节,要求配制成一定浓度的均匀料浆,在后配料环节,也有部分辅料的投料控制。在制定原料标准时,还要考虑质量检验的规定对投料量的影响。②原料成本标准的制定。原料成本标准的制定分为两个部分:一是原料耗用量标准,即消耗标准,包括损耗及残次品的回收数量;二是单价标准。由于XL集团所有原料的采购均由集团公司统一采购,所以生产型子公司不需要对采购价格负责。关键是原料耗用量标准的制定,最终确定以"工艺投料控制卡"为原料标准,争取在保证质量的前提下实现成本降低目标。③包装物标准的制定。因为每个规格的产品使用的包装规格和数量都有技术文件规定,是必须要用的,包装物标准制定的关键是如何确定其损耗率,企业根据行业水平制定了一个损耗率。④能源标准的制定。能源费用主要产品成本构成比例并不是很大,因此对占能源费用较高、统计工作相对简单的燃煤进行重点关注,根据行业中的普遍水平和子公司历史消耗水平确定其标准用量,其余的能源标准均参考生产子公司历史水平来确定。⑤制造费用标准的制定。制造费用标准,从理论上可以通过制定机器小时标准、人工工时标准或标准费率等方法确定。制造费用在洗衣粉产品成本中的比例不足3%,为降低成本没有必要设置专人记录机器工时、人工工时等数据;各产品的原料都是一次投入,费用发生与各生产子公司工人的熟练程度、设备的保养维护程度有较大关系,没有行业标准可供参考,因此采用单位费用发生额(历史数据)的方法确定制造费用标准。

2. 实际成本的核算

标准成本法的账务处理中,通常是"原材料""生产成本""产成品"等存货科目登记标准成本,无论借方、贷方均登记实际数量的标准成本,并设置成本差异账户分别记录各种差异。各会计期末,对成本差异进行处理。我国税法要求存货按取得的实际成本记账,按照标准成本核算的存货应按期结转其应负担的成本差异,将计划成本调整为实际成本。

3. 成本的差异分析步骤

第一步,根据生产工艺流程来确定各标准成本差异的责任范围。第二步,对各标准成本的差异进行具体分析。①包装物消耗差异。只要分析其消耗率是否超出标准。②原料消耗差异分析。原料成本是 XL 集团成本控制的关键,要在不同的环节分析产生差异的原因。一是在前配料环节分析料浆的理化指标分析;二是对每种原料的差异进行分析。③制造费用耗费差异分析。分析的重点是费用构成的主要项目,包括直接人工费用、折旧费用、修理费用等。先计算出各费用的差异,再分析该项费用的差异原因。④能源价格差异分析。在 XL 集团,能源价格差异包含两部分:一部分是外购能源的价格差异;另一部分是自产能源的成本差异。外购能源价格差异=各能源实际采购价格－标准采购价格;自产能源成本差异=各能源实际成本－各能源标准成本。⑤原料及包装物的价格差异分析。采购价格差异是实际采购价格与标准采购价格的差异。分析采购价格差异可以帮助采购部门掌握市场变化对成本的影响,及时调整采购谈判策略。

4. 基于责任成本的绩效考核

XL 集团的绩效考核以具体的成本中心(供应链运营中心、各子公司、生产厂、生产车间、班组和岗位)为对象,考核其责任成本,即特定中心能够直接控制的全部成本。将集团成本目标和成本责任层层分解,落实到最小责任单位,将成本费用指标与员工收入直接挂钩,对成本节约进行奖励,从而保障集团低成本战略目标的实现和员工收入的提高,达到员工和公司的共赢。

资料来源:刘运国,邓凯. 标准成本法在某日用化工企业应用的案例研究[J]. 财会通讯,2010(7).

思考:标准成本法与传统成本法的区别。

任务7.1 标准成本法的原理

7.1.1 标准成本法的含义

标准成本法(standard costing method)也称**标准成本会计**(standard cost accounting),是指以标准成本为核心,通过标准成本的制定、执行、核算、控制、差异分析等一系列有机结合的环节,将成本的核算、控制、考核、分析融为一体,实现成本管理目标的一种成本管理制度。

标准成本有以下两种含义。

(1)**标准成本**是指"单位产品的标准成本",它是根据产品的标准消耗量和标准单价计算出来的,又被称为"成本标准"。计算公式为

$$单位产品标准成本 = 单位产品标准消耗量 \times 标准单价$$

(2)**标准成本**是指"实际产量的标准成本",它是根据实际产品产量和成本标准计算出来的。计算公式为

$$标准成本 = 实际产量 \times 单位产品标准成本$$

标准成本是目标成本的一种。目标成本是一种预计成本,是指产品、劳务、工程项目等在生产经营活动前,根据预定的目标所预先制定的成本。这种预计成本与目标管理的

方法结合起来,就称为目标成本。目标成本一般指单位成本而言,它一般有计划成本、定额成本、标准成本和估计成本等。其中,标准成本相对来讲是一种较科学的目标成本。

计划成本是根据计划消耗定额计算的,表示计划期预定成本;定额成本是根据使用的定额计算的。企业应通过各项措施,有步骤地降低现行定额,以求达到计划中所规定的成本水平。

目标成本管理是目标管理的重要组成部分,而制定目标成本是实行目标成本管理必不可少的基础。推行目标成本管理可以促使企业加强成本管理,推动全体职工人人关心成本,形成民主管理,从而更好地贯彻经济责任制,进一步降低成本。

7.1.2 标准成本法的内容

标准成本法的主要内容包括:标准成本的制定、成本差异的计算和分析、成本差异的账务处理。其中,标准成本的制定是采用标准成本法的前提和关键,据此可以达到成本事前控制的目的;成本差异的计算和分析是标准成本法的重点,借此可以促成成本控制目标的实现,并据以进行经济业绩考评;成本差异的账务处理将在任务7.3中介绍。

7.1.3 标准成本法的主要特点

(1) 根据企业的生产技术、经营管理和人员素质条件为每一个成本项目制定标准成本。在区分变动性制造费用和固定性制造费用后,必须制定弹性预算下的标准成本。

(2) 标准成本加上成本差异构成产品的实际生产成本。

(3) 与成本核算有关的材料、生产成本、产成品和销售成本账户可按标准成本直接入账,简化了账务处理工作。

(4) 标准成本的制定和分析过程也是企业内部各部门管理水平的检查过程、员工积极性的激励过程和企业业绩的评价过程。成本核算、成本管理和成本控制实现了有机结合。

(5) 标准成本法也要根据生产特点和管理要求来处理各生产流程的成本累积过程,所以也要结合使用几种主要的成本核算方法。因此,标准成本法下的成本核算对象、成本核算期和是否计算半成品成本要依据所采用的这些方法而决定。

标准成本法一般适用于产品品种较少的大批量生产企业,尤其是存货品种变动不大的企业,并且对企业的管理有很高的要求。而单件、小批和试制性生产企业因为要反复制定、修改标准成本,得不偿失,故较少采用。

7.1.4 标准成本的分类

1. 基本标准成本

基本标准成本是以实施标准成本第一年度或选定某一基本年度的实际成本作为标准成本,用以衡量以后各年度的成本高低,据以观察成本的升降趋势。基本标准成本一经制定,多年保持不变,它可以使各个时期的成本以统一的标准为基础进行比较。但是随着时间的推移,产品的物理结构、重要原材料和劳动力价格发生重大变化,产品的生产技术和工艺发生根本变化,即在原有标准成本显得过时的情况下,应当予以修订。

2. 理想标准成本

理想标准成本是指在最优的生产条件下,利用现有的规模、设备、技术能达到的最低成本。采用这种标准成本,意味着实际发生的成本应达到现有条件理想的最低限度,不允许任何浪费。理想标准成本提供了一种近乎完美的成本目标。

3. 正常标准成本

正常标准成本是根据企业的正常生产能力,以有效经营条件为基础而制定的标准成本。正常标准成本可以采用企业过去较长时间内实际数据的平均值,并估计未来的变动趋势来制定。由于在制定这种标准成本时,把那些在现实条件下难以完全避免的超额耗费也计算在内,所以这种标准成本的实现,对管理人员和工人来说,既不是轻而易举,也不是高不可攀的,是经过努力可以达到的,因而在成本管理工作中能充分发挥其应有的作用,在实际工作中得到广泛的应用。

7.1.5 标准成本核算的一般程序

在标准成本法中,对成本的事中控制是通过成本差异的计算和分析来进行的。在实际生产经营活动过程中,由于受市场供求变动、经营环境变化等客观因素和企业某些主观因素的影响,实际成本与标准成本往往不同,会产生差异,这里所说的成本差异又称为标准差异。揭示差异并加以分析和控制正是标准成本法的重要作用所在。

标准成本制度下的成本核算可结合一定的成本核算方法按如下**基本程序**进行:①为各成本核算对象按成本项目制定标准成本;②按成本对象设置产品成本明细账;③编制各项成本费用分配表,分别反映其标准成本和实际成本,并列出其差异;④将标准成本记入成本明细账,结转完工产品的标准成本;⑤计算、分析各种成本差异,每月末编制成本差异汇总表,并结转各种成本差异。

任务7.2 标准成本的制定方法

产品成本一般由直接材料、直接人工和制造费用三大部分构成,标准成本也应由这三大部分分别确定。确定的方法是以"数量"标准乘以"价格"标准求得,即分别根据直接材料、直接人工的标准用量、材料价格标准、人工工资标准和制造费用分配率标准进行具体计算。其中,"数量"标准可以由技术、工艺部门研究确定;"价格"标准可以由会计部门会同有关责任部门研究确定。当然,标准的制定,应尽可能吸收负责执行标准的员工参与,使制定出来的标准成本尽可能地符合实际,对实际工作具有指导和促进作用。

7.2.1 直接材料的标准成本制定

直接材料成本是指直接用于产品生产的材料成本,它包括数量标准和价格标准两方面。

1. 直接材料的数量标准

材料标准用量首先要根据产品的图纸等技术文件进行产品研究,列出所需的各种材料以及可能的代用材料,并要说明这些材料的种类、质量以及库存情况;其次要通过对过去用料经验的记录进行分析,采用其平均值、最高与最低值的平均数、最节省的数量、通过实际测定、技术分析等数据,科学地制定用量标准。

直接材料的标准成本一般由技术工艺部门在生产人员的协助下,通过分析测算,确定用于产品生产所需耗用的直接材料的品种及其数量。直接材料标准数量的确定,也可以采用现场测试的方式,即在受控制的条件下,向生产过程投入一定数量的材料来研究其结果。如果存在切割或下料损耗,一般用如下公式来计算标准数量中包含的损耗:

$$需要增加的损耗百分比 = \frac{某材料在生产过程中损耗的重量}{制成品中该材料的净重量}$$

企业应以此为基础,在合理的范围内追加一定的损耗百分比,纳入直接材料的标准数量中。

2. 直接材料的价格标准

制定直接材料的标准价格时,应当充分研究市场环境及其变化趋势、供应商的报价和最佳采购批量等因素。企业应要求采购部门对采购物品的价格负责,也对采购物品的质量负责,借以避免采购部门只注重与寻找报价较低的供应厂商,而忽视对采购物品的质量要求。

与实际成本核算中会计人员将材料采购费用分摊到库存材料账户上相类似,直接材料标准价格也应考虑采购费用的分摊,并将其加计到直接材料的标准价格上。

在分别确定直接材料标准数量和标准价格后,采用如下公式计算直接材料的标准成本:

$$直接材料的标准成本 = 单位产品的材料标准数量 \times 材料标准价格$$

7.2.2 直接人工的标准成本制定

直接人工成本是指直接用于产品生产的人工成本。在制定产品直接人工成本标准时,首先要对产品生产过程加以研究,研究有哪些工艺,有哪些作业或操作、工序等;其次要对企业的工资支付形式、制度进行研究,以便结合实际情况来制定标准。

产品耗用人工的成本是由单位产品耗用的人工工时数乘以每小时工资率所决定的。因此,确定直接人工标准成本的因素是标准人工工时和标准人工工资率。

1. 直接人工的标准工时

由于涉及人的因素,制定直接人工标准成本要比制定直接材料标准成本更困难,因为有许多因素会影响人工生产率的差异,如人的健康状况和疲劳状态、上下级之间的关系以及心理因素等。一般可以通过下列方式来确定产品所需的标准人工工时。

(1) 生产记录。过去的工薪记录和生产记录揭示了用于各种作业上的工作小时,可以作为确定产品标准人工工时的基础。但应根据情况的变化,对历史记录中可能包含的无效和低效因素作必要的调整并予以剔除。

(2) 动作与时间研究。将工人的操作分解为最基本的动作要素，并通过改进操作方法尽可能消除一切不必要的动作因素，所得到的时间就是完成操作所需的必要时间，可以此作为整个操作的标准时间，再加上必不可少的追加时间，就可得出生产产品所需的标准工时。

2. 直接人工的标准工资率

每小时人工工资率的确定，首先取决于企业所采用的是计件工资制还是固定工资制；其次，直接人工操作所需的差别性也会影响每小时人工的标准工资率，即同一项操作如需更高的技能才能完成，为该项操作制定的小时工资率也应相应提高。

在分别确定直接人工标准工时数量和标准工资率后，可采用如下公式计算直接人工的标准成本：

直接人工的标准成本＝单位产品的标准工时数量×标准小时工资率

7.2.3 制造费用的标准成本制定

制造费用可以分为变动制造费用和固定制造费用两部分。这两部分制造费用都按标准用量和标准分配率的乘积计算，标准用量一般都采用工时表示。

1. 变动制造费用的标准成本

如以直接人工的标准工时表现生产量标准，则单位产品变动制造费用的标准成本按下列公式计算：

$$\frac{每小时变动制造}{费用标准分配率}=\frac{变动制造费用预算总数}{直接人工标准总工时}$$

$$\frac{变动制造费用}{标准成本}=单位产品直接人工标准工时 \times \frac{每小时变动制造}{费用的标准分配率}$$

2. 固定制造费用的标准成本

如以直接人工的标准工时表现生产量标准，则单位产品固定制造费用的标准成本按下列公式计算：

$$\frac{每小时固定制造}{费用标准分配率}=\frac{固定制造费用预算总数}{直接人工标准总工时}$$

$$\frac{单位产品固定制造}{费用标准成本}=\frac{单位产品直接}{人工标准工时} \times \frac{每小时固定制造}{费用的标准分配率}$$

将上述直接材料标准成本、直接人工标准成本和制造费用标准成本加以汇总，就可求得产品的标准成本，即

产品的标准成本＝直接材料标准成本＋直接人工标准成本＋制造费用标准成本

【例 7-1】

兴华公司某计划期间生产甲产品的标准为 1 000 小时，直接人工工资总额为 7 000 元，间接制造费用总额为 11 000 元（其中变动制造费用预算总额为 4 500 元），假定制造每件产品的直接人工定额工时为 40 小时，直接材料的消耗定额为 20 千克，每千克标准单价为 15 元。有关分配率的计算如下。

标准工资分配率 = 7 000 ÷ 1 000 = 7(元／小时)
变动制造费用标准分配率 = 4 500 ÷ 1 000 = 4.5(元／工时)
固定制造费用标准分配率 = 6 500 ÷ 1 000 = 6.5(元／工时)

有关甲产品的标准成本汇总见表7-1。

表7-1 单位产品标准成本核算单

成本项目	标准单价(标准分配率)	标准用量	标准成本/元
直接材料	15元/千克	20千克	300
直接人工	7元/工时	40工时	280
制造费用			
其中：变动费用	4.5元/工时	40工时	180
固定费用	6.5元/工时	40工时	260
标准单位成本	33元	—	1 020

上述标准成本的制定，可以通过编制标准成本单来进行。在制定标准成本时，每一个成本项目的标准成本均应分为数量标准和价格标准。其中，数量标准包括单位产品消耗量、单位产品人工小时等，价格标准包括原材料单价、小时工资率、小时制造费用分配率等。

任务7.3 标准成本差异分析

标准成本差异是指生产经营过程中发生的实际成本偏离预定的标准成本所形成的差额。标准成本差异分析同时需要分析投入与产出，在实际产出量的基础上比较实际投入与标准投入，确定标准成本差异。

7.3.1 直接材料成本差异分析

直接材料实际成本与标准成本之间的差额，称为直接材料成本差异。该差异形成的基本原因有两个：一是材料价格脱离标准(价差)；二是材料数量脱离标准(量差)。有关计算公式为

材料数量差异 = (实际数量 − 标准数量) × 标准价格
材料价格差异 = 实际数量 × (实际价格 − 标准价格)
直接材料成本差异 = 价格差异 + 数量差异

材料价格差异是在采购过程中形成的，采购部门未能按标准价格进货的原因主要有：供应厂家价格变动、未按经济采购批量进货、未能及时订货造成的紧急订货、采购时舍近求远使运费和途耗增加、不必要的快速运输方式、违反合同被罚款、承接紧急订货造成额外采购等。

材料数量差异是在材料耗用过程中形成的，形成的具体原因有：操作疏忽造成废品

和废料增加、工人用料不精心、操作技术改进而节省材料、新工人上岗造成多用料、机器或工具不适用造成用料增加等。有时多用料并非生产部门的责任,如购入材料质量低劣、规格不符也会使用料超过标准;又如工艺变更、检验过严也会使数量差异加大。

【例 7-2】

沿用例 7-1,假设兴华公司 2×19 年 10 月生产甲产品 360 件,实际使用材料 7 182 千克,每千克实际价格 15.1 元,直接材料的标准成本如表 7-1 所示,标准用量为每件 20 千克,标准单价为 15 元/千克。则直接材料的成本差异计算如下。

直接材料实际成本 = 7 182 × 15.1 = 108 448.2(元)
直接材料标准成本 = 20 × 360 × 15 = 108 000(元)
直接材料成本差异 = 108 448.2 − 108 000 = 448.2(元)(超支差)

其中:

直接材料数量差异 = (7 182 − 20 × 360) × 15 = −270(元)
直接材料价格差异 = 7 182 × (15.1 − 15) = 718.2(元)

验算:

直接材料成本差异 = 直接材料数量差异 + 直接材料价格差异
= (−270) + 718.2 = 448.2(元)

7.3.2 直接人工成本差异分析

直接人工成本差异是指直接人工实际成本与标准成本之间的差额。它也被区分为"价差"和"量差"两部分。"价差"是指实际工资率脱离标准工资率,其差额按实际工时计算确定的金额,又称为**工资率差异**。"量差"是指实际工时脱离标准工时,其差额按标准工资率计算确定的金额,又称**人工效率差异**。有关计算公式为

人工效率差异 = (实际工时 − 标准工时) × 标准工资率
工资率差异 = 实际工时 × (实际工资率 − 标准工资率)
直接人工成本差异 = 工资率差异 + 人工效率差异

工资率差异形成的原因包括:直接生产工人升级或降级使用、奖励制度未产生实效、工资率调整、加班或使用临时工、出勤率变化等。直接人工效率差异形成的原因包括:工作环境不良、工人经验不足、劳动情绪不佳、新工人上岗太多、机器或工具选用不当、设备故障较多、作业计划安排不当、产量太少无法发挥批量节约优势等。

【例 7-3】

沿用例 7-1 和例 7-2,兴华公司 2×19 年 10 月生产甲产品 360 件,实际耗用工时 14 256 工时,每工时工资率为 7.1/工时,直接人工的标准成本如表 7-1 所示,标准工时为每件 40 工时,标准工资率为 7 元/工时。则直接人工的成本差异计算如下。

直接人工实际成本 = 14 256 × 7.1 = 101 217.6(元)
直接人工标准成本 = 40 × 360 × 7 = 100 800(元)
直接人工成本差异 = 101 217.6 − 100 800 = 417.6(元)(超支差)

其中:

$$人工效率差异 = (14\,256 - 40 \times 360) \times 7 = -1\,008(元)$$
$$工资率差异 = 14\,256 \times (7.1 - 7) = 1\,425.6(元)$$

验算：

$$直接人工成本差异 = 人工效率差异 + 工资率差异$$
$$= (-1\,008) + 1\,425.6 = 417.6(元)$$

7.3.3 制造费用差异分析

1. 变动制造费用差异分析

变动制造费用差异是指实际变动制造费用与标准变动制造费用之间的差额。它也可以**分解**为"量差"和"价差"两部分，"量差"是指实际工时脱离标准工时，按标准的小时费用率计算确定的金额，称为变动费用**效率差异**；"价差"是指变动制造费用的实际小时分配率脱离标准，按实际工时计算的金额，称**为耗费差异**。有关计算公式为

$$变动制造费用效率差异 = (实际工时 - 标准工时) \times 变动费用标准分配率$$

$$变动制造费用耗费差异 = 实际工时 \times \left(\frac{变动制造费用}{实际分配率} - \frac{变动制造费用}{标准分配率} \right)$$

【例 7-4】

沿用例 7-1 和例 7-2，2×19 年 10 月生产甲产品 360 件，实际耗用工时 14 256 工时，实际发生变动制造费用 64 437.12 元，变动制造费用标准分配率为 4.5 元/工时，标准工时每件 40 工时（见表 7-1）。则变动制造费用差异计算如下。

$$变动制造费用标准成本 = 40 \times 360 \times 4.5 = 64\,800(元)$$
$$变动制造费用总差异 = 64\,437.12 - 64\,800 = -362.88(元)(节约差)$$

其中：

$$变动制造费用效率差异 = (14\,256 - 40 \times 360) \times 4.5 = -648(元)$$
$$变动制造费用耗费差异 = 14\,256 \times (64\,437.12 \div 14\,256 - 4.5)$$
$$= 14\,256 \times (4.52 - 4.5) = 285.12(元)$$

验算：

$$变动制造费用成本差异 = 变动制造费用效率差异 + 变动制造费用耗费差异$$
$$= -648 + 285.12 = -362.88(元)$$

变动制造费用的耗费差异是实际支出与按实际工时和标准费率计算的预算数之间的差额。由于后者承认实际工时是在必要的前提下计算出来的弹性预算数，因此该项差异反映耗费水平（即每小时业务量支出的变动制造费用）脱离了标准。耗费差异是部门经理的责任，他们有责任将变动制造费用控制在弹性预算限额之内。

变动制造费用效率差异是由于实际工时脱离了标准，多用工时导致的费用增加，因此其形成原因与人工效率差异相同。

2. 固定制造费用差异分析

固定制造费用差异分析与各项变动成本差异分析不同，其分析方法有"二因素分析法"和"三因素分析法"两种。

(1) 二因素分析法。 二因素分析法是将固定制造费用差异分为耗费差异和能量差异。

耗费差异是指固定制造费用的实际金额与固定制造费用预算金额之间的差额。固定费用与变动费用不同,不因业务量而变,故差异分析有别于变动费用。在考核时不考虑业务量的变动,以原来的预算数作为计划,实际数超过预算数即视为耗费过多。其计算公式为

固定制造费用耗费差异＝固定制造费用实际数－固定制造费用预算数

能量差异是指固定制造费用预算与固定制造费用计划成本的差异,或者说是实际业务量的计划工时与生产能量的差额用计划分配率计算的金额。它反映实际产量计划工时未能达到生产能量而造成的损失。其计算公式为

$$\begin{aligned}\text{固定制造费用能量差异} &= \text{固定制造费用预算数} - \text{固定制造费用标准成本} \\ &= \text{固定制造费用标准分配率} \times \text{生产能量} - \text{固定制造费用标准分配率} \times \text{实际产量标准工时} \\ &= (\text{生产能量} - \text{实际产量标准工时}) \times \text{固定制造费用标准分配率}\end{aligned}$$

【例 7-5】

沿用例 7-1 和例 7-2,2×19 年 10 月生产甲产品 360 件,实际生产能力 400 件,实际耗用工时 14 256 工时,实际发生固定制造费用 91 238.4 元,固定制造费用标准分配率为 6.5 元/工时,标准工时每件 40 工时(见表 7-1)。则固定制造费用差异计算如下。

固定制造费用标准成本 ＝ 40×360×6.5 ＝ 93 600(元)

固定制造费用成本差异 ＝ 实际固定制造费用 － 标准固定制造费用
　　　　　　　　　　＝ 91 238.4 － 93 600 ＝－2 361.6(元)

固定制造费用耗费差异 ＝ 91 238.4 － 400×40×6.5 ＝－12 761.6(元)

固定制造费用能量差异 ＝ 400×40×6.5 － 360×40×6.5 ＝ 10 400(元)

验算:

固定制造费用成本差异 ＝ 耗费差异 ＋ 能量差异 ＝－12 761.6＋10 400
　　　　　　　　　　＝－2 361.6(元)

(2) 三因素分析法。 三因素分析法是将固定制造费用成本差异分为耗费差异、效率差异和闲置能量差异三部分。耗费差异的计算与二因素分析法相同。不同的是要将二因素分析法中的"能量差异"进一步分为两部分:一部分是实际工时未达到生产能量而形成的闲置能量差异;另一部分是实际工时脱离标准工时而形成的效率差异。其计算公式为

$$\begin{aligned}\text{固定制造费用闲置能量差异} &= \text{固定制造费用预算} - \text{实际工时} \times \text{固定制造费用标准分配率} \\ &= (\text{生产能量} - \text{实际工时}) \times \text{固定制造费用标准分配率}\end{aligned}$$

$$\text{固定制造费用效率差异} = \text{实际工时} \times \text{固定制造费用标准分配率} - \text{实际产量标准工时} \times \text{固定制造费用标准分配率}$$

$$= \left(实际工时 - \frac{实际产量}{标准工时}\right) \times \frac{固定制造费用}{标准分配率}$$

根据例 7-5 的资料,利用三因素分析法进行变动制造费用差异计算如下。

固定制造费用闲置能量差异 = (400 × 40 − 14 256) × 6.5
= 110 × 1.5 = 11 336(元)

固定制造费用效率差异 = (14 256 − 360 × 40) × 6.5
= − 936(元)

三因素分析法的闲置能量差异(11 336 元)与效率差异(−936 元)之和为 10 400 元,与二因素分析法中的"能量差异"数额相同。

固定制造费用预算应就每个生产部门分别编制,实际固定制造费用应就每个生产部门分别记录,标准分配率与实际分配率也应就每个生产部门分别计算。因此,固定制造费用的差异分析也应该就每个生产部门分别进行,然后将各部门的开支差异、能力差异、效率差异和固定制造费用差异分别加总。

固定制造费用耗费差异的发生主要是因为资源价格的变动(如工资率、税率的变动),酌量性固定成本(广告费、职工培训费等)因管理上的新决策而发生变动,资源数量比预算数量的增减变化(如增减职工)等。

固定制造费用效率差异的原因与形成直接人工效率差异的原因基本相同。

不论以上哪一种差异,均应具体情况具体分析,才能正确地落实责任归属。

通过对直接材料差异、直接人工差异和制造费用差异的分析,揭示了实际成本与材料成本不一致的具体原因,落实了责任归属,为进一步控制成本支出提供了有用的信息,为降低成本指明了方向。

任务7.4 标准成本法的账务处理

有的企业将标准成本作为统计资料处理,并不记入账簿,只提供成本控制的有关信息。但是,把标准成本纳入账簿体系不仅能够提高成本核算的质量和效率,使标准成本发挥更大功效,而且可以简化记账手续。

7.4.1 标准成本系统账务处理的特点

为了同时提供标准成本、成本差异和实际成本三项成本资料。标准成本系统的账务处理具有以下两个特点。

1. "原材料""生产成本"和"产成品"账户登记标准成本

"原材料""生产成本"和"产成品"这三个账户,无论是借方和贷方均登记实际数量的标准成本,其余额也反映这些资产的标准成本。

2. 设置成本差异账户分别记录各种成本差异

在用标准成本法进行成本核算的企业中,为了通过总分类账户归集和结转各种成本差异,一般应增设材料价格差异、材料数量差异、直接人工效率差异、直接人工工资率差异、变动制造费用效率差异、变动制造费用耗费差异、固定制造费用耗费差异、固定制造费用能量差异等成本差异账户。如果固定制造费用成本差异采用三因素分析法进行分析,其中"固定制造费用能量差异"账户应改设"固定制造费用闲置能量差异"和"固定制造费用效率差异"两个账户。各差异账户借方登记超支差异,贷方登记节约差异。

在需要登记"原材料""生产成本"和"产成品"账户时,应将实际成本分离为标准成本和有关的成本差异,以标准成本数据记录"原材料""生产成本"和"产成品"账户,而有关的差异分别记入各成本差异账户。

为了便于考核,各成本差异账户还可以按责任部门设置明细账,分别记录各部门的各项成本差异。

【例 7-6】

某公司 2×19 年 2 月预计生产甲产品 480 件,每件产品需要 10 工时,制造费用预算为 14 400 元(其中:变动制造费用预算为 9 600 元,固定制造费用预算为 4 800 元)。甲产品标准成本资料见表 7-2。

表 7-2 单位产品标准成本核算单

成本项目	标准单价(标准分配率)	标准用量	标准成本/元
直接材料	6 元/千克	10 千克	60
直接人工	4 元/工时	10 工时	40
制造费用			
其中:变动费用	2 元/工时	10 工时	20
固定费用	1 元/工时	10 工时	10
标准单位成本	—	—	130

本月投产甲产品 500 件,已全部完工入库,无期初在产品和产成品。本期销售甲产品 400 件,含税销售单价为 180 元(增值税税率为 13%)。本月以不含税价 5.9 元/千克购进 8 000 千克原材料,无期初原材料。本月领用材料 5 200 千克,共计 30 680 元。本月实际耗用 4 900 工时,每小时平均工资率为 4.2 元。本月制造费用实际发生额为 14 000 元(其中:变动制造费用 10 290 元,固定制造费用 3 710 元)。

根据上述资料,按标准成本法进行完工产品成本核算。计算过程如下。

本月生产甲产品 500 件的实际成本 = 30 680 + 4 900 × 4.2 + 14 000
= 65 260(元)

甲产品 500 件的标准成本 = 130 × 500 = 65 000(元)

实际成本与标准成本的差异 = 65 260 − 65 000 = 260(元)

(1) 直接材料成本差异计算及其账务处理。

① 购入材料价格差异计算:

材料实际成本 = 5.9 × 8 000 = 47 200(元)

$$材料标准成本 = 6 \times 8\,000 = 48\,000(元)$$
$$材料价格差异 = 47\,200 - 48\,000 = -800(元)$$

根据计算及有关凭证做如下账务处理。

借：原材料 48 000
　　应交税金——应交增值税(进项税) 6 136(47 200×13％)
　贷：材料价格差异 800
　　　银行存款(或应付账款等) 53 336

② 领用材料的差异处理：

$$应耗材料的标准成本 = 6 \times 10 \times 500 = 30\,000(元)$$
$$实际领料的标准成本 = 5\,200 \times 6 = 31\,200(元)$$
$$直接材料数量差异 = (5\,200 - 10 \times 500) \times 6 = 1\,200(元)$$

根据计算及有关凭证做如下账务处理。

借：生产成本——基本生产成本——甲产品 30 000
　　材料数量差异 1 200
　贷：原材料 31 200

简要分析：由于单位产品实际单位用量高于标准用量，使材料成本上升1 200元；材料实际价格脱离标准价格，属于客观因素，因价格的降低(30 680÷5 200＝5.9元/千克)，领用5 200千克的材料应承担的材料价格差异为520元(800÷8 000×5 200＝520元/千克)，一定程度减轻了因数量差异而增加的材料费用。材料差异＝1 200－520＝680(元)。

(2) 直接人工成本差异计算及其账务处理。

$$直接人工实际成本 = 4\,900 \times 4.2 = 20\,580(元)$$
$$直接人工标准成本 = 10 \times 500 \times 4 = 20\,000(元)$$
$$直接人工成本差异 = 20\,580 - 20\,000 = 580(元)(超支差)$$

其中：

$$人工效率差异 = (4\,900 - 10 \times 500) \times 4 = -400(元)$$
$$工资率差异 = 4\,900 \times (4.2 - 4) = 980(元)$$

根据计算及有关凭证做如下账务处理。

借：生产成本——基本生产成本——甲产品 20 000
　　直接人工工资率差异 980
　贷：直接人工效率差异 400
　　　应付职工薪酬 20 580

简要分析：由于实际工资率低于标准工资率，使直接人工成本下降400元；由于实际工时高于标准工时，使直接人工成本上升980元；两者相抵，直接人工成本净上升580元，为超支差异(简称超支差)。

(3) 变动制造费用差异的计算及账务处理。

$$变动制造费用实际成本 = 10\,290(元)$$
$$变动制造费用标准成本 = 10 \times 500 \times 2 = 10\,000(元)$$
$$变动制造费用差异 = 10\,290 - 10\,000 = 290(元)(超支差)$$

其中：

变动制造费用效率差异 = (4 900 − 10 × 500) × 2 = −200(元)

变动制造费用耗费差异 = 4 900 × (10 290 ÷ 4 900 − 2) = 490(元)

根据计算及有关凭证做如下账务处理。

借：生产成本——基本生产成本——甲产品　　10 000
　　　变动制造费用耗费差异　　　　　　　　　　490
　　贷：变动制造费用效率差异　　　　　　　　　　　200
　　　　变动制造费用　　　　　　　　　　　　　　10 290

简要分析：由于变动制造费用实际分配率低于制造费用标准分配率，使变动制造费用下降200元；由于实际工时高于标准工时，使变动制造费用上升490元；两者相抵，变动制造费用净增加290元，为超支差异。

(4) 固定制造费用差异计算及账务处理。

固定制造费用实际成本 = 3 710(元)

固定制造费用标准成本 = 10 × 500 × 1 = 5 000(元)

固定制造费用预算成本 = 10 × 480 × 1 = 4 800(元)

固定制造费用成本差异 = 3 710 − 5 000 = −1 290(元)

固定制造费用耗费差异 = 3 710 − 4 800 = −1 090(元)

固定制造费用效率差异 = (4 900 − 10 × 500) × 1 = −100(元)

固定制造费用闲置能量差异 = (10 × 480 − 4 900) × 1 = −100(元)

根据计算及有关凭证做如下账务处理。

借：生产成本——基本生产成本——甲产品　　5 000
　　贷：固定制造费用耗费差异　　　　　　　　　　1 090
　　　　固定制造费用效率差异　　　　　　　　　　　100
　　　　固定制造费用闲置能力差异　　　　　　　　　100
　　　　固定制造费用　　　　　　　　　　　　　　3 710

简要分析：上述耗费差异中，闲置能力差异和效率差异均为节约差异。

验算：上述直接材料差异(680元)＋直接人工成本差异(580元)＋变动制造费用差异(290元)＋固定制造费用成本差异(−1 290元)＝260(元)，等于甲产品实际成本与标准成本的差异260元，两者是一致的。

(5) 完工产品入库的账务处理。

完工产品500件，标准成本为65 000元，入库产品按标准成本计件，其账务处理如下。

借：库存商品——甲产品　　　　　　　　　65 000
　　贷：生产成本——基本生产成本——甲产品　　65 000

(6) 收入与成本的账务处理。

本期销售甲产品400件，含税销售单价为180元，假定该产品的增值税税率为13%，本期取得的甲产品销售收入 = 400 × 180 ÷ (1 + 13%) = 63 716.81(元)，应交增值税税额 = 63 716.81 × 13% = 8 283.19(元)。根据计算及有关凭证做如下账务处理。

```
借：应收账款（或银行存款）                    72 000
    贷：主营业务收入                              63 716.81
        应交税金——应交增值税（销项税额）         8 283.19
```

同时，按产品标准成本确认销售成本。销售产品标准成本＝400×130＝52 000（元），据此做如下账务处理。

```
借：主营业务成本                              52 000
    贷：库存商品——甲产品                          52 000
```

7.4.2 期末成本差异核算方法

各会计期末各成本差异账户的累计发生额，反映了本期成本控制的业绩，要对各种成本差异账户进行处理，可以按结转本期损益法或调整销货成本与存货法进行账户处理。

1. 结转本期损益法

按照结转本期损益法，在会计期末将所有差异转入"主营业务成本"账户，再随同已销产品的标准成本一起转至"本年利润"账户。采用这种方法的依据是确信标准成本是真正的正常成本，成本差异是不正常的低效率和浪费造成的，应当直接体现在本期损益中，使利润能体现本期工作成绩的好坏。此外，这种方法的账务处理比较简便。但是，如果差异数额较大或者标准成本制定得不符合实际的正常水平，则不仅会使存货成本严重脱离实际成本，而且会歪曲本期经营成果，因此，在成本差异数额不大时宜采用此种方法。

下面以例7-6来说明结转本期损益法下因生产和销售甲产品形成的成本差异的处理。月末，根据各成本差异账户编制成本差异汇总表（表7-3）。

表7-3　标准成本差异汇总表　　　　　　　　　　　　　　　单位：元

账 户 名 称	借方余额（超支差）	贷方余额（节约差）
材料数量差异	1 200	
材料价格差异（本月耗用材料应负担）		520
直接人工效率差异		400
直接人工工资率差异	980	
变动制造费用效率差异		200
变动制造费用耗费差异	490	
固定制造费用耗费差异		1 090
固定制造费用效率差异		100
固定制造费用闲置能力差异		100
合计	2 670	2 410
差异净额	260	

根据表 7-3 标准成本差异汇总表做如下结转分录。

借：主营业务成本　　　　　　　　　　　　　260
　　直接材料价格差异　　　　　　　　　　　520
　　直接人工效率差异　　　　　　　　　　　400
　　变动制造费用效率差异　　　　　　　　　200
　　固定制造费用耗费差异　　　　　　　　1 090
　　固定制造费用效率差异　　　　　　　　　100
　　固定制造费用闲置能力差异　　　　　　　100
　贷：材料数量差异　　　　　　　　　　　1 200
　　　直接人工工资率差异　　　　　　　　　980
　　　变动制造费用耗费差异　　　　　　　　490

2. 调整销货成本与存货法

按照这种方法，在会计期末将成本差异按比例分配至已销产品成本和存货成本。

采用这种方法的依据是税法和会计制度均要求以实际成本反映存货成本和销货成本。本期发生的成本差异，应由存货和销货成本共同负担。当然，这种做法会增加一些计算分配的工作量。此外，有些费用计入存货成本不一定合理，例如固定制造费用闲置能量差异是一种损失，并不能在未来换取收益，作为资产计入存货成本明显不合理，不如作为期间费用在当期参加损益汇总。

成本差异的处理方法选择要考虑许多因素，包括差异的类型（材料、人工或制造费用）、大小、原因、时间（如季节性变动引起的非常性差异）等。因此，可以对各种成本差异采用不同的处理方法，如材料价格差异多采用调整销货成本与存货法，固定制造费用闲置能量差异多采用结转本期损益法，其他差异则可因企业具体情况而定。值得强调的是，差异处理的方法要保持历史的一致性，以便使成本数据保持可比性，也避免信息使用人产生误解。

项目总结　标准成本差异分析与账务处理方法

标准成本差异分析	差异分析	材料成本差异	数量差异＝（实际数量－标准数量）×标准价格
			价格差异＝实际数量×（实际价格－标准价格）
		人工成本差异	人工效率差异＝（实际工时－标准工时）×标准工资率
			工资率差异＝实际工时×（实际工资率－标准工资率）
		制造费用差异 变动制造费用	效率差异＝（实际工时－标准工时）×标准分配率
			耗费差异＝实际工时×（实际分配率－标准分配率）
		固定制造费用	耗费差异＝实际数－预算数
			闲置能量差异＝（生产能量－实际工时）×标准分配率
			效率差异＝（实际工时－标准工时）×标准分配率

标准成本法核算程序	①为各成本核算对象按成本项目制定标准成本；②按成本对象设置产品成本明细账；③编制各项成本费用分配表，分别反映其标准成本和实际成本，并列出其差异；④将标准成本记入成本明细账，结转完工产品的标准成本；⑤计算、分析各种成本差异，每月末编制成本差异汇总表，并结转各种成本差异
期末成本差异核算方法	**注意**：根据我国税法规定，期末存货要以实际成本计价，因此在标准成本法下，期末要将成本调整为实际成本。具体方法有：①结转本期损益法；②调整销货成本与存货法

思考与练习

一、思考题

1. 简述标准成本法和实际成本法的区别。
2. 简述基本标准成本、理想标准成本和正常标准成本的区别。
3. 简述引起直接材料、直接人工和制造费用发生差异的主要原因。
4. 如何进行固定制造费用的二因素分析和三因素分析？
5. 标准成本差异的账务处理有几种方法？简述每种方法的核算程序。

二、选择题

（一）单项选择题

1. 标准成本是一种（　　）。
   A. 总额的概念　　　　　　　　　　B. 单位的概念
   C. 预算总成本　　　　　　　　　　D. 计划成本
2. 在标准成本控制下的成本差异是指（　　）。
   A. 实际成本与标准成本的差异　　　B. 实际成本与计划成本的差异
   C. 预算成本与标准成本的差异　　　D. 实际成本与预算成本的差异
3. 在下列选项中，属于标准成本控制系统前提和关键的是（　　）。
   A. 标准成本的制定　　　　　　　　B. 成本差异的分析
   C. 成本差异的计算　　　　　　　　D. 成本差异账务处理
4. 固定制造费用的实际金额与预算金额之间的差额称为（　　）。
   A. 预算差异　　　　　　　　　　　B. 能量差异
   C. 效率差异　　　　　　　　　　　D. 闲置能量差异
5. 标准成本控制的重点是（　　）。
   A. 标准成本的制定　　　　　　　　B. 成本差异的计算分析
   C. 成本控制　　　　　　　　　　　D. 成本差异账务处理
6. 下列属于用量标准的是（　　）。
   A. 材料消耗量　　　　　　　　　　B. 小时工资率
   C. 原材料价格　　　　　　　　　　D. 小时制造费用

7. 在标准成本制度下,分析计算各成本项目价格差异的用量基础是(　　)。
   A. 标准产量下的标准用量　　　　B. 实际产量下的标准用量
   C. 标准产量下的实际用量　　　　D. 实际产量下的实际用量
8. 变动制造费用的价格差异即(　　)。
   A. 效率差异　　B. 开支差异　　C. 耗费差异　　D. 能量差异
9. 固定制造费用的生产能力利用差异是(　　)。
   A. 未能充分使用现有生产能量而形成的差异
   B. 实际工时未达到标准生产能量而形成的差异
   C. 实际工时脱离标准工时而形成的差异
   D. 固定制造费用的实际金额脱离预算金额而形成的差异
10. 标准成本是一种(　　)。
    A. 机会成本　　B. 历史成本　　C. 重置成本　　D. 预计成本
11. 标准成本法下,在产品、产成品等账户可以只登记(　　),各种差异另行登记核算。
    A. 实际成本　　B. 标准成本　　C. 生产成本　　D. 定额成本
12. 当实际成本大于标准成本时,其成本差异为(　　)。
    A. 正数,称为有利差异　　　　B. 负数,称为有利差异
    C. 正数,称为不利差异　　　　D. 负数,称为不利差异
13. 某企业本年1月实际生产100件A产品,实耗工时2 100小时,变动制造费用实际分配率为0.48元,而计划分配率为0.5元,直接人工标准为20小时,则变动制造费用耗费差异为(　　)元。
    A. 8　　B. −42　　C. 50　　D. −50
14. 某企业生产B产品的实耗工时为45 125小时,实际产量标准工时为47 500小时,预算产量的标准工时为50 000小时,固定制造费用标准分配率为0.64元,则固定制造费用效率差异为(　　)元。
    A. −2 000　　B. −1 520　　C. 1 600　　D. 3 120

(二)多项选择题
1. 标准成本控制系统的内容包括(　　)。
   A. 标准成本的制定　　　　B. 成本差异的计算分析
   C. 成本差异的账务处理　　D. 成本差异的分配
2. 固定制造费用成本差异可分解为(　　)差异。
   A. 能量　　　　B. 生产能力
   C. 效率　　　　D. 预算
3. 影响直接材料耗用量差异的因素有(　　)。
   A. 工人的技术熟练程度　　B. 设备的完好程度
   C. 材料质量　　　　　　　D. 废品率的高低
4. 可以套用"用量差异"和"价格差异"模式的成本项目是(　　)
   A. 直接材料　　　　　　　B. 直接人工

C. 变动性制造费用   D. 定性制造费用

5. 固定制造费用的三种成本差异是指(　　)差异。
  A. 效率   B. 开支
  C. 价格   D. 生产能力利用

6. 在确定直接人工正常标准成本时,标准工时包括(　　)。
  A. 直接加工操作必不可少的时间   B. 必要的工间休息
  C. 调整设备时间   D. 不可避免的废品耗用工时

7. 直接材料价格差异产生的原因可能是(　　)。
  A. 进料数量未按经济批量采购
  B. 因未能在折扣期内付款而放弃现金折扣
  C. 购入质量低劣的材料
  D. 人为的挪用盗窃

8. 由(　　)造成的人工效率差异,应当由生产部门负责。
  A. 工人调配不当   B. 加工的材料不适用
  C. 工人不熟悉工作环境   D. 设备故障,停工待修

三、判断题

1. 标准成本是一种总额的概念。(　　)
2. 在标准成本控制下的成本差异是指实际成本与标准成本的差异。(　　)
3. 标准成本的制定是采用标准成本法的前提和关键。(　　)
4. 固定制造费用的实际金额与预算金额之间的差额称为能量差异。(　　)
5. 成本差异的计算分析是标准成本控制的重点。(　　)
6. 现实标准成本是实际工作中运用最广泛的一种标准成本。(　　)
7. 材料质量是影响直接材料耗用量差异的因素之一。(　　)
8. 在材料成本差异分析中,价格差异总金额是根据单价偏差乘以"实际"用量计算的,而用量差异总金额却是根据单耗偏差乘以"标准"价格计算的。(　　)
9. 理想的标准成本是实际工作中广泛使用的标准成本。(　　)
10. 三大变动成本项目的成本差异,均可分为"数量差异"和"价格差异"两部分。
  (　　)

作业成本法

项目8

【引言】

　　现代企业的竞争优势在于：谁掌握了先进的管理技术和方法，谁就能趋于领先地位。因此，企业管理者越来越强调成本信息的准确性。采用作业成本法计算成本可以将间接费用和辅助费用更准确地分配到产品和服务，是一种较为先进的成本管理方法。本项目主要阐述作业成本法的原理及一般程序。

【知识目标】

　　1. 理解作业成本法的概念及主要特点。
　　2. 掌握作业成本法的相关概念及核算程序。

【能力目标】

　　能够运用作业成本法计算产品成本。

【思政目标】

　　提升分析问题因果关系的能力。

【关键术语】

　　作业成本法(activity based costing)　　作业动因(activity driver)
　　成本动因(cost driver)　　作业成本库(activity cost pools)

 课前案例

某农机厂应用 ABC 成本法

　　某农机厂采用以销定产、多品种小批量生产模式。采用传统成本法时，制造费用超过人工费用的 200%，成本控制不力。为此，企业决定实施作业成本法。

　　根据工艺流程，企业确定了 32 个作业，以及各作业的作业动因。主要的作业动因是人工工时，其他作业动因有运输距离、准备次数、零件种类数、订单数、机器小时、客户数等。

　　通过计算，企业发现了传统成本法下的成本扭曲：最大差异率达到 46.5%。根据作业成本法提供的信息，为加强成本控制，企业针对每个作业制定目标成本，使目标成本可以细化到班组，增加了成本控制的有效性。

通过对成本信息的分析,企业发现生产协调、检测、修理和运输作业不增加顾客价值,这些作业的执行人员归属一个分厂管理,但是人员分布在各个车间。通过作业分析,还发现大量的人力资源冗余。根据分析,企业认为可以裁减一半人员,并减少相关的资源支出。分析还显示,运输作业由各个车间分别提供,但是都存在能力剩余,如果将运输作业集中管理,可以减少三四台叉车。

此外,正确的成本信息对于销售的决策也有重要影响。根据作业成本信息以及市场行情,企业修订了部分产品的价格。修订后的产品价格更加真实地反映了产品的成本,具有更强的竞争力。

思考:作业成本法与传统成本法相比有哪些优点?

任务8.1 作业成本法的原理

随着经济的快速发展,企业间的竞争越来越激烈,谁掌握了先进的管理技术和方法,谁就能趋于领先地位。因此,企业管理者越来越强调成本信息的准确性。传统成本法的一个重要缺点是误导决策的成本信息,把产品成本划分为直接材料、直接人工和制造费用三部分,并将制造费用划分为间接费用,通过直接人工工资、直接人工工时或机器工时的比例等方法分配计入产品成本。实际上,有许多制造费用项目不是人工或工时的函数,而与生产批次等其他变量存在因果关系。作业成本法就是针对传统成本法的这一缺点提出来的。《企业产品成本核算制度(试行)》第三十六条规定,制造企业可以根据自身经营管理特点和条件,利用现代信息技术,采用作业成本法,对不能直接归属于成本核算对象的成本进行归集和分配。

8.1.1 作业成本法的含义

作业成本法(activity-based costing,ABC)是以作业为核算对象,通过成本动因确认和计量作业量,将间接费用和辅助费用更准确地分配到产品和服务中的一种成本核算方法。

作业成本法的原理

依据作业成本法的概念,企业的全部经营活动是由一系列相互关联的作业组成的,企业每进行一项作业都要耗用一定的资源;而企业生产的产品(包括提供的服务)需要通过一系列的作业来完成。因而,产品的成本实际上就是企业全部作业所消耗资源的总和。在计算成本时,首先按经营活动中发生的各项作业来归集成本,计算作业成本;然后再按各项作业成本与成本对象(产品或服务)之间的因果关系,将作业成本追溯到成本对象,最终完成成本核算过程。

在作业成本法下,直接成本可以直接计入有关产品,与传统的成本核算方法并无差异,只是直接成本的范围比传统成本法下的计算要大,凡是可方便追溯到产品的材料、人工和其他成本都可以直接归属于特定产品,尽量减少不准确的分配;不能追溯到产品的成本,则先追溯有关作业或分配到有关作业,计算作业成本,然后再将作业成本分配到有关产品。

提示：作业成本法仍然可以分为品种法、分批法和分步法等成本核算基本方法，或者说作业成本法可与品种法、分批法和分步法结合起来运用。

8.1.2 作业成本法的核心概念

作业成本法的核心概念是作业和成本动因。

1. 作业

作业是企业中特定的组织（成本中心、部门或产品线）重复执行的任务或工作，即提供产品或劳务过程中的各个工作程序或工作环节，也是所消耗的人力、技术、原材料、方法和环境的集合体。 如签订材料采购合同、将材料运达仓库、对材料进行质量检验、办理入库手续、登记材料明细账等；又如加工车间所进行的车、铣、刨、磨等加工活动；再如产品的质量检验、包装、入库等。其中每一项具体活动就是一项作业。一项作业对于任何加工或服务对象，都必须是重复执行特定的或标准化的过程和办法。如轴承制造企业的车工作业，无论加工何种规格、型号的轴承外套，都须经过将加工对象（工件）的毛坯固定在车床的卡盘上，开动机器进行切削，然后将加工完毕的工件从卡盘上取下等相同的特定动作和方法。执行任何一项作业都需要耗费一定的资源。如上述车工作业，需要耗费人工、材料（如机物料等）、能源（电力）和资本（车床和厂房等）。一项作业可能是一项非常具体的活动，如车工作业；也可能泛指一类活动，如机加工车间的车、铣、刨、磨等所有作业可以统称为机加工作业；甚至可以将机加工作业、产品组装作业等统称为生产作业（相对于产品研发、设计、销售等作业而言）。**任何一项产品的形成都要消耗一定的作业。执行任何一项作业都需要耗费一定的资源。资源是指作业耗费的人工、能源和资本（车床和厂房等）。**

提示：作业是连接资源和产品的纽带，它在消耗资源的同时生产出产品。

2. 成本动因

成本动因也称成本驱动因素，是指引起相关成本对象的总成本发生变动的因素。 例如，产量增加时，直接材料成本就会相应增加，产量是直接材料成本的驱动因素，即直接材料的成本动因。在作业成本核算中，**成本动因可分为资源成本动因和作业成本动因。**

（1）资源成本动因。**资源成本动因是引起作业成本增加的驱动因素。资源成本动因被用来计量各项作业对资源的耗用，运用资源成本动因可以将资源成本分配给各有关作业。** 例如，产品质量检验工作（作业）需要有检验人员、专用的设备，并耗用一定的能源（电力）等。检验作业作为成本对象，耗用的各项资源，构成了检验作业的成本。其中，检验人员的工资、专用设备的折旧费等成本，一般可以直接计入检验作业；而能源成本往往不能直接计入（除非为设备专门安装电表进行电力耗费记录），需要根据设备额定功率（或根据历史资料统计的每小时平均耗电数量）和设备开动时间来分配。这里，"设备的额定功率乘以开动时间"就是能源成本的动因。设备开动导致能源成本发生，设备的功率乘以开动时间的数值（即动因数量）越大，耗用的能源越多。按"设备的额定功率乘以开动时间"这一动因作为能源成本的分配基础，可以将检验专用设备耗用的能源成本分配到检验作业中。

（2）作业成本动因。作业成本动因是衡量一个成本对象（产品或服务）需要的作业量，是产品成本增加的驱动因素。作业成本动因计量各种产品对作业耗用的情况，并被用来作为作业成本的分配基础。比如，某车间生产若干种产品，每种产品又分若干批次完成，每批产品完工后都需进行质量检验。假定对任何产品的每一批次进行质量检验所发生的成本相同，则检验的"次数"就是检验成本的作业动因，它是引起产品检验成本变动的因素。某一会计期间发生的检验作业总成本（包括检验人工成本、设备折旧、能源成本等）除以检验的次数，即为每次检验所发生的成本。某种产品应承担的检验作业成本，等于该种产品的批次乘以每次检验发生的成本。产品完成的批次越多，则需要进行检验的次数越多，应承担的检验作业成本越多；反之，则应承担的检验作业成本越少。

8.1.3 作业成本法的主要特点

作业成本法的主要特点，是相对于以产量为基础的传统成本核算方法而言的。

1. 成本核算分为两个阶段

传统的成本核算方法，首先是将直接成本追溯到产品，同时将制造费用追溯到生产部门（如车间、分厂等）；然后将制造费用分摊到有关产品。传统的成本核算方法分两步进行：第一步除了把直接成本追溯到产品之外，还要把不同性质的各种间接费用按部门归集在一起；第二步是以产量为基础，将制造费用分摊到各种产品（图8-1）。

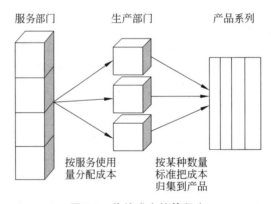

图 8-1 传统成本核算程序

作业成本法的基本指导思想：产品消耗作业，作业消耗资源。

根据这一指导思想，作业成本法把成本核算过程也划分为两个阶段（图8-2）。

第一阶段，将作业执行中耗费的资源追溯到作业，计算作业的成本并根据作业动因计算作业成本分配率。

第二阶段，根据第一阶段计算的作业成本分配率和产品所耗费作业的数量，将作业成本追溯到各有关产品。

传统方法下的成本核算过程，虽然也分为两步，但实际上，是把生产活动中发生的资源耗费，通过直接计入和分摊两种方式计入产品成本，即"资源→产品"。而作业成本法下成本核算的第一阶段，除了把直接成本追溯到产品以外，还要将各项间接费用分配到各有

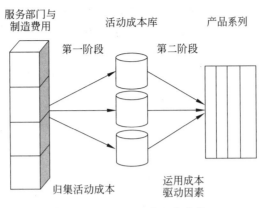

图 8-2 ABC 方法的实施步骤

关作业,并把作业看成按产品生产需求重新组合的"资源";而在第二阶段,要按照作业消耗与产品之间不同的因果关系,将作业成本分配到产品。因此,作业成本法的基本原理如图 8-3 所示。

图 8-3 作业成本法的基本原理

2. 成本分配强调因果关系

作业成本法认为,将成本分配到成本对象有三种不同的形式:**成本追溯、动因分配和分摊**。作业成本法的一个突出特点,就是强调以直接追溯或动因追溯的方式计入产品成本,而尽量避免分摊方式。

(1) **成本追溯**。成本追溯是指将成本直接确认分配到某一成本对象的过程。这一过程是可以实地观察的。例如,确认一台电视机耗用的显像管、集成电路板、扬声器及其他零部件的数量是可以通过观察实现的。再比如,确认某种产品专用生产线所耗用的人工工时数,也可以通过观察投入该生产线的工人人数和工作时间实现。显然,使用直接追溯方式最能真实地确认产品成本。

(2) **动因分配**。动因分配是指根据成本动因将成本分配到各成本对象的过程。生产活动中耗费的各项资源,其成本不是都能追溯到成本对象的。对不能直接追溯的成本,作业成本法强调使用动因(包括资源成本动因和作业动因)追溯方式,将成本分配到有关成本对象(作业或产品)。**采用动因追溯方式分配成本,首先必须找到引起成本变动的真正原因,即成本与成本动因之间的因果关系**。如前面所说到的检验作业应承担的能源成本,是以设备单位时间耗电数量和设备开动时间(即耗电量)作为资源成本动因进行分配,这是因为设备单位时间耗电量和开动时间与检验作业应承担的能源成本之间存在因果关系。又如各种产品应承担的检验成本,以产品投产的批次数(即质量检验次数)作为作业动因进行分配,是因为检验次数与产品应承担的检验成本之间存在因果关系。动因追溯虽然不像直接追溯那样准确,但只要因果关系建立恰当,成本分配的结果同样可以达到较高的准确程度。

(3) 分摊。有些成本既不能追溯，也不能合理方便地找到成本动因，只好使用产量作为分配基础，将其强制分配给成本对象。分摊是一种简便易行且成本较低的成本分配方式。这种成本分配方式建立在某种特定的假设前提之下。当这一特定的假设前提符合成本与成本对象之间的因果关系时，分配的结果是相对准确的；否则，就会扭曲成本，影响成本的真实性。

作业成本分摊模型见图 8-4。

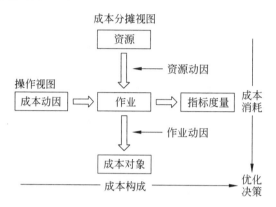

图 8-4 作业成本分摊模型

提示：作业成本法的成本分派，主要使用追溯和动因分配，尽可能减少不准确的分摊，因此能够提供更加真实、准确的成本信息。

3. 成本追溯使用众多不同层面的作业动因

在传统的成本核算方法下，产量被认为是能够解释产品成本变动的唯一动因，并以此作为分配基础进行间接费用的分配。而制造费用是一个有多种不同性质的间接费用组成的集合，这些性质不同的费用有些是随产量变动的，但多数并不随产量变动，因此用单一的产量作为分配制造费用的基础显然是不合适的。

作业成本法的独到之处，在于它把资源的消耗首先追溯到作业，然后使用不同层面和**数量众多的作业动因将作业成本追溯到产品**。采用不同层面和数量众多的成本动因进行成本分配，要比采用单一分配基础更加合理，更能保证成本的准确性。

任务8.2 作业成本法的核算

8.2.1 作业成本法核算的基本程序

作业成本法在核算产品成本时，不以产品作为核算对象，而以作业作为核算对象，通过对作业成本的核算，追踪成本的形成和积累过程，从而取得产品成本。

1. 确认作业

作业是企业为了特定的目的而消耗的活动或事项，企业可编制从收到原材料到完成产品检测全过程的详细作业流程图,对记录在流程图中的每项作业进行分析,确认产品生产的各项作业。

确认作业有两种形式:一种形式是根据企业总的生产流程,自上而下进行分解;另一种形式是通过与员工和经理进行交谈,自下而上地确定他们所做的工作,并逐一认定各项作业。例如,根据生产流程分析和工厂的布局可知,由于原材料仓库与生产车间之间有0.5千米的距离,必然存在材料搬运作业,这项作业就是将生产用的原材料从仓库运送到生产车间。通过另一种形式,即与从事相关作业的员工或经理交谈,也可以识别和认定该项作业,比如与进行搬运作业的员工进行交谈,问"你是做什么的",也很容易得出生产过程中有这样一项搬运作业,它的主要作用是把原材料从仓库运往车间。在实务中,自上而下和自下而上这两种方式往往需要结合起来运用。经过这样的程序,就可以把生产过程中的全部作业一一识别出来,并加以认定。为了对认定的作业进一步分析、归类,在作业认定后,需按顺序列出作业清单。表 8-1 是一个以变速箱制造企业为背景的作业清单示例。需要说明的是,这仅仅是一个示例,实际上任何一个企业生产过程中的作业都会比表 8-1 中所列的作业数量多,一般来说,一个企业认定 200~300 项作业并非罕见。

表 8-1 某变速箱制造企业作业清单

作 业 名 称	作 业 说 明
材料订购	包括选择供应商、签订合同、明确供应方式等
材料检验	对每批购入的材料进行质量、数量检验
生产准备	每批产品投产前,进行设备、工装调整等准备工作
发放材料	每批产品投产前,将生产所需材料发往各生产车间
材料切割	将管材、圆钢切割成适于机加工的毛坯工件
车床加工	使用车床加工零件(轴和连杆)
铣床加工	使用铣床加工零件(齿轮)
刨床加工	使用刨床加工零件(变速箱外壳)
产品组装	人工装配变速箱
产品质量检验	人工检验产品质量
包装	用木箱将产品包装
车间管理	组织和管理车间生产、提供维持生产的条件

作业认定后,接下来的工作是将作业组织划分为互相排斥的作业类别:包括单位(数量)级作业、批次级作业、产品(品种)级作业和生产(能力)维持级作业四类(图 8-5)。

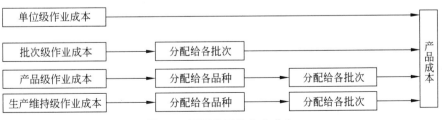

图 8-5 不同类别的作业成本

(1) 单位（数量）级作业。单位（数量）级作业是指每一单位产品至少要执行一次的作业。例如，机器加工、组装等。作业对每个产品都必须执行。这类作业的成本包括直接材料、直接人工工时、机器成本和直接能源消耗等。

提示：单位级作业成本是直接成本，可以追溯到每个单位产品上，即直接计入成本对象的成本核算单。单位级作业成本随产量变动而正比例变动。

单位（数量）级作业是每产出一个单位的产品（或零部件等）便需进行一次的作业。如使用普通车床生产某种产品的零件，每加工一个零件，都要完成将工件固定在车床的卡盘上、进行切削、用卡尺自测质量、将零件从卡盘上卸下等一系列动作，完成这一系列的动作就是执行一次作业。这类作业的产出一般是以产品或零部件的件数来计量的。在多种产品、多种零件生产的情况下，一般是以机器工时或人工工时等来计量的。**这类作业是随着产量变动而变动的**。

(2) **批次级作业**。批次级作业是指同时服务于每批产品或许多产品的作业。例如生产前机器调试、成批产品转移至下一工序的运输、成批采购和检验等。它们的成本取决于批次，而不是每批中单位产品的数量。

提示：批次级作业成本需要单独进行归集，计算每一批的成本，然后分配给不同批次（如某订单），最后根据产品的数量在单个产品之间进行分配。这类作业是随着产品批次数的变动而变动的。

(3) **产品（品种）级作业**。产品（品种）级作业是指服务于某种型号或样式产品的作业。例如，产品设计、产品生产工艺规程制定、工艺改造、产品更新等。这些作业的成本依赖于某一产品线的存在，而不是产品数量或批次。

提示：产品（品种）级作业成本仅仅因为某个特定的产品线存在而发生，随产品品种数而变化，不随产量、批次数而变化。

产品（品种）级作业成本可以按零件数量为基础分配至每一种产品，然后再分配给不同的批次（如某订单），最后根据产品的数量在单个产品之间进行分配。例如，维护某一产品的工程师的数量取决于产品的复杂程度，而生产的复杂程度是产品零件多少的函数。

(4) **生产（能力）维持级作业**。生产（能力）维持级作业是指服务于整个工厂的作业。例如，工厂保安、维修、行政管理、保险、财产税等。它们是为了维护生产能力而进行的作业，不依赖于产品的数量、批次和种类。

这类作业是作业成本法实施中的一个难题，它们的产出很难计量，也很难明确是被哪些产品所消耗。事实上，**它们属于固定成本，不随产量、批次、品种等的变动而变动，应该作为期间成本处理**。但是，从某些调查资料显示，在实务中，大多数实行作业成本制度的公司，还是将这项作业分摊到了各产品。分摊时则按照传统的成本核算方法，采用设备数量、厂房面积等作为分摊的基础。

提示：无法追溯到单位产品，并且和产品批次、产品品种无明显关系的成本，都属于生产（能力）维持级成本。

这些成本首先被分配到不同产品品种，然后再分配到成本对象（某订单），最后分配到单个产品。当然，这是一种不准确的成本分摊。

2. 资源成本分配到作业

资源成本借助于资源成本动因可以分配到各项作业。资源成本动因和作业成本之间一定要有因果关系。作业的资源成本动因如表 8-2 所示。

表 8-2　作业的资源成本动因

作业类别	具体作业动因示例
单位（数量）级作业	产品或零部件产量、机器工时、人工工时、耗电千瓦时数等
批次级作业	采购次数、机器调整次数、生产准备次数、材料或半成品转移次数、抽样检验次数等
产品（品种）级作业	按产品品种计算的图纸制作份数，按产品品种计算的生产工艺改变次数，模具、样板制作数量，计算机控制系统和产品测试程序的开发，按品种下达的生产计划书份数等
生产（能力）维持级作业	设备数量、厂房面积等

例如，常用的资源成本动因如表 8-3 所示。

表 8-3　常用作业的资源成本动因

作　业	资源成本动因
机器运行作业	机器小时
安装作业	安装小时
清洁作业	平方米
材料移动作业	搬运次数、搬运距离、吨公里
人事管理作业	雇员人数、工作时间
能源消耗	电表、流量表、装机功率和运行时间
制作订单作业	订单数量
顾客服务作业	服务电话次数、服务产品品种数、服务的时间

3. 作业成本分配到成本对象

在确定作业成本之后，**应先根据作业成本动因计算单位作业成本，**再根据作业量计算成本对象应负担的作业成本。

$$单位作业成本 = \frac{本期作业成本库归集总成本}{作业量}$$

作业量的计量单位即作业成本动因分为三类：业务动因、持续动因和强度动因。

（1）**业务动因**。业务动因通常**以执行的次数作为作业动因，**并假定执行每次作业的成本（包括耗用的时间和单位时间耗用的资源）相等，如前面我们所说的检验完工产品质量作业的次数就属于业务动因的范畴。

$$分配率 = \frac{归集期内作业成本总成本}{归集期内总作业次数}$$

某产品应分配的作业成本 = 分配率 × 该产品耗用的作业次数

（2）**持续动因**。持续动因是指**执行一项作业所需的时间标准。**当不同产品所需作业量差异较大的情况下，例如，如果检验不同产品所耗用的时间或长、或短，否则不宜采用业务动因作为分配成本的基础,而应改用持续动因作为分配的基础。否则,会直接影响作业成本分配的准确性。持续动因的假设前提是,执行作业的单位时间内耗用的资源是相等的。以持续动因作为分配基础,分配不同产品应负担的作业成本,其计算公式为

$$\text{分配率} = \frac{\text{归集期内作业成本总成本}}{\text{归集期内总作业时间}}$$

某产品应分配的作业成本 = 分配率 × 该产品耗用的作业时间

(3) **强度动因**。强度动因是在某些特殊情况下,将作业执行中实际耗用的全部资源单独归集,并将该项单独归集的作业成本直接计入某一特定的产品。强度动因一般适用于某一特殊订单或某种新产品试制等,用产品订单或工作单记录每次执行作业时耗用的所有资源及其成本,订单或工作单记录的全部作业成本就是应计入该订单产品的成本。

提示:在上述三类作业动因中,业务动因的精确度最差,但其执行成本最低;强度动因的精确度最高,但其执行成本最昂贵;而持续动因的精确度和成本则居中。

如同传统成本核算法一样,**作业成本分配时可采用实际分配率或者预算分配率**。采用预算分配率时,发生的成本差异可以直接结转本期营业成本,也可以计算作业成本差异率,并据以分配给有关产品。

8.2.2 作业成本法举例

【例8-1】

光华工厂系高科技企业,2×19年6月投产甲产品1 000件,乙产品600件,月末已全部完工。发生直接材料107 660元,直接人工27 600元,生产制造费用55 350元,间接制造费用79 410元。其中,甲产品耗用直接材料71 570元,耗用生产工人工时3 000小时;乙产品耗用直接材料36 090元,耗用生产工人工时2 000小时。

1. 用传统的成本核算方法计算完工成本

直接人工、生产制造费用和间接制造费用均按生产工人工时分配。分配率如下。

直接人工分配率 = 27 600 ÷ (3 000 + 2 000) = 5.52(元 / 小时)
生产制造费用分配率 = 55 350 ÷ (3 000 + 2 000) = 11.07(元 / 小时)
间接制造费用分配率 = 79 410 ÷ (3 000 + 2 000) = 15.882(元 / 小时)

根据上面计算的分配率,可以计算出完工甲、乙两种产品的总成本和单位成本(表8-4)。

表8-4 成本核算表

2×19年6月

成本项目	甲产品1 000件				乙产品600件			
	生产工人工时/小时	分配率	总成本/元	单位成本/元	生产工人工时/小时	分配率	总成本/元	单位成本/元
成本直接材料			71 570	71.57			36 090	60.15
直接人工	3 000	5.52	16 560	16.56	2 000	5.52	11 040	18.40
生产制造费用	3 000	11.07	33 210	33.21	2 000	11.07	22 140	36.90
间接制造费用	3 000	15.882	47 646	47.65	2 000	15.882	31 764	52.94
合 计	—	—	168 986	168.99	—	—	101 034	168.39

2. 用作业成本法计算完工产品成本

说明：用作业成本法计算完工产品时，发生直接材料、直接人工和直接制造费用的各作业中心，发生的成本受数量相关成本驱动因素的影响，因此分配的方法与传统的成本核算方法相同，不再另行计算。发生间接制造费用的各作业中心发生的成本则受作业量相关成本驱动因素的影响，应按作业量分配成本。

现计算该厂间接制造费用各作业中心成本的分配率，如表8-5所示。

表 8-5　各作业中心成本库分配率计算表

2×19年6月

作业中心成本库	可追溯成本/元	作业量/次数			分配率/(元/次)
		甲产品	乙产品	合　计	
（1）	（2）	（3）	（4）	（5）=（3）+（4）	（6）=（2）÷（5）
产品设计	25 920	40	32	72	360
设备准备	15 660	48	60	108	145
质量检验	14 580	150	120	270	54
设备维修	23 250	60	95	155	150
合　计	79 410	—	—	—	—

根据表8-5各作业中心成本库分配率计算各作业中心的作业量及计算的分配率，分配间接制造费用如表8-6所示。

表 8-6　间接制造费用分配表

2×19年6月

成本项目	分配率	甲产品1 000件		乙产品600件		作业成本合计/元
		作业量/次数	作业成本/元	作业量/次数	作业成本/元	
产品设计	360	40	14 400	32	11 520	25 920
设备维修	145	48	6 960	60	8 700	15 660
质量检修	54	150	8 100	120	6 480	14 580
设备维修	150	60	9 000	95	14 250	23 250
合　计	—	—	38 460	—	40 950	79 410
单位间接制造费用	—	38.46		68.25		—

根据表8-6间接制造费用分配的结果，以及按传统成本核算法计算的直接材料、直接人工和生产制造费用，计算甲、乙两种产品的总成本和单位成本（表8-7）。

采用传统的成本核算方法计算的结果显示：甲产品的单位成本为168.99元，乙产品的单位成本为168.39元；采用作业成本法计算的结果显示：甲产品的单位成本为159.80元，乙产品的单位成本为183.70元，两者之间产生差异的原因是间接制造费用的分配标准不同。由于传统的成本核算方法不论是生产制造费用，还是间接制造费用，均按相同的要求处理各种经济因素对产品成本的影响，从而使产品成本信息严重失实。作业成本法则充分考虑了这些经济因素，使计算产品成本真实可靠。

表 8-7 产品总成本和单位成本分配表

2×19 年 6 月　　　　　　　　　　　　　　　　　　　　　　单位：元

成本项目	甲产品 1 000 件		乙产品 600 件	
	总成本	单位成本	总成本	单位成本
直接材料	71 570	71.57	36 090	60.15
直接人工	16 560	16.56	11 040	18.40
生产制造费用	33 210	33.21	22 140	36.90
间接制造费用	38 460	38.46	40 950	68.25
其中：产品设计	14 400	14.40	11 520	19.20
设备维修	6 960	6.96	8 700	14.50
质量检修	8 100	8.10	6 480	10.80
设备维修	9 000	9.00	14 250	23.75
合　计	159 800	159.80	110 220	183.70

8.2.3 作业成本法的优点

1. 可以提供相对准确的成本信息

作业成本法缩小了传统的制造费用分配范围，从按生产部门统一分配改为按费用性质分设若干个成本库；同时，与传统成本核算方法相比，作业成本法分配基础（成本动因）发生了质变。它不再采用单一的数量分配基准，而是采用多元分配基准；同时集财务变量与非财务变量于一体，并且特别强调非财务变量（如调整准备次数、运输距离、质量检测次数等）。因此，作业成本法提高了成本的可归属性，可以为成本管理提供相对准确的产品或劳务成本信息。

2. 可以有效地改进企业战略决策

在作业成本法下，间接成本不是均衡地在产品间进行分配，因而有助于改进产品定价决策，并为是否停产老产品、引进新产品和指导销售提供准确的信息。此外，还有助于对竞争对手"价格——产量决策"作出适当的反应。所以说，作业成本法不仅是一种先进的成本核算方法，也是管理咨询的工具，更是一种提高企业发展能力、获利能力、工作效率的管理技术。

3. 有利于改善企业成本控制

作业成本法对成本的控制落实到每一项作业。作业成本法在费用控制方面的重要作用体现在从以人工为基础的弹性预算转向以作业为基础的弹性预算。按作业编制预算，把以差异分析为基础的变动预算转向以成本动因为基础的变动预算，可以解决传统预算编制中责任不清、预算标准欠合理的问题，使预算真正成为控制成本的重要工具。

8.2.4 作业成本法的应用

作业成本法是一种先进、科学的方法，但它并非适用于所有的企业。对于企业规模小、产品范围窄、间接费用低、作业类型不稳定的企业，不宜采用作业成本法。概括起来，采用作业成本法必须满足以下几个条件。

1. 企业规模大，产品种类繁多

首先，在企业规模较大的情况下，可以有效地实行劳动分工和机器设备的专业化，从而大大提高工人和机器设备完成作业的质量和效率，降低原材料和活劳动的消耗，提高产品质量，使单位产品的成本大大降低；同时由于大规模生产，引起企业大规模的材料采购和大量产品销售，使单位采购成本和销售费用大大降低，大量生产也大大降低了单位产品负担的研究开发费用和一般的管理费用。所以，一般来讲，大规模企业比较小规模的企业更有利于降低单位产品成本，具备采用作业成本法的条件。

其次，企业或企业的一个车间只生产单一品种的产品、为生产该产品而发生的直接材料、直接人工、制造费用最终都由该种产品来负担，不存在生产费用在几种产品之间进行分配的问题，从这一点上看，采用传统的成本核算方法和采用作业成本法，其结果没有什么不同。只有在产品种类繁多，各种产品耗用作业量不同的情况下，采用作业成本法，先将制造费用按作业中心归集，然后根据各种产品耗用作业量的不同比例向产品进行分配，才能使计算的产品成本比较准确，从而帮助决策者作出正确的决策。

2. 在产品成本构成中，制造费用比重大

作业成本法主要是为了解决制造费用传统分配方法的不合理而产生的，随着科学技术和经济的发展，产品成本中间接费用的比重较以往有大幅度提高，且这些费用与各种产品生产工时的直接相关性大大降低，它们并不随着产品生产工时的增减而增减，这时如果再采用传统的生产工时比例法进行制造费用的分配，必然造成成本核算的不正确，进而影响决策效果。当然，如果制造费用在产品成本中所占的比重不大，应用何种成本核算方法分配制造费用对产品成本正确性的影响都不大时，就没有必要采用作业成本法。

3. 产品工艺过程复杂，作业环节多

在企业或企业的某一个车间生产产品的结构、工艺制造过程复杂，所需经过的工序、作业环节较多的情况下，传统的成本核算方法不考虑各种产品耗用不同作业的比例，统一采用一个标准分配，严重扭曲了成本资料，无法反映正确的成本信息。而作业成本法按照成本动因进行费用的分配，使直接归属于某种产品的成本比重大大增加，而按照人为标准分配于某种产品成本的比重大大减少。在产品工艺过程复杂、作业环节多、各产品耗用不同作业的比例各不相同的条件下，充分体现出其优越性。

4. 会计电算化程度要求较高

作业成本法是一种较为烦琐的成本核算系统，与传统的成本核算方法相比，除了按各种产品归集费用，计算各种产品的成本以外，还要以各作业中心为成本核算对象，归集成本。成本核算对象的数量明显增加，程序复杂了，工作量也大大增加；同时成本核算的及时性要求也提高了,如果完全靠手工是无法实现的,必须借助于现代化的计算和账务处理手段——计算机来进行,以保证成本核算的准确、可靠、及时。

项目总结 作业成本法的原理

成本核算对象	以生产作业为成本核算对象
成本核算分为两个阶段	作业成本法的基本指导思想:产品消耗作业,作业消耗资源。 第一阶段:将作业执行中消耗的资源分配到作业,计算作业的成本。 第二阶段:根据第一阶段计算的作业成本分配(包括追溯和间接分配)到各有关成本对象。 在传统成本核算方法下,间接成本的分配路径是"资源→部门→产品",作业成本法下间接成本的分配路径是"资源←作业←产品"
成本分配强调因果关系	作业成本法认为,将成本分配到成本对象有三种不同的形式:追溯、动因和分摊。作业成本的一个突出特点,就是强调以直接追溯或动因追溯的方式计入产品成本,而尽量避免分摊方式。 (1) 成本追溯是指将成本直接确认分配到某一成本对象的过程,主要用于分配直接费用。 (2) 动因分配是指根据成本动因将成本分配到各成本对象的过程。生产活动中耗费的各项资源,其成本不是都能追溯到成本对象的。对不能直接追溯的成本,作业成本法强调使用动因(包括资源成本动因或作业动因)追溯方式,将成本分配到有关成本对象(作业或产品)。动因分配主要用于分配间接制造费用。 注意:成本的发生受多种因素影响,要寻找相关程度最高的因素进行分配。 (3) 分摊。有些成本既不能追溯,也不能合理、方便地找到成本动因,只好使用产量作为分配基础,将其强制分配给成本对象
成本分配适用众多不同层次的作业动因	作业成本法的独特之处在于,它把资源消耗首先追溯或分配到作业,然后使用不同层面和数量众多的作业动因将作业成本分配到产品

思考与练习

一、思考题

1. 简述作业成本法的基本内容。
2. 简述作业成本法核算的基本程序。

二、选择题

(一) 单项选择题

1. 按产出方式的不同,企业的作业可以分为四类。其中,随产量变动成比例变动的作业是( )。

    A. 单位级作业　　　　　　　　B. 批次级作业
    C. 品种级作业　　　　　　　　D. 生产维持级作业

2. 下列关于作业认定的表述中,不正确的是( )。
   A. 建立作业成本系统应从作业认定开始
   B. 作业的认定需要对每项消耗资源的作业进行定义
   C. 在实务中,作业认定根据企业总的生产流程自上而下进行分解
   D. 为了对认定的作业进一步分析和归类,在作业认定后需按顺序列出作业清单

3. 下列关于作业成本法的说法中,不正确的是( )。
   A. 产品成本是全部作业所消耗资源的总和,产品是消耗全部作业的成果
   B. 成本动因分为资源成本动因和作业成本动因
   C. 作业成本法下,所有成本都需要先分配到有关作业,然后再将作业成本分配到有关产品
   D. 作业成本法下,直接成本的范围较传统成本核算的范围要大

4. 作业成本法的主要特点不包括( )。
   A. 成本分配使用相同的成本动因
   B. 成本核算分为两个阶段
   C. 成本分配强调因果关系
   D. 成本分配使用众多不同层面的成本动因

5. 下列将成本分配到成本对象的形式中,最能真实反映产品成本的是( )。
   A. 追溯   B. 间接分配   C. 动因分配   D. 分摊

6. 适用于某一特殊订单或某种新产品试制的作业计量单位是( )。
   A. 业务动因   B. 持续动因   C. 强度动因   D. 资源动因

7. 作业成本法的一个特点是强调因果关系,要求在成本分配中尽量避免使用( )。
   A. 追溯   B. 间接分配   C. 动因分配   D. 分摊

8. 在作业成本法下,引起产品成本增加的驱动因素是( )。
   A. 资源成本动因   B. 作业成本动因
   C. 数量动因   D. 产品动因

(二)多项选择题

1. 下列有关"资源动因"表述正确的有( )。
   A. 它是引起作业成本变动的因素
   B. 它是引起产品成本变动的因素
   C. 它被用来计量各项作业对资源的耗用,运用它可以将资源成本分配给各有关作业
   D. 它是计量各种产品对作业耗用的情况,并被用来作为作业成本的分配基础

2. 下列关于作业成本法的说法,正确的有( )。
   A. 作业成本法强调使用不同层面和数量众多的资源动因将作业成本追溯到产品
   B. 作业成本法是将间接成本和辅助费用更准确地分配到产品和服务的一种成本核算方法
   C. 作业成本法的基本思想是"产品消耗作业,作业消耗资源"
   D. 作业成本法强调使用追溯和动因分配方式来分配成本

3. 下列各项中,适合作为单位级作业的作业动因有(　　)。
   A. 生产准备次数　　　　　　　　B. 零部件产量
   C. 采购次数　　　　　　　　　　D. 耗电千瓦时数
4. 下列作业成本动因中,有关精确度与执行成本间关系表述正确的有(　　)。
   A. 业务动因的精确度最差,但其执行成本最低
   B. 强度动因的精确度最高,但其执行成本最昂贵
   C. 持续动因的精确度和执行成本居中
   D. 业务动因的精确度最高,但其执行成本最昂贵
5. 下列有关作业成本法的表述不正确的有(　　)。
   A. 作业成本法提高了会计数据对管理控制的有用性
   B. 与规模小的公司作业环节简便相比较,规模大的公司更愿意采用作业成本法
   C. 相对于传统成本核算,作业成本法减少了决策失误引起的成本
   D. 作业成本法为实施责任会计和业绩评价提供了方便

三、判断题
1. 作业成本法下的成本核算过程可以概括为"资源→作业→产品"。　　(　　)
2. 资源成本动因是指一个成本对象(产品或服务)需要的作业量,是产品成本增加的驱动因素。　　(　　)
3. 强度动因的精确度最差,但其执行成本最低;业务动因的精确度最高,但其执行成本最昂贵;而持续动因的精确度和成本则居中。　　(　　)
4. 作业成本核算法是指以产品为核算对象,通过成本动因确认和计量作业量分配间接费用的一种成本核算方法。　　(　　)
5. 作业成本法的成本分派,主要使用追溯和动因分配,尽可能减少不准确的分摊,因此能够提供更加真实、准确的成本信息。　　(　　)

目标成本法

项目9

【引言】
　　企业在经营管理中能否控制好对成本的管理决定了其是否可以在运营过程中获得良好的效益。但是目前大多企业存在成本控制方面的问题，问题主要集中在成本控制工作效率低，效果不明显，这主要是由于企业使用的成本控制方法不合理。目标成本法能够帮助企业解决成本控制工作效率低的问题。

【知识目标】
　　1. 理解目标成本法的概念和目标成本法的应用环境。
　　2. 熟悉目标成本法的应用程序。
　　3. 了解目标成本法的优缺点和适用行业。

【能力目标】
　　会运用目标成本法进行成本管理。

【思政目标】
　　培养团队协作的良好素养。

【关键术语】
　　目标成本（target cost）

课前案例

丰田汽车的成本企划

　　成本企划是在新产品设计之前，根据市场的需求和相关条件制定目标成本，并在策划、开发、设计、制造、营销与物流等过程中通过各项管理活动来保证目标成本的实现。成本企划是日本丰田汽车（Toyota）成本管理的代表模式，也是日本汽车企业成本管理模式的核心，现已推广到许多行业，是日本产品在国际市场始终拥有优势的根源。在欧美也有不少大企业引入成本企划（如 GM、Ford）。

　　成本企划的实质是利润的管理活动，成本管理只是其直接表现形式。随着顾客嗜好渐趋多样化、生产技术革新加速，导致产品生命周期日益缩短、竞争日趋激烈，企业不仅要跟时间赛跑，而且须在有限的前置时间（lead time）内开发、设计出具有高品质、多功能、低成本（价格）等竞争优势的新产品，方能在市场上占有一席之地。根据过去经验显示，由于生产设备、方法、技术等生产条件与产品设计式样等在设计阶段几乎已确定，产品成本的大部分(约 8 成)便随之确定。因此,若待产品设计制造完成后再进行改善,不但可能需花费额外的成本,而且降低成本的空间有限,尤其在自动化已趋普及的今日,进入制造阶段后,可改善的空间与成果更是受到限制,如欲大幅降低成本及掌握创造利润的机会,则应在进入制造阶段之前就对成本加以管理控制。因此,为了设计、开发出品质与功能达一定预期水准,且其成本不超过目标成本的新产品,于企划设计阶段进行成本管理的成本企划就日益受到重视。

丰田汽车公司的成本企划是从新产品的基本构想立案至生产开始阶段,为降低成本及确保利润而实行的各种管理活动。其基本的实施程序如下。

1. 新产品的企划(product planning)

汽车的全新改款通常每 4 年实施一次,于新型车上市前 3 年左右成本企划即正式展开。以产品经理为中心开发新型车提案,开发提案的内容包括:车子式样及规格、开发计划、目标售价及预计销量等。开发提案经产品企划功能会议核准承认后,即进入决定成本企划目标的阶段。

2. 成本企划目标的确定

一方面,参考公司长期的利润率目标来决定目标利润率,再将目标销售价格减去目标利润为目标成本(target cost),即目标销售价格一目标利润=目标成本;另一方面,透过累计法计算出估计成本(estimated cost),即在现有技术等水准下,不积极从事降低成本活动下会产生的成本。目标成本与估计成本的差额为成本企划目标,即估计成本一目标成本=成本企划目标,即透过设计活动所需降低的成本目标值。接着,进入开发设计阶段,展开具体的成本企划活动以达到目标。

3. 成本企划目标的分配

将成本企划目标进一步细分,按车子的构造、功能分配给负责设计的各个设计部;设计部为便于掌握目标达成活动及达成情况,除按成本费用性态(材料费、购买零件费、直接人工等)区分外,甚至将成本目标更进一步地按零件分别予以细分。

4. 产品设计与 VE 活动

成本企划活动的目标细分至各设计部后,各设计部即开始从事设计及 VE 活动(value engineering,价值工程学,即透过分析调查产品的功能与价格,有助于降低成本及新产品开发的一种成本管理的科学手法,为成本企划活动的有效手法)。对设计部门来说,其目标不仅是设计出符合顾客需求并具良好品质及功能的产品,且必须达成其成本目标。其工作流程是:画制、修改试作图→实际制作(试作)→估计成本(估计成本如何随着设计变更而改变)→(未达目标成本)实施 VE(如透过改善材料式样、零件数、加工方法、加工时间等)的程序(通常会经过 3 次试作),直至功能、品质、成本的各目标皆达成,设计作业方告完成,此时量产用的正式图面也完成出炉。

5. 生产准备及进入量产

通常,唯有当目标成本确认已达成,此新车型方能进入量产(若允许未达目标成本的新车型量产,即使该产品得以销售,也无法获得预期的目标利益,甚至可能导致亏损)。进入生产阶段3个月后(若有异常,较可能于最初3个月发生),检视目标成本的实际达成状况,进行成本企划实绩的评估,确认责任归属,以评定成本企划活动的成果。至此,新车型的成本企划活动正式告一段落。但值得注意的是,成本企划中的目标成本还有其他功能,即为制定制造阶段的标准成本(丰田称此为基准成本)的基础,且可延续至下一代新车型,成为估计下一代新车型成本的起点。

在成本企划的实施过程中,会计人员所扮演的角色是不容忽视的。例如,编制中长期利润计划、设定目标利润、计算目标成本与成本企划目标、估计成本、评估成本企划活动的实际达成状况与成果等,都需要会计人员的参与。

资料来源:佚名.成本控制案例:丰田汽车的成本企划.中华会计网校,http://www.chinaacc.com/news/635-652/2009-3-24-zh85392452141423900254.shtml.

任务9.1 目标成本法的含义

1. 目标成本法的概念

目标成本法是指企业以市场为导向,以目标售价和目标利润为基础确定产品的目标成本,从产品设计阶段开始,通过各部门、各环节乃至与供应商的通力合作,共同实现目标成本的成本管理方法。

2. 目标成本法的应用环境

(1)企业应用目标成本法,要求处于比较成熟的买方市场环境,且产品的设计、性能、质量、价值等呈现出较为明显的多样化特征。

(2)企业应以创造和提升客户价值为前提,以成本降低或成本优化为主要手段,谋求竞争中的成本优势,保证目标利润的实现。

(3)企业应成立由研究与开发、工程、供应、生产、营销、财务、信息等有关部门组成的跨部门团队,负责目标成本的制定、计划、分解、下达与考核,并建立相应的工作机制,有效协调有关部门之间的分工与合作。

(4)企业能及时、准确取得目标成本核算所需的产品售价、成本、利润及性能、质量、工艺、流程、技术等方面各类财务和非财务信息。

任务9.2 目标成本法的应用程序及优缺点

9.2.1 目标成本法的应用程序

应用目标成本法一般需经过目标成本的设定、分解、达成到再设定、再分解、再达成多重循环,以持续改进产品方案。企业应用目标成本法,一般按照确定应用对象、成立跨部门团队、收集相关信息、计算市场容许成本、设定目标成本、分解可实现目标成本、落实目

标成本责任、考核成本管理业绩及目标成本的修订等程序进行。

1. 确定应用对象

企业应根据目标成本法的应用目标及应用环境和条件,综合考虑产品的产销量和盈利能力等因素,确定应用对象。

企业一般应将拟开发的新产品作为目标成本法的应用对象,或选择那些功能与设计存在较大的弹性空间、产销量较大且处于亏损状态或盈利水平较低、对企业经营业绩具有重大影响的老产品作为目标成本法的应用对象。

2. 成立跨部门团队

企业负责目标成本管理的跨部门团队之下,可以建立成本规划、成本设计、成本确认、成本实施等小组,各小组根据管理层授权协同合作完成相关工作。

(1) 成本规划小组。该小组由业务及财务人员组成,负责设定目标利润,制定新产品开发或老产品改进方针,考虑目标成本等。该小组的职责主要是收集相关信息、计算市场驱动产品成本等。

(2) 成本设计小组。该小组由技术及财务人员组成,负责确定产品的技术性能、规格,对比各种成本因素,考虑价值工程,进行设计图上成本降低或成本优化的预演等。该小组的职责主要是可实现目标成本的设定和分解等。

(3) 成本确认小组。该小组由有关部门负责人、技术及财务人员组成,负责分析设计方案或试制品评价的结果,确认目标成本,进行生产准备、设备投资等。该小组的职责主要是可实现目标成本设定与分解的评价和确认等。

(4) 成本实施小组。该小组由有关部门负责人及财务人员组成,负责确认实现成本策划的各种措施,分析成本控制中出现的差异,并提出对策,对整个生产过程进行分析、评价等。该小组的职责主要是落实目标成本责任、考核成本管理业绩等。

3. 收集相关信息

目标成本法的应用需要企业研究与开发、工程、供应、生产、营销、财务和信息等部门收集与应用对象相关的信息,这些信息一般包括如下内容。

(1) 产品成本构成及料、工、费等财务和非财务信息。

(2) 产品功能及设计、生产流程与工艺等技术信息。

(3) 材料的主要供应商、供求状况、市场价格及变动趋势等信息。

(4) 产品的主要消费者群体、分销方式和渠道、市场价格及变动趋势等信息。

(5) 本企业及同行业标杆企业产品盈利水平等信息。

(6) 其他相关信息。

4. 计算市场容许成本

市场容许成本是指目标售价减去目标利润之后的余额。其计算公式为

$$市场容许成本 = 目标售价 - 目标利润$$

目标售价的设定应综合考虑客户感知的产品价值、竞争产品的预期相对功能和售价,以及企业针对该产品的战略目标等因素。

目标利润的设定应综合考虑利润预期、历史数据、竞争地位等因素。

【例 9-1】

某汽车公司计划生产 G 型越野车,根据该公司的 4 年研发计划,通过对潜在客户的调查,并综合其他因素,确定的 G 型越野车的市场销售价格在 26.6 万元/台,目标利润率定为 5%。试确定该 G 型越野车的市场允许成本。

$$市场允许成本 = 26.6 \times (1 - 5\%) = 25.27(万元)$$

5. 设定目标成本

企业应将容许成本与新产品设计成本或老产品当前成本进行比较,确定差异及成因,设定可实现的目标成本。

企业一般采取价值工程、拆装分析、流程再造、全面质量管理、供应链全程成本管理等措施和手段,寻求消除当前成本或设计成本偏离容许成本差异的措施,使容许成本转化为可实现的目标成本。

6. 分解可实现目标成本

企业应按主要功能对可实现的目标成本进行分解,确定产品所包含的每一零部件的目标成本。在分解时,首先应确定主要功能的目标成本,然后寻求实现这种功能的方法,并把主要功能和主要功能级的目标成本分配给零部件,形成零部件级目标成本。同时,企业应将零部件级目标成本转化为供应商的目标售价。

7. 落实目标成本责任

企业应将设定的可实现目标成本、功能级目标成本、零部件级目标成本和供应商的目标售价进一步量化为可控制的财务和非财务指标,落实到各责任中心,形成各责任中心的责任成本和成本控制标准,并辅之以相应的权限,将达成的可实现目标成本落到实处。

8. 考核成本管理业绩

企业应依据各责任中心的责任成本和成本控制标准,按照业绩考核制度和办法,定期进行成本管理业绩的考核与评价,为各责任中心和人员的激励奠定基础。

9. 目标成本的修订

企业应定期将产品实际成本与设定的可实现目标成本进行对比,确定其差异及其性质,分析差异的成因,提出消除各种重要不利差异的可行途径和措施,进行可实现目标成本的重新设定、再达成,推动成本管理的持续优化。

【例 9-2】

沿用例 9-1,该汽车公司在开发 G 型越野车时,采用目标成本法,第一步是对每一个功能组的现行成本作出估计。然后,再针对每一个功能组的各个组件,确定它们所需要的成本。通过比较每一个功能组的估计现行成本与目标成本,确定成本降低目标。功能组分为车门、侧壁和车顶、电气系统、减震器、动力传动系、座位、取暖系统、驾驶座和前端。随后,针对各功能组所包含的零件,逐一确定其成本降低目标。该汽车公司富有竞争力的一道措施是购入并拆散竞争对手的汽车,借以了解它们的成本和制造流程。

G 型越野车的制造过程,依赖于能带来高附加值的系统供应商。例如,驾驶座是以一个整体购自系统供应商的。因而系统供应商从项目一开始,就成为开发过程的一个组成部分。该汽车公司希望各供应商都能达到成本目标。为提高整个功能组的有效性,该汽车公司在整个流程的初始阶段,就请来各供应商参加讨论。在开发的初始阶段,就必须迅速作出决策。

设定目标成本的过程,由成本计划员领导。成本计划员是工程师,而不是会计师。由于成本计划员是具有制造和设计经验的工程师,他们能够对供应商提供的各个系统将会发生多少成本作出合理的估测。另外,该汽车公司还拥有供应商生产零件所用的许多工夹模具,如冲制金属板需用的冲模。工夹模具成本是设计阶段一次性成本中的重要组成部分。

制定指标以编制目标成本。

该汽车公司向顾客、供应商和自己的设计工作组收集了多种信息。表 9-1 列示了顾客对 G 型越野车所反映意见的汇总分类。

表 9-1　各项指标的相对重要性百分比

类　别	重要程度/人	相对百分比/%
安全	32	40.5
舒适	25	31.6
经济	15	19
款式	7	8.9
合计	79	100

为对各项资源的成本有一个更好的了解,要明确有哪些功能组,以及各功能组的目标成本估计数(该汽车公司也组织了称为"功能小组"的工作组,其任务是制定详细的技术规范和成本预测)。表 9-2 列示了计算得出的各功能组的目标成本的相对百分比。

表 9-2　按功能组合列示的目标成本和百分比

功 能 组 合	成本/万元	相对百分比/%
底盘	5	20
变速器	6.25	25
空调	1.25	5
电气系统	1.75	7
其他功能组合	10.75	43
合　计	25	100

表 9-1 列示了潜在顾客对车子的特性提出的要求;表 9-3 则概括了各个功能组合对于满足各特性所作的贡献程度。比方说,潜在顾客认为,安全是 G 型越野车的一项重要

特性。有的功能组合在安全方面作出的贡献,要比别的功能组合大。例如,该汽车公司的工程师认为,底盘的质量是安全的一项重要因素(占各功能组合在安全方面所作贡献总和的 50%)。

表 9-3　各功能组合对顾客的要求所作出的贡献

功能组合	安全/%	舒适/%	经济/%	款式/%
底盘	50	30	10	10
变速器	20	20	30	
空调		20		5
电气系统	5		20	
其他功能组合	25	30	40	85
合　　计	100	100	100	100

表 9-4 把从表 9-1 中取得的各项指标的重要性百分比,与表 9-3 所示的各功能组合的贡献结合起来。结合的结果为"重要性指数",这个指数衡量每一类顾客要求中,各功能组合的相对重要性。例如,潜在顾客把安全、舒适、经济、款式这四类要求的相对百分比分别定为 0.41、0.32、0.18、和 0.09。表 9-4 中的各行,则代表每一个功能组合对各种要求所作出的贡献。把每一行的值,乘以其相应的重要性百分比,并把乘积加总起来,即得底盘的"重要性指数"[(0.50×0.41)+(0.30×0.32)+(0.10×0.18)+(0.10×0.09)=0.33]。

表 9-4　各功能组合的重要性指数

功能组合	安全	舒适	经济	款式	重要性指数
底盘	0.50	0.30	0.10	0.10	0.33
变速器	0.20	0.20	0.30		0.20
空调		0.20		0.05	0.07
电气系统	0.05		0.20		0.06
其他功能组合	0.25	0.30	0.40	0.85	0.34
合　　计	1	1	1	1	1

表 9-5 所示的目标成本指数,是以各功能组的重要性指数除以目标成本百分比计算出来的。该汽车公司的经理人员在概念设计阶段,运用这些指数(即目标成本指数)来了解一项功能组合的重要性与该项功能组合的目标成本之间的关系。指数小于 1,可能就意味着该功能组合的成本,超过了它的感知价值。这样,在产品开发的早期阶段就可以发现一些在满足顾客需求前提下降低成本的机会,进而付诸行动。在项目实施阶段作出的选择,通常到了生产阶段就不可逆转了,因为 G 型越野车的生产成本中,大约 80% 属于材料和外部供应商提供的系统组件。

表 9-5　目标成本指数

功能组合	(A)重要性指数	(B)目标成本	(A/B)目标成本指数
底盘	0.33	0.20	1.65
变速器	0.20	0.25	0.80
空调	0.07	0.05	1.4
电气系统	0.06	0.07	0.86
其他功能组合	0.34	0.43	0.79
合　计	1	1	1

9.2.2　目标成本法的优缺点及适用行业

目标成本法的主要优点：①突出从原材料到产品出货全过程成本管理，有助于提高成本管理的效率和效果；②强调产品寿命周期成本的全过程和全员管理，有助于提高客户价值和产品市场竞争力；③谋求成本规划与利润规划活动的有机统一，有助于提升产品的综合竞争力。

目标成本法的主要缺点：其应用不仅要求企业具有各类所需要的人才，更需要各有关部门和人员的通力合作，管理水平要求较高。

目标成本法一般适用于制造业企业成本管理，也可在物流、建筑、服务等行业应用。

项目总结　目标成本法的概念及应用程序

概念	目标成本法是指企业以市场为导向，以目标售价和目标利润为基础确定产品的目标成本，从产品设计阶段开始，通过各部门、各环节乃至与供应商的通力合作，共同实现目标成本的成本管理方法
计算程序	企业应用目标成本法，一般按照确定应用对象、成立跨部门团队、收集相关信息、计算市场容许成本、设定目标成本、分解可实现目标成本、落实目标成本责任、考核成本管理业绩及目标成本的修订等程序运行

思考与练习

一、思考题

1. 简述目标成本法的概念。
2. 简述目标成本法的应用程序。
3. 简述目标成本法的优缺点及适用行业。

二、选择题

（一）单项选择题

1. 企业应成立由研究与（　　）有关部门组成的跨部门团队，负责目标成本的制定、计划、分解、下达与考核，并建立相应的工作机制，有效协调有关部门之间的分工与合作。

　　A. 供应、生产、营销

　　B. 开发、工程、财务、信息

　　C. 开发、生产、财务

　　D. 开发、工程、供应、生产、营销、财务、信息等

2. 目标成本具有（　　）。

　　A. 总体性和指导性　　　　　　B. 局部性和手段性

　　C. 总体性和手段性　　　　　　D. 局部性和指向性

3. 容许成本具有（　　）。

　　A. 总体性和指向性　　　　　　B. 局部性和手段性

　　C. 总体性和手段性　　　　　　D. 局部性和指向性

4. 制造目标成本的设定，可以使用（　　）。

　　A. 只能采用加算方式　　　　　B. 只能采用扣除方式

　　C. 只能采用统和方式　　　　　D. 加上扣除或通过三种方式中的任一种

5. 目标成本法的核心是在成本发生前，研究成本发生的（　　），以降低成本。

　　A. 类型　　　　B. 性质　　　　C. 机制　　　　D. 结果

6. 目标成本法的主要缺点是（　　）。

　　A. 不是全过程管理

　　B. 并不是全员式管理

　　C. 不能与利润规划相结合

　　D. 要求各类专才通力合作下的高水平管理

7. 目标成本法将企业经营战略与市场竞争有机结合起来，体现了日本特有的（　　）成本管理控制系统的特质。

　　A. 前馈式　　　B. 反馈式　　　C. 生产性　　　D. 战术性

8. 企业将可实现的目标成本进行分解，首先应确定（　　）的目标成本。

　　A. 主要功能　　B. 主要构造　　C. 主要零部件　　D. 主要要素项目

9. 计算市场允许成本应建立在对目标成本全生产周期特性的理解基础上，全生产周期成本是指（　　）。

　　A. 从开发设计目标成本到营销目标成本

　　B. 从使用目标成本到废弃目标成本

　　C. 制造目标成本和维护保养目标成本

　　D. 生产方目标成本和消费方目标成本

10. 为形成"源流创意"，以物质欲望、精神欲望、实用功能和魅力功能四个指向的综合分析，称为产品观念的（　　）分析。

　　A. 效应性　　　B. 目标性　　　C. 结构性　　　D. 感性型

(二) 多项选择题

1. 企业应用目标成本法的程序一般包括（   ）。
   A. 确定应用对象、成立跨部门团队
   B. 收集相关信息，计算市场允许成本
   C. 设定目标成本、分解可实现目标成本、落实目标成本责任
   D. 考核成本管理业绩和持续改善

2. 企业一般应将（   ）作为目标成本法的应用对象。
   A. 拟开发新产品
   B. 功能与设计已经成熟的老产品
   C. 功能与设计有弹性空间、亏损或微盈，但产销量大而对业绩有重大影响的老产品
   D. 对经营业绩影响不大的老产品

3. 企业负责目标成本管理的跨部门团队之下，可以建立（   ）等，各小组根据管理层授权协同合作完成相关工作。
   A. 成本规划小组   B. 成本设计小组   C. 成本确认小组   D. 成本实施小组

4. 为使容许成本转化为可实现的目标成本，企业一般采取（   ）等措施和手段，寻求消除当前成本或涉及成本偏离允许成本差异的措施。
   A. 价值工程   B. 拆装分析、流程再造
   C. 全面质量管理   D. 供应链全程成本管理

三、判断题

1. 目标成本法是指企业以市场为导向，以目标售价和目标利润为基础确定产品的目标成本，从产品设计阶段开始，通过各部门、各环节乃至与供应商的通力合作，共同实现目标成本的成本管理方法。（   ）

2. 目标成本法管理的切入点是产品生命周期前一阶段中成本决定额与成本发生额的巨大差异。它可以用成本决定与成本发生曲线来形象地加以展示。（   ）

3. 企业应用目标成本法，要求处于比较成熟的卖方市场环境，且产品的设计、性能、质量、价值等呈现出较为明显的多样化特征。（   ）

4. 企业应以提升股东价值为前提，以成本降低或成本优化为主要手段，谋求竞争中的成本优势，保证目标利润的实现。（   ）

5. 用目标成本法一般经过目标成本的设定、分解、达成到再设定、再分解后，即告完成。（   ）

6. 企业对可实现的目标成本进行分解后，应将零部件级目标成本转化为供应商的目标售价。（   ）

7. 企业应将设定的可实现目标成本、功能级目标成本、零部件级目标成本和供应商目标售价进一步量化为可控制的财务和非财务指标，落实到各责任中心。（   ）

8. 目标成本以具有竞争性的市场价格和目标利润倒推算出，事实上就是容许成本，因此目标成本与容许成本两者在概念属性上是一致的。（   ）

9. 目标成本核算是自上而下（由总括分到细项）的，而成本估算是自下而上（由细项汇成总括）的，从成本控制的理论构造上看，两者形成一种对称的镜像关系。（   ）

10. 目标成本法的优点之一是能谋求成本规划与利润规划活动的有机统一，有助于提升产品的综合竞争力。（   ）

变动成本法

项目10

【引言】

企业管理的科学化要求会计为企业内部管理提供信息资料,以作为对经济活动进行预测、决策、计划和控制的依据,传统的全部成本核算法已无法适应竞争日益加剧的市场经济。第二次世界大战后,企业对会计提出更高的要求,变动成本法在西方企业诞生,时至今日,变动成本法普及应用于西方企业的内部管理。我国于20世纪70年代末80年代初引入变动成本法。

【知识目标】

1. 理解变动成本法的概念和变动成本法的应用环境。
2. 熟悉变动成本法的应用程序。
3. 了解变动成本法的优缺点和适用行业。

【能力目标】

会运用变动成本法进行成本管理。

【思政目标】

增强危机意识,提升应对风险的能力。

【关键术语】

变动成本(variable cost)

课前案例

为什么在金融危机时麦当劳股票不降反升

2009年发生的金融危机对全球企业造成了深远的影响,对很多企业来说甚至是致命打击,但也有一些企业并没有受到很大的波动,反而越战越勇,麦当劳就是其中典型的例子。麦当劳是怎样杀出重围,在全球人人自危、草木皆兵的金融困境中独树一帜的呢?

"从麦当劳的经验来看,强调运营成本的降低和弹性的管理,金融风暴产生时,除了持续的经营管理,体系组织具备很高的弹性。"前渣打银行中国台湾区的财务总监程凯如是说。

1. 别等吃得太胖才想起减肥

减肥瘦身要从平时一点一滴做起,等到吃成个大胖子再来健身,那个时候已经跑不动了,而且对自己的心肺也是一种负担。企业的成本管理也是如此,平时把各部门养得"太肥",固定成本太多,一发生金融危机便四处受困、企业资金运转不过来,就算"跑得气喘吁吁"终难逃大厦倾覆的厄运。

程凯提到,"企业的成本有两种,一种是固定成本,一种是变动成本,固定成本是持续耗费的,而变动成本则不一样,它具有很大的弹性,只有需要的时候才出现。"就麦当劳而言,房租、管理人员等是固定成本,而直接产生利益的汉堡、鸡腿是变动成本,它之所以能在金融危机到来之际成功脱困,很大一部分原因在于对固定成本的最大缩减,使经营更有弹性。麦当劳是如何做到这一点的呢?

首先,它非常重视固定成本与变动成本之间的转化,并尽一切可能使固定成本转为变动成本。为实现这一点,麦当劳采取外包、外购的政策。"麦当劳的主要产品是面包、汉堡,麦当劳的汉堡是谁在做?没错,是外包。"程凯提到。

其次,麦当劳在人力成本上也下了很大功夫。"在中国台湾有将近400家餐厅,市场部门就4个人。"那它的市场推广是如何做的呢?还是外包。"麦当劳把所有的市场推广都交给外面的公司做,全球很多地方都做麦当劳的业务,大家都把最好的销售促销计划给到麦当劳。"

2. 加盟"不缺钱",缺"老板"

麦当劳在中国很多省份开放加盟,把运营交给加盟经理,是因为它缺钱吗?非也,这恰恰是它精明之处,全球这么多店面假如管理都由自己做,那人力成本是惊人的,如果选择加盟商,情况就不一样了。

"拿薪水的人跟加盟者最大的差别是什么?拿薪水的人下班就下班了,晚上你要我做就是加班费,周末跟我没有关系。而对于加盟商来说,自己就是老板,所以麦当劳开放加盟不是缺钱,它是要好的经营管理者能够加入它的系统,协助它做管理。"

麦当劳的加盟体系已经做得相当成熟,不仅节省自己的人力成本,更是为了招揽留住管理人才。在麦当劳体系里面,提升是比较困难的,当开店的速度慢下来,员工就会有顾虑,"当一个店面经理,什么时候会被提上去,我上面的经理永远不走怎么办?",为了消除这一顾虑,避免人才被竞争对手挖走,麦当劳选择加盟的方式,"不要拿薪水了,我把这个店交给你",通过让员工成为老板,最大限度地减少了核心人才的流失。

3. 全球战略伙伴政策,"强龙不怕地头蛇"

中国有句古话,"强龙不怕地头蛇",但麦当劳在全球范围的"开枝散叶"却仿佛打破了这一传统。它是如何做到的呢?这要归功于它"共享"概念下的全球战略伙伴政策。

麦当劳很多东西采取的是外包政策,涉及很多合作伙伴。"对于麦当劳而言,合作伙伴不只是厂商那么简单,很多时候是一个利益共同体。"

在全球几十年的发展过程中,麦当劳逐渐发展出一些非常重要的战略伙伴,这些战略伙伴在很多国家跟它一起合作。它的资源跟这些伙伴是共享的,所以它们不只是供应厂商的关系,而是战略伙伴的关系。

麦当劳之所以能做到"强龙不怕地头蛇",加盟带来的战略伙伴也功不可没。"到一个地方去,需要结合当地最有力量、最具优势的经营伙伴,借助当地的人去合作。"程凯提到。

借助当地人的优势,一方面使成本得以转移,另一方面可以根据当地人的喜好创造利润,从竞争策略上来讲是很好的方式。另外,所谓经销商的模式,也是一个风险分散的方式。美国的公司有一个规定,员工在海外如果发生法律纠纷,回到美国要受美国法律的制裁,而通过这种代理商模式一方面分散法律经营上的风险,另一方面也把成本降到最低。

麦当劳通过有效的成本管理、加盟模式的经营理念及合作伙伴的风险分摊,使金融危机在它面前不堪一击,股票不降反升,算得上是企业经营领域的一大楷模。

资料来源:东奥会计在线。

任务 10.1 变动成本法的含义

变动成本法是指企业以成本性态分析为前提条件,仅将生产过程中消耗的变动生产成本(直接材料、直接人工、变动制造费用)作为产品成本的构成内容,而将固定生产成本(固定制造费用)和非生产成本作为期间成本,直接由当期收益予以补偿的一种成本管理方法。

10.1.1 成本按成本性态分类

成本性态也称为成本习性,是指成本总额对业务量总数的依存关系。其中特定的业务量可以是实物量、价值量、时间量、百分比,通常选用产量和销售量。

成本管理要求将企业的全部成本按成本性态划分为固定成本、变动成本两部分。但客观上,企业的全部成本按照成本性态,通常可以分为固定成本、变动成本和混合成本。为此,混合成本还要进一步分解为固定成本和变动成本两部分。

1. 固定成本

固定成本是指其总额在一定时期及一定产量范围内,不直接受业务量变动的影响而保持固定不变的成本。固定成本总额不因业务量的变动而变动,但单位固定成本(单位业务量负担的固定成本)会与业务量的增减呈反向变动。固定成本按其支出额是否可以在一定期间内改变而分为约束性固定成本和酌量性固定成本。

2. 变动成本

变动成本是指在特定的业务量范围内,其总额会随业务量的变动而成正比例变动的成本。变动成本总额因业务量的变动而成正比例变动,但单位变动成本(单位业务量负担的变动成本)不变。变动成本也可以分为两大类,技术变动成本和酌量性变动成本。

3. 混合成本

混合成本就是"混合"了固定成本和变动成本两种不同性质的成本。一方面,它们要随业务量的变化而变化;另一方面,它们的变化又不能与业务量的变化保持纯粹的正比例关系。混合成本兼有固定与变动两种性质,可进一步将其细分为半变动成本、半固定成本、延期变动成本和曲线变动成本。

10.1.2 成本性态分析方法

成本性态分析是指企业基于成本与业务量之间的关系,运用技术方法,将业务范围内发生的全部成本分解为固定成本和变动成本两部分,并建立相应的成本—业务量方程的过程。方程为

$$y = a + bx$$

式中,y 为总成本,a 为固定成本,b 为单位变动成本,x 为业务量。

混合成本的分析方法主要包括高低点法、回归分析法、账户分析法(也称会计分析法)、技术测定法(也称工业工程法)、合同确认法,前两种方法需要借助数学方法进行分解,后三种方法可通过直接分析认定。

1. 高低点法

企业以过去某一会计期间的总成本和业务量资料为依据,从中选取业务量最高点和业务量最低点,将总成本进行分解,得出成本模型。计算公式为

$$b = \frac{\text{高低点成本之差}}{\text{高低点业务量之差}} = \frac{y_{\text{高}} - y_{\text{低}}}{x_{\text{高}} - x_{\text{低}}} \quad \text{或} = \frac{y_{\text{低}} - y_{\text{高}}}{x_{\text{低}} - x_{\text{高}}}$$

$$a = \text{高点成本} - b \times \text{高点业务量} = y_{\text{高}} - bx_{\text{高}}$$
$$= \text{低点成本} - b \times \text{低点业务量} = y_{\text{低}} - bx_{\text{低}}$$

计算步骤:

① 选择高低点坐标——选点;
② 利用公式求 b 值;
③ 利用公式求 a 值;
④ 将 a 和 b 的值代入 $y = a + bx$。

【例 10-1】

假设某企业 2×19 年设备维修费和相应产量(机器小时)资料如表 10-1 所示。

表 10-1 设备维修费和相应产量

月份	产量/工时	维修费/元	月份	产量/工时	维修费/元
1月	6 300	3 900	7月	9 000	5 100
2月	6 600	3 800	8月	9 600	5 800
3月	6 900	4 050	9月	10 200	5 700
4月	7 500	4 300	10月	10 500	6 000
5月	7 800	4 500	11月	7 600	4 400
6月	8 400	5 900	12月	9 200	5 200

要求:用高低点法求 a、b,写出总成本函数公式。

计算过程:

$$b = \frac{\text{高低点成本之差}}{\text{高低点业务量之差}} = \frac{6\,000 - 3\,900}{10\,500 - 6\,300} = 0.5(\text{元}/\text{工时})$$

将 b 代入低点： $a = 3\,900 - 0.5 \times 6\,300 = 750(元)$
将 b 代入高点： $a = 6\,000 - 0.5 \times 10\,500 = 750(元)$
数据相同。

总成本函数公式： $y = 750 + 0.5x$

高低点法的优点是简便易行便于理解,缺点是选择的数据只有两组,使建立起来的成本性态模型不太具有代表性,误差较大。这种方法只适用于成本变化趋势比较稳定的企业使用。

2. 回归分析法

企业根据过去一定期间的业务量和混合成本的历史资料,应用最小二乘法原理,计算最能代表业务量与混合成本关系的回归直线,借以确定混合成本中固定成本和变动成本的方法。

假设混合成本符合总成本模型,即

$$Y = a + bX$$

式中,a 为固定成本,b 为单位变动成本。

$$a = \frac{\sum Y - b\sum X}{n}, \quad b = \frac{n\sum XY - \sum X \sum Y}{n\sum X^2 - (\sum X)^2}$$

必须指出,采用回归分析法分解混合成本,混合成本总额与产量之间必须具有线性关系,如果没有线性联系,分解出来的结果也就失去了意义。因此,应当先进行相关程度分析,并根据相关程度的分析结果来确定这种方法的实用性。相关程度以相关系数 r 来分析。r 的计算公式为

$$r = \frac{n\sum XY - \sum X \sum Y}{\sqrt{\left[n\sum X^2 - (\sum X)^2\right]\left[n\sum Y^2 - (\sum Y)^2\right]}}$$

相关系数 r 的取值范围一般在 -1 至 $+1$ 之间。当 $r = -1$ 时,说明 X 与 Y 之间完全负相关;当 $r = 0$ 时,说明 X 与 Y 之间不存在线性关系;当 $r = +1$ 时,说明 X 与 Y 之间完全正相关。一般来说,当 r 接近 1,就说明 X 与 Y 基本正相关,可以运用线性回归方法。

回归分析法的结果较为精确,但计算较为复杂,并由于其历史数据的局限性,容易受偶然因素的影响。

3. 账户分析法

企业根据有关成本账户及其明细账的内容,结合其与产量的依存关系,判断其比较接近的成本类别,将其视为该类成本。所以又称为会计分析法。账户分析法较为简便易行,但比较粗糙且带有主观判断。

4. 技术测定法

企业根据生产过程中各种材料和人工成本消耗量的技术测定来划分固定成本和变动成本。技术测定法仅适用于投入成本和产出数量之间有规律性联系的成本分解。

5. 合同确认法

企业根据订立的经济合同或协议中关于支付费用的规定,来确认并估算哪些项目属

于变动成本,哪些项目属于固定成本。合同确认法一般要配合账户分析法使用。

任务 10.2 变动成本法下利润的计算

1. 损益计算的原理

计算完工产品成本和在产品成本时,只包括变动制造成本:直接材料、直接人工和变动制造费用。固定制造费用不在销售产品和存货之间分配,而是作为期间费用,全部在发生的当期摊销。

2. 损益计算的步骤

损益计算分以下两步。

(1) 计算边际贡献总额。

$$边际贡献总额 = 营业收入总额 - 变动成本总额$$
$$= 销售单价 \times 销售量 - 单位变动成本 \times 销售量$$
$$= (销售单价 - 单位变动成本) \times 销售量$$
$$= 单位边际贡献 \times 销售量$$

式中,单位产品变动生产成本=(直接材料+直接人工+变动制造费用)/生产量

(2) 计算当期利润。

$$利润 = 边际贡献总额 - 固定成本总额$$

【例 10-2】

滨海公司只生产和销售单一产品,2×19 年年初无库存,当年生产该种产品 3 000 件全部完工,当年销售 2 000 件,每件售价 50 元。当年期末成本资料:制造成本:直接材料 36 000 元,直接人工 24 000 元,制造费用 42 000 元(其中,变动制造费用 18 000 元,固定制造费用 24 000 元);非制造成本:变动销售费用每件 1 元,变动管理费用每件 0.6 元;固定销售费用共计 2 800 元,固定管理费用共计 4 000 元。

要求:分别用完全成本法与变动成本法计算 2×19 年税前利润。

(1) 完全成本法计算 2×19 年税前利润。

① 单位产品成本=(直接材料+直接人工+制造费用)/生产量
$$= (36\,000 + 24\,000 + 42\,000)/3\,000 = 34(元)$$

本期销售产品生产成本=期初存货成本+本期生产费用-期末存货成本
$$= 0 + 34 \times 3\,000 - 34 \times 1\,000 = 2\,000 \times 34$$
$$= 68\,000(元)$$

② 税前利润=销售收入-销售产品的生产成本-非制造成本
$$= 50 \times 2\,000 - 68\,000 - [(1+0.6) \times 2\,000 + 2\,800 + 4\,000]$$
$$= 22\,000(元)$$

(2) 变动成本法计算 2×19 年税前利润。

① 单位产品变动生产成本=(直接材料+直接人工+变动制造费用)/生产量

$$=(36\,000+24\,000+18\,000)/3\,000=26(元)$$

提示：产品生产成本只包括制造费用中的变动制造费用，而不包括固定制造费用。

$$\text{本期销售产品的变动成本} = \text{期初存货变动成本} + \text{本期变动生产费用} - \text{期末存货变动成本}$$

$$=0+(26+1+0.6)\times 3\,000-(26+1+0.6)\times 1\,000$$

$$=(26+1+0.6)\times 2\,000=55\,200(元)$$

② 贡献毛益总额＝销售收入－本期销售产品的变动成本

$$=50\times 2\,000-55\,200=44\,800(元)$$

单位贡献毛益额＝44 800/2 000＝22.4(元)

③ 税前利润＝销售收入－本期销售产品变动成本－固定成本

＝贡献毛益总额－固定成本

$$=50\times 2\,000-55\,200-(24\,000+2\,800+4\,000)$$

$$=44\,800-30\,800=14\,000(元)$$

任务 10.3　完全成本法与变动成本法下利润的比较

10.3.1　产品成本与期间成本的构成内容的比较

完全成本法与变动成本法下产品成本与期间费用的构成比内容的比较如表 10-2 所示。

表 10-2　完全成本法与变动成本法下产品成本与期间费用的构成比内容的比较

成本划分	完工成本法	变动成本法
产品成本	直接材料 直接人工 制造费用（变动与固定）	直接材料 直接人工 变动制造费用
期间费用	销售费用 管理费用	固定制造费用 销售费用（变动与固定） 管理费用（变动与固定）

10.3.2　销售成本及存货成本水平的比较

在变动成本法下，固定性制造费用作为期间成本直接计入当期利润表，因而本期销售成本、期末存货成本都不包括固定制造费用，两者均按变动成本计价。

完全成本法下，由于固定性制造费用计入产品成本，这样已销产品与期末存货均"吸收"了一部分固定制造费用，即销售成本和期末存货成本均按完全成本计价。由此，会引起两种方法下销售成本及存货成本水平的不同。

【例 10-3】

沿用例 10-2，比较两种方法下的期末存货成本和产品销售成本。

产成品期末存货成本与产品销售成本核算表如表 10-3 所示。

表 10-3　产成品期末存货成本与产品销售成本核算表

项目	完全成本法	变动成本法
单位产品成本/元	34	26
期末存货量/件	1 000	1 000
期末存货成本/元	34 000	26 000
销售量/件	2 000	2 000
产品销售成本/元	68 000	52 000

注意：两种成本核算方法下的期末存货成本差额＝单位固定成本×期末存货数量
　　　　　　　　　　　　　　　　　　　　＝2 400/3 000×1 000
　　　　　　　　　　　　　　　　　　　　＝8 000(元)

10.3.3　按两种方法编制的利润表比较

【例 10-4】

仍沿用案例 10-2，编制两种方法下的利润表。

按两种方法编制的利润表如表 10-4 所示。

表 10-4　按两种方法编制的利润表　　　　　　　　　　单位：元

职能式损益表（完全成本法）		贡献式利润表（变动成本法）	
项目	金额	项目	金额
营业收入	100 000	营业收入	100 000
减：营业成本		减：变动成本	
其中：期初存货成本	0	其中：变动生产成本	52 000
本期生产成本	102 000	变动销售费用	2 000
可供销售的产品成本	102 000	变动管理费用	1 200
减：期末存货成本	34 000	变动成本合计	55 200
本期营业成本合计	68 000	贡献毛益	44 800
销售毛利	32 000	减：固定成本	
减：期间成本		其中：固定制造费用	24 000
其中：销售费用	4 800	固定销售费用	2 800
管理费用	5 200	固定管理费用	4 000
期间成本合计	10 000	固定成本合计	30 800
税前利润	22 000	税前利润	14 000

两种成本核算法计算营业利润差异的原因如下。

1. 成本项目的排列方式不同

按完全成本法编制的职能式利润表,是把所有成本项目按生产、销售、管理等经济用途进行排列,主要是为了适应企业外界有经济利害关系的团体和个人的需要。而按变动成本法编制的贡献毛益式利润表,则是将所有成本项目按成本性态排列,主要是为了便于获得贡献毛益信息,适应企业内部管理当局规划与控制经济活动的需要。

2. 对固定生产成本的处理不同

完全成本法把固定生产成本即固定制造费用视为产品成本的一部分,因而,每销售一批产品,其固定制造费用就构成销货成本,至于尚未售出的期末存货,也含有固定制造费用,它们必须结转到下一个会计年度。而变动成本法是把本期发生的全部固定制造费用,均作为期间成本在贡献毛益总额中扣减。所以,它的固定生产成本与期末存货的有无或多少毫无关系,因而也就无须转到下一个会计年度。

3. 税前利润计算程序的比较

(1) 全部成本法计算利润的步骤如下。

$$销售收入 - 销售产品的生产成本 = 销售毛利$$

$$销售毛利 - 期间费用 = 税前利润$$

式中,销售产品的生产成本 = 期初存货成本 + 本期生产费用 - 期末存货成本

$$期间费用 = 销售费用 + 管理费用 + 财务费用$$

(2) 变动成本法计算利润的步骤如下。

$$销售收入 - 销售变动成本 = 边际贡献$$

$$边际贡献 - 固定成本 = 税前利润$$

式中,销售变动成本 = 销售量 × 单位变动成本

或　　　　　　　　 = 销售产品变动生产成本 + 变动销售费用 + 变动管理费用

固定成本 = 固定制造费用 + 固定销售费用 + 固定管理费用 + 财务费用

4. 计算出来的税前利润可能不同

由于两种方法对本期发生的固定生产成本的处理不同,可能导致计算出来的税前利润不同。本例中,按完全成本法计算出来的税前利润比变动成本法计算的结果多 8 000 元,就是因为按完全成本法计算时,本期发生的固定制造费用 24 000 元中,有 16 000 元计入了本期销货成本中,有 8 000 元计入了期末存货成本中,8 000 元随期末存货成本结转到了下期。而变动成本法计算,本期发生的固定制造费用 24 000 元均作为期间成本,完全由本期收入补偿。

这里必须指出,两种方法对固定生产成本的处理不同,仅是有可能计算的税前利润不同,而并非在任何条件下都必然不同。

10.3.4 两种方法税前利润产生差异的原因

1. 两种计算方法分期损益差异的计算并验证

【例 10-5】

沿用例 10-4,用公式验证两种方法的分期损益差异。

$$\text{两种方法下某期损益的差异} = \text{完全成本法下计算的某期利润} - \text{变动成本法下计算的某期利润}$$

$$= 22\,000 - 14\,000 = 8\,000(元)$$

验证：
① 变动成本法下计入当期利润表的固定制造费用＝本期所发生的固定制造费用
② 完全成本法下计入当期利润表的

$$\text{固定制造费用} = \text{期初存货释放的固定制造费用} + \text{本期发生的固定制造费用} - \text{期末存货吸收的固定制造费用}$$

②－①＝期初存货释放的固定制造费用－期末存货吸收的固定制造费用
$$= 0 - 8\,000 = -8\,000(元)$$

完全成本法下的税前利润本期少减 8 000 元的固定成本,则完全成本法下的利润比变动成本法计算的税前利润多出 8 000 元,这 8 000 元的固定成本随着 1 000 件存货转到下期去了。

2. 两种计算方法分期损益差异的变动规律

(1) 若完全成本法下期末存货吸收的固定制造费用大于期初存货释放的固定制造费用,则两种成本核算法下的税前净利润差额大于零,此时用完全成本法计算出来的税前净利润要高于变动成本法下的税前净利润；或者当期完全成本法比变动成本法少计了"期初存货固定成本－期末存货固定成本"这一部分成本,而递延到下一期,使当期用完全成本法计算出来的税前净利润要高于变动成本法下的税前净利润。

(2) 若完全成本法下期末存货吸收的固定制造费用等于期初存货释放的固定制造费用,则两种成本核算法下的税前净利润差额等于零,此时用两种方法计算出来的税前净利润无差异；或者二者在损益表中转销的成本相等,故税前净利润无差异。

(3) 若完全成本法下期末存货吸收的固定制造费用小于期初存货释放的固定制造费用,则两种成本核算法下的税前净利润差额小于零,此时用完全成本法计算出来的税前净利润要低于变动成本法下的税前净利润。或者当期完全成本法比变动成本法多计了"期初存货固定成本－期末存货固定成本"这一部分成本,使当期用完全成本法计算出来的税前净利润要高于变动成本法下的税前净利润。

10.3.5 变动成本法的优缺点

变动成本法的主要优点：①区分固定成本与变动成本,有利于明确企业产品盈利能力和划分成本责任；②保持利润与销售量增减相一致,促进以销定产；③揭示了销售量、成本和利润之间的依存关系,使当期利润真正反映企业经营状况,有利于企业经营预测和决策。

变动成本法的主要缺点：①计算的单位成本并不是完全成本，不能反映产品生产过程中发生的全部耗费；②不能适应长期决策的需要。

项目总结 成本性态分析方法与变动成本法的概念和利润计算过程

成本性态法	分类	固定成本、变动成本、混合成本
	分析方法	对全部成本进行分析，分成固定成本、变动成本、混合成本。 分析方法有：高低点法、回归分析法、账户分析法、技术测定法、合同确认法
变动成本法	概念	变动成本法是指企业以成本性态分析为前提条件，仅将生产过程中消耗的变动生产成本作为产品成本的构成内容，而将固定生产成本和非生产成本作为期间成本，直接由当期收益予以补偿的一种成本管理方法
	利润计算程序	(1) 计算边际贡献总额： 边际贡献总额＝营业收入总额－变动成本总额 　　　　　　＝销售单价×销售量－单位变动成本×销售量 　　　　　　＝（销售单价－单位变动成本）×销售量 　　　　　　＝单位边际贡献×销售量 (2) 计算当期利润： 利润＝边际贡献总额－固定成本总额

完全成本法与变动成本法下利润差异的原因：
期初存货释放的固定制造费用－期末存货吸收的固定制造费用

思考与练习

一、思考题
1. 简述变动成本法的概念。
2. 成本按成本性态分为哪几类？简述混合成本的分析方法。
3. 简述变动成本法税前利润计算程序。
4. 简述完全成本法计算的税前利润与变动成本法计算的税前利润差异产生的原因。

二、选择题
（一）单项选择题
1. 成本管理会计将全部成本区分为固定成本和变动成本两个部分，其区分的依据是（　　）。

　　A. 成本的性态　　　　　　　　B. 成本性态分析
　　C. 成本的经济用途　　　　　　D. 成本的可控性

2. 管理会计中,混合成本可以用直线方程 $y=a+bx$ 来模拟,其中 bx 表示(　　)。
   A. 固定成本　　　　　　　　　　B. 单位变动成本
   C. 变动成本总额　　　　　　　　D. 单位固定成本
3. 在进行成本性态分析时,历史资料分析法中最为简便易行的方法是(　　)。
   A. 账户分析法　　　　　　　　　B. 高低点法
   C. 技术分析法　　　　　　　　　D. 一元直线回归法
4. 下列项目中,属于变动生产成本的是(　　)。
   A. 变动性制造费用　　　　　　　B. 变动性管理费用
   C. 变动性销售费用　　　　　　　D. 变动性财务费用
5. 应用变动成本法的前提条件是(　　)。
   A. 成本按经济用途分类　　　　　B. 成本按经济职能分类
   C. 成本按性态分类　　　　　　　D. 成本按性质分类
6. 采用变动成本法,其产品成本的构成内容是(　　)。
   A. 变动生产成本　　　　　　　　B. 固定生产成本
   C. 固定制造费用　　　　　　　　D. 非生产成本
7. 应用全部成本法的前提条件是(　　)。
   A. 成本按来源分　　　　　　　　B. 成本按性质分
   C. 成本按性态分　　　　　　　　D. 成本按经济用途分

(二)多项选择题

1. 成本习性是指成本总额与特定业务量之间在数量两方面的依存关系,其中特定的业务量可以是(　　)等。
   A. 实物量　　　B. 价值量　　　C. 时间量　　　D. 百分比
2. 固定成本的主要特点是(　　)。
   A. 在一定条件下,固定成本总额不变性
   B. 在一定条件下,单位固定成本不变性
   C. 在一定条件下,单位固定成本反比例变动性
   D. 可分为约束性和酌量性固定成本
3. 成本性态分析与成本性态分类之间的联系表现在(　　)等方面。
   A. 成本性态分析与成本性态分类的对象均是企业的总成本
   B. 成本性态分析以成本性态分类为基础
   C. 成本性态分类是成本性态分析的结果
   D. 成本性态分析与成本性态分类的最终结果相同
4. 全部成本按性态进行分析后,可分为(　　)几个组成部分。
   A. 固定成本　　　B. 变动成本　　　C. 混合成本　　　D. 半变动成本
5. 变动成本的主要特点是(　　)。
   A. 成本总额的不变性　　　　　　B. 单位成本的反方向变动性
   C. 成本总额的正比例可变性　　　D. 单位成本的不变性
6. 采用全部成本法,其产品成本的构成内容是(　　)。

A. 直接材料 B. 直接人工
C. 固定生产成本 D. 制造费用

7. 采用变动成本法首先必须将成本按其性态划分为（　　）。
A. 生产成本 B. 非生产成本
C. 变动成本 D. 固定成本

8. 变动成本法的期间成本包括（　　）。
A. 销售费用 B. 管理费用
C. 财务费用 D. 固定制造费用

9. 全部成本法的期间成本包括（　　）。
A. 销售费用 B. 管理费用
C. 财务费用 D. 固定制造费用

三、判断题

1. 在相关范围内，固定成本总额和单位固定成本均具有不变性。（　）
2. 在相关范围内，变动成本总额和单位变动成本均具有不变性。（　）
3. 在成本水平波动频繁的企业，运用高低点法进行成本性态分析具有实际意义。（　）
4. 变动成本能够促进以销定产，与销售量联系紧密。（　）
5. 采用变动成本法决定税前利润大小的主要原因是产品的销售量，而产品产量的高低及存货增减的变化对税前利润没有影响。（　）
6. 采用全部成本法确定的存货成本大于变动成本法确定的存货成本。（　）
7. 若全部成本法下期末存货中所包含的固定制造费用小于期初存货中所包含的固定制造费用，说明本期转出的固定制造费用大于上期转入的固定制造费用。（　）
8. 如果本期转出的固定制造费用与上期转入的固定制造费用两者相等，则两种成本核算法计算的税前利润相等。（　）
9. 期末存货中的固定制造费用等于期初单位存货中的固定制造费用与期末存货量两者的乘积。（　）
10. 全部成本法的优点是可以防止企业盲目生产。（　）
11. 边际贡献能够反映企业的最终盈亏情况。（　）

参考文献

[1] 财政部.企业产品成本核算制度,2014.
[2] 财政部.企业产品成本核算制度——煤炭行业,2016.
[3] 财政部.企业产品成本核算制度——钢铁行业,2015.
[4] 财政部.企业产品成本核算制度——石油石化行业,2014.
[5] 财政部.企业产品成本核算制度——电网经营行业,2014.
[6] 财政部.管理会计应用指南——标准成本法、作业成本法、目标成本法、变动成本法,2017.
[7] 企业会计准则编审委员会.企业会计准则案例讲解2019年版[M].上海:立信会计出版社,2019.
[8] 中国注册会计师协会.财务成本管理[M].北京:中国财政经济出版社,2019.
[9] 财政部会计资格评价中心.初级会计实务[M].北京:中国财政经济出版社,2019.
[10] 李传双.成本会计实务[M].2版.北京:中国人民大学出版社,2016.
[11] 崔红敏,徐洪梅.成本会计实务[M].3版.北京:北京理工大学出版社,2019.
[12] 吴少平.现代成本管理[M].2版.北京:经济管理出版社,2012.
[13] 徐哲,解建秀.成本会计[M].北京:电子工业出版社,2007.
[14] 姜小芸.成本核算与管理实训[M].北京:高等教育出版社,2019.
[15] 柯于珍.成本核算习题与实训[M].北京:高等教育出版社,2018.
[16] 丁增稳,牛秀粉.管理会计实务[M].北京:高等教育出版社,2019.